U0547358

企业规范与上市导论

宁波博创海纳投资管理有限公司 · 著

上海社会科学院出版社

序　言

谢吉平

宁波博创海纳投资管理有限公司　管理合伙人

　　金融是现代经济的核心,资本市场是现代金融的核心,上市公司则是资本市场的基石。30多年来,我国[①]的上市公司从无到有、积水成渊,截至2023年9月底,在国内资本市场上市的企业已经超过5 300家,总市值超过80万亿,已经超过了2022年度全国GDP的70%,上市公司群体已经成为我国实体经济的"基本盘"。可以预见,这个基本盘未来还会不断夯实、加固,在构建高水平社会主义市场经济的过程中,资本市场将发挥更加重要的作用。

　　党的二十大明确提出"健全资本市场功能,提高直接融资比重"与"坚持把发展经济的着力点放在实体经济上",为我国资本市场改革确定了基本方向。全面注册制改革后,由主板、创业板、科创板、北交所、新三板等组成的多层次资本市场体系更加清晰。面向未来,我国经济转型、产业升级、创新引领的需求愈加急迫。全面实行股票发行注册制有利于提升资本市场的包容性和针对性,支持不同特色、不同行业、不同成长阶段的企业上市,拓宽服务的覆盖面,提高优质企业的直接融资比例,进一步优化资本市场的资源配置功能,提升高质量服务于实体经济的能力。

一、注册制对拟上市企业提出了更加严格的全面规范要求

　　2013年11月,党的十八届三中全会明确提出要推进股票发行注册制

[①] 为表述方便,在没有特别说明的情况下,本书中的"我国"或"国内",都是指我国大陆(内地),未包括我国台湾、香港、澳门地区。

改革,历经多年的准备,2019年12月,修订后的《证券法》按照全面推行注册制的基本定位,对证券发行制度做了系统的修改完善。从2019年到2021年,科创板、创业板、北交所先后试点注册制。2023年2月17日,证监会宣布全面注册制的制度规则,在所有上市板块全面实施注册制,这标志着注册制的制度安排基本定型,要将注册制推广到全市场和各类公开发行股票行为中,这在中国资本市场改革发展进程中具有里程碑意义。2023年4月10日沪深交易所主板注册制首批10家企业上市,标志着历经十年的股票发行上市注册制改革成功落地。

回顾近10年的股票发行注册制改革的历程,并结合注册制的立法精神可以看到,注册制下的股票发行上市审核是对已实施多年的保荐制发行审核体系的进一步完善。在注册制下,证监会和交易所各司其职,由交易所全面负责企业发行上市审核,证监会进行职能转型,不再直接审核企业,改为把握"两符合""四重大"等政策方向、监督监察交易所工作、履行法定股票发行注册程序等。在注册制下,全市场适用基本统一的发行条件,各上市板块都有清晰、明确的板块定位,证券交易所对各板块设置进行精简优化,形成更具包容性的上市条件,上市审核过程也更加规范透明。

当然,注册制改革也给准备上市的企业提出了新的要求,最显著的特征就是对申请上市企业的规范要求更高,信息披露更细、更严。从近几年试点注册制的上市板块的统计数据看,企业申报受理后的上市成功率如下:创业板为60%左右,科创板为70%左右。规范性仍然是审核的重点,如果企业不能真正规范到位,很难通过注册制下严格的审核。

在注册制下,企业更应当树立正确的上市观。企业家应该充分认识到,企业上市的目的和意义绝不仅仅是融到资金。上市的价值是全面且深远的,上市有助于企业进一步完善治理结构、降低融资成本、吸引激励人才、提升品牌价值、提振全体员工开拓进取的士气,助力企业再上台阶做大做强,为社会创造更多财富和价值,同时承担更多的社会责任,这才是企业上市的真实意义所在,也是优秀企业家光荣的使命。

企业要在上市准备过程中切实做好全方位的规范。企业需要正确认识监管机构、中介机构提出的规范要求。在准备上市的过程中,结合企业发展规划和战略目标,切实做好财务规范、完善内部控制、提升经营管理水平,这也是企业进一步做大做强、提升竞争力的内在要求。因此,企业应当在充分准备好、基本达到上市公司的标准后,再选择适当的上市板块申报。

同时,在发行上市审核权力运行制约监督机制日趋完善、审核透明度显著提高的背景下,有上市意愿的企业家也应意识到,现在判断企业能否上市,较之以前更加容易,预期确定性更强。与多年之前存在一些较为模糊的要求或内部掌握的审核要点不同,2019年试点注册制改革以来,审核规则和审核流程的规范性和透明度不断提高,企业只要根据要求进行充分的规范和严格的信息披露,对上市成败的预期就比以前更加明确。2023年实施全面注册制后,证监会、交易所等监管机构进一步明确,将坚持"开门办审核",关于监管机构对企业上市审核中的规则要求和审核要点,除部门规章和交易所规则外,还通过业务规则适用指引、监管指引等方式发布。企业上市的信息不对称问题已经基本消除,企业、中介机构、投资机构等只要肯沉下心来,踏实学习和深入研究,都能基本理解和掌握监管部门对企业上市的各项要求。可以说,这本《企业规范与上市导论》的正式出版,就是对我国企业发行上市法治化进程的记录和体现。

二、博创在助力优秀企业规范发展过程中的探索

《企业规范与上市导论》这本书的出版是宁波博创海纳投资管理有限公司(简称"博创")对有关企业上市相关法律、法规、规章、规则、指引、审核要点以及博创内部工作指引的一次全面梳理,是从证券基本法律法规、企业会计准则等制度原点出发,基于注册制对企业发行上市审核的要求,对企业规范与上市的深入思考,也是对博创多年扎根企业一线、为企业服务经验的再总结。

近年来,党中央、国务院高度重视风险投资基金发展,风险投资基金行业已经成为服务实体经济和居民财富管理的重要力量。风险投资基金对于促进创新资本形成,提升直接融资比重,支持科技创新和产业转型升级,正

发挥着越来越重要的基础性、战略性作用。同时，监管机构也着重强调，私募投资机构不仅要为企业提供股权融资支持，还应更加重视投后管理，助推企业改善公司治理，提高规范运作水平。

博创成立于2015年，致力于成为一家以专业服务为特色的创新型风险投资管理机构，成为"以专业服务助力优秀企业成长的长期价值投资者"。自成立之初，博创就与监管部门提出的"更加重视投后管理，助推企业改善公司治理，提高规范运作水平"的倡导不谋而合。博创认为"规范创造价值"，只有让企业树立坚定的规范观念和正确的上市观，才能让企业的发展为社会各方面所共享，实现包括国家、企业、投资机构和社会投资者等在内的社会各方的共赢。

正是在这样的理念下，对于每一家有缘相遇的企业，博创都会和企业家充分沟通并让企业家深刻认识到"规范"的重要性和巨大价值，建议和引导有意愿上市的企业家对资本市场常怀"敬畏之心"。只要企业有决心，博创会协助企业按照法律法规和监管部门的规定，认真学习各项法规和规则，扎扎实实做好各项规范工作，练好内功，切实符合进入资本市场必备的硬性和软性要求。为此，博创于2022年初出版了《敬畏法治：拟上市公司核心法规学习指引》，该书以试题和解析的形式，将拟上市公司董监高等核心人员应该掌握的政策法规逐一做出了详细解析，为有志于登陆资本市场的企业家和管理层提供了一份操作手册和参考指南，广受社会好评。

三、本书的形成过程和内容架构

从2015年成立以来，博创就确定了以"专业性为生命"的理念，不断建立和加强以"专业""深度""现场"为特色的企业服务能力，通过"规范"来提升企业价值。2016年初，博创团队内部编写了一本《企业上市知识要点汇编》，供内部学习研究之用，并在服务企业时，向所服务和投资的企业、中介机构、政府金融部门等免费提供该书，这就是本书的前身。博创每年都会对这个汇集了集体智慧的资料进行修订，并先后印制了三个版本，得到了一些赞誉，很多朋友鼓励我们把这些成果呈现给全社会。但我们觉得这本书涉及的知识点多、专业性强，还需继续修改，不断完善。

2023年2月，中国证监会宣布我国企业的发行上市全面实行注册制，证监会和交易所颁布了一系列规章规则。我们认为，尽管还有许多有待提高之处，但应该借这个时机把这本书奉献给社会。结合对注册制下规则体系的学习，我们对本书又进行了一次全面修订，尽管有了过去6年多的书稿积累，已经形成了三版内部书稿，但要公开出版时，我们发现后续任务仍极其艰巨。要想在一本书中把有关企业上市的主要知识介绍完整，尽量减少差错，特别是希望既能提高读者对上市的整体认知，又能对实务工作有一定帮助，是一项巨大的挑战。团队多名成员放弃了很多其他工作，专心研究和修订本书，反复修改，数易其稿，努力将注册制的理念、特点、要求融入全书，最终将50多万字的初稿修改、推敲、润色到25万多字。

全书共分为十章。第一章到第四章是本书的上半部分，第五章到第十章是本书的下半部分。

在上半部分，本书从历史视角对企业上市进行了介绍，总结回顾了我国企业发行上市审核制度逐步发展演变到全面注册制的过程；接着围绕企业上市的一些根本性问题，特别是企业家比较关心的全局性问题进行了介绍，包括企业上市的流程及其中的关键事项和里程碑、企业如何确定上市板块、有上市目标的企业如何用好新三板、企业如何确定中介机构、企业与中介机构的协作及与地方政府部门的沟通、企业发行上市条件等。

本书的下半部分围绕企业的规范和上市，对重要专题进行了详细论述。第五章对发行条件和信息披露要求中的重点条款、事项应该如何理解、业务实践中如何把握进行了详细的介绍。接下来的各章分别以股份公司的设立与出资、财务与会计（上）、财务与会计（下）、同业竞争与关联交易、公司治理为专题进行了详细介绍。

需要特别指出的是，企业的财务规范和内控问题是大部分企业上市筹备过程中遇到的最大难题，也是企业上市审核过程中出现问题最多的领域，本书第七章和第八章重点介绍了企业如何以"成本核算为中心"来夯实财务与会计基础、建立健全内控体系。这一部分的内容是博创团队多年深耕企业一线、指导协助企业做好财务规范和内控体系建设过程中的经验积累和认知体现。

在本书的研究与撰写过程中，我们参考了中国证监会及其派出机构、上海证券交易所、深圳证券交易所、北京证券交易所、全国股转公司等发布的规则、指引、培训资料和网站资料、中国证券业协会组织的历次保荐代表人培训资料等，相关法律法规的引用和跟踪截止日为2023年9月底。

如前所述，撰写本书是一项巨大的挑战。受我们水平和经验所限，书中可能存在错漏、不足或有待商榷之处，欢迎读者批评指正，我们会继续不断更新和修订本书。

目　录

第一章　企业上市的历史演变　　1
第一节　资本市场的产生和发展　　1
第二节　我国资本市场的发展历史　　5
第三节　我国企业上市审核制度的发展历程　　16

第二章　企业上市概览　　23
第一节　企业上市的概念　　23
第二节　我国各上市板块的定位和板块差异　　27
第三节　企业上市的主要历程　　36
第四节　企业上市过程中的政府支持　　45
第五节　上市给企业带来的变化　　49

第三章　企业上市的中介机构　　55
第一节　企业上市需要的中介机构　　55
第二节　企业如何确定中介机构　　61
第三节　企业上市费用和中介机构协作　　70

第四章　企业发行上市条件　　77
第一节　《证券法》规定的发行条件和上市条件　　77
第二节　证监会规定的公开发行股票条件　　78
第三节　交易所规定的主板上市条件　　80

第四节	深交所规定的创业板上市条件	84
第五节	上交所规定的科创板上市条件	86
第六节	北交所规定的上市条件	88
第七节	分拆上市	94

第五章 企业上市条件和信息披露要求的解析　　97

第一节	板块定位解析	97
第二节	主体资格规范	104
第三节	业务完整性	107
第四节	控制权与主营业务稳定	113
第五节	经营规范	128
第六节	业务与行业	140
第七节	募集资金	153
第八节	审核期间信息披露	160

第六章 股份公司的设立与出资　　165

第一节	股份有限公司的设立	165
第二节	股份有限公司的股东	172
第三节	历次出资	180
第四节	股权激励	186

第七章 财务与会计（上）　　191

第一节	会计政策及会计核算基础	191
第二节	生产成本的管理与核算	200
第三节	研发投入的管理与核算	217
第四节	收入确认	233

第八章 财务与会计（下）　　245

第一节	重要会计项目的核算与披露	245

| 第二节 合并报表与现金流量表 | 265 |
| 第三节 税务管理 | 279 |

第九章 同业竞争与关联交易 305
第一节 股份有限公司的规范运行要求	305
第二节 同业竞争	311
第三节 关联交易	315

第十章 公司治理 325
第一节 股份有限公司的组织机构	325
第二节 股东和股东大会	327
第三节 董事和董事会	335
第四节 监事和监事会	346
第五节 高级管理人员	348

本书引用相关法规汇总   351

后记   362

第一章
企业上市的历史演变

任何制度都服务于当时的社会现实并演化前进。我国的企业发行上市制度根植于我国经济体制改革和社会主义市场经济的建立与完善过程。在本章中,我们从长周期的历史视角,对资本市场的产生与企业上市进行了系统的回顾:全球资本市场的产生与发展,我国资本市场的发展历程,我国企业发行上市审核制度的演变过程,我国实施了20多年的企业上市基本制度——保荐制的制度要求,全面注册制带来的新变化、新要求、新特点。以史为鉴可以知兴替,通过对本章的阅读,希望读者能更深刻地理解和把握我国的企业上市制度、上市环境和未来趋势。

第一节 资本市场的产生和发展

本节将简要回顾资本市场的起源和数百年发展过程中的若干里程碑事件。

考古学家、历史学家、斯坦福大学教授伊恩·莫里斯(Ian Morris)在对从公元前14000年到公元2000年的一系列超长跨度研究(*Social Development*, 2010; *The Measure of Civilization*, 2013)中发现,公元1800年以后,人类社会发展的轨迹如火箭发射一样呈现飞跃式发展。在这一人类进步跃迁的过程中,股份公司以及资本市场的出现和成长,是这个跨越式发展阶段的重要推动力,是人类最重要的制度创新之一。

这是一个波澜壮阔、跨越数百年的历史演进过程，在本节，我们会用几个有里程碑意义的事件来简要回顾资本市场的产生与发展历程。

一、股份公司和股票的产生

关于股份公司和股票的历史，最早可以追溯到成立于1602年的荷兰东印度公司，1610年，荷兰东印度公司在其投资公告中首次使用了"股份"和"股东"的概念。

在15世纪这一大航海时代，欧洲远洋商队曾长期按照合伙制运营。每次远航贸易结束后，商队要进行清算，每位合伙人退出也都要进行清算，其过程烦琐复杂，因此，这种商业模式开始阻碍贸易的长期稳定发展。人们逐渐发现，理想的商业模式是一种风险共担、收益共享的长期股权合作模式。在此背景下成立的荷兰东印度公司就具有上述特征。这家具有法人身份的股份公司，规定股东出资以10年为一期且其间不得擅自退出，通过这种股东合股分红的方式，向社会募集了大量资金。东印度公司将盈利以股票分红的形式分给股东，从而避免了频繁清算。如果股东想要退出，只需要把自己的股票卖给其他人。由于东印度公司在荷兰阿姆斯特丹地区募集的资金最多，而且这个地区还有很多想加入的投资者，于是，在股份变现和股份需求的市场力量推动下，股份的交易市场，即证券交易场所，也最早出现在这个区域。

二、世界上第一家证券交易所

17世纪初，世界上最早的股票交易场所出现在荷兰阿姆斯特丹一座名为"新桥"的桥上。来自世界各地的商人，在这个露天的股票交易市场做股票交易，最初，人们大都是交易荷兰东印度公司的存量股票。随着市场的进一步增大，长期露天交易已经无法满足现实需求，因此，交易商们集资建了一座专门进行股票交易的场所。1609年，世界上第一个可以进行股票交易的证券交易所——阿姆斯特丹证券交易所正式设立。

投资者们在阿姆斯特丹证券交易所自由买卖各种股票，同样也发行其他国家的国债和股票等,资本的集中交易带来了巨大的影响,大规模的资金流动和资源配置带来的好处让阿姆斯特丹证券交易所很快就成为整个欧洲的资本市场中心。18世纪以后,随着英美等国的崛起,伦敦和纽约等城市逐渐成为全球资本市场的中心,阿姆斯特丹证券交易所逐渐淡出人们的视野。2000年,这家有接近400年历史的证券交易所与巴黎证券交易所、布鲁塞尔证券交易所合并为泛欧交易所(Euronext N.V.)。

三、从乔纳森咖啡馆到伦敦证券交易所

16—17世纪,作为全球的经济强国,英国的资本市场也在飞速发展。英国于1571年在伦敦成立了"皇家交易所",专门交易政府债券,但该交易所设置了极其严苛的投资者准入制度,交易品类也很少,以至于更多人不得不寻求其他交易场所,很多人转移到附近的咖啡馆交易。从16世纪起,咖啡馆在伦敦城里大量涌现,各行各业的人都喜欢在里面聊天聚会,咖啡馆成为信息的集散地,迫切需要各种信息的股票经纪人自然也愿意聚集于此。1698年,一个叫"乔纳森咖啡馆"(Jonathan's Coffee House)的地方,每周刊登两次各种商品和证券的市场价格,为来此买卖股票的经纪人服务。日积月累,乔纳森咖啡馆逐渐成为实际影响力更大的证券交易场所。

1761年,150名股票经纪人和交易商在乔纳森咖啡馆组成了一个俱乐部,开始正式从事股票证券交易。1773年,该俱乐部在伦敦金融城的斯威廷小巷建了新办公楼,取名"新乔纳森",这里一步步演变为后来的伦敦证券交易所。随着英国的崛起,相当长的一段时期内,伦敦成为整个欧洲乃至世界的金融中心,位于伦敦柴思胡同的乔纳森咖啡馆也是人们公认的伦敦证券交易所原址。

四、《梧桐树协定》和华尔街的发展

资本市场是一个国家经济实力的反映。随着美国经济的崛起,世界资本市场的重心逐渐从欧洲转向美国。从18世纪到19世纪初,美国的资本市场在纽约的华尔街兴起。美国早期的股票交易颇为混乱,股票经纪人恶

性竞争、欺诈不断,市场秩序非常混乱。

1792年,为了建立新的市场秩序、保护股票经纪人的利益、规范交易行为,在街头买卖股票的经纪人聚集在华尔街68号前的一棵梧桐树下,讨论证券交易的条件和规则。1792年5月17日,由24位在协议上签字的经纪人组成了一个独立的、享有交易特权的有价证券交易联盟,这就是著名的《梧桐树协定》。这份简短的协议提出了三个所有参与方都应遵守的交易原则:

第一,只与在梧桐树协议上签字的经纪人进行有价证券交易;

第二,收取不少于交易额0.25%的手续费;

第三,在交易中互惠互利。

这份简短的协议开创了证券行业自律的先河,为美国股票市场的稳定发展提供了制度保障,这就是后来纽约证券交易所(简称"纽交所")的雏形,纽约证券交易所也将1792年5月17日这一天作为其诞生日。

进入20世纪以来,全球资本市场的中心逐渐从欧洲转到美国,而且随着市场规模的扩大和科学技术的进步,证券交易的全球化、电子化特征更加明显,很多证券交易所形成联盟或进行合并。2006年,纽约证券交易所和泛欧交易所合并,形成第一家全球性证券交易所——纽约泛欧交易所集团(NYSE Euronext)。

五、科技进步和蓬勃发展的多层次资本市场

随着科技的不断进步,证券交易所形态也在发生深刻变化,越来越多的全电子化证券交易所成立。1971年成立的美国纳斯达克交易所是世界上第一家全电子化证券交易所(最初称为"纳斯达克市场")。纳斯达克交易所的出现改变了以往在交易大厅内通过公开喊价或通过电话进行报价的方式,转而通过电子网络系统进行报价和交易,极大地提高了股票交易的效率,扩大了股票交易者的地域范围。

此外,与以往的证券交易所相比,纳斯达克的上市条件更为宽松,吸引了诸如英特尔、微软等高科技企业在此上市,进一步改变了人们对科技企业和中小企业上市的认识,助推了科技与资本市场的融合。在科技创新热潮

和纳斯达克的带动下,全球涌现了大量创业板市场或高科技上市板块,如英国的另类投资市场(Alternative Investment Market,简称"AIM")、韩国创业板市场等。

作为世界第二大经济体,我国也在改革开放后逐步建立起与之相应的资本市场体系,资本市场规模目前位居全球第二,仅次于美国。1990年,我国设立上海和深圳证券交易所(简称"上交所"和"深交所")主板市场,先后于2004年、2009年、2012年、2019年、2021年推出了中小企业板市场(已经于2021年并入深交所主板)、创业板、全国中小企业股份转让系统、科创板、北京证券交易所(简称"北交所")。2023年2月开始,我国企业上市全面实行注册制,一个规范、透明、开放、有活力、有韧性的多层次资本市场已经基本形成,资本市场将在完整准确且全面贯彻新发展理念、服务构建新发展格局和高质量发展、深入服务实体经济等方面发挥更大的作用。

第二节 我国资本市场的发展历史

资本市场对于国家经济发展具有关键性作用,通过资本市场的资源配置功能,实现资本与科技的融合、资本与实业的融合,将有利于推动我国实体经济高质量发展。目前,上市公司群体已经成为我国实体经济的基本盘,资本市场作为我国金融体系的重要组成部分,成为推动经济发展的重要力量。本节将以与企业上市相关的重大历史事件为主要线索,简要回顾我国资本市场的萌芽、发展和壮大的过程。

一、股份公司在我国的产生和中华人民共和国成立之前的资本市场

清末的证券市场萌芽。股份公司和股票市场在海外产生与发展了200多年后,19世纪60年代,随着洋务运动的兴起,近代中国开始了此前从未有过的工业化进程。1872年,李鸿章提出了"官督商办"的制度构想,得到

清政府批准后，由上海商人创建了上海轮船招商局，依据公司章程并通过认购股票的方式筹集了第一期股本，这标志着中国第一家近代意义的股份制企业和中国人自己发行的第一张股票诞生。之后，陆续成立了一批股份制公司，如仁和保险、济和保险、开平煤矿、上海机器织布局等，这是中国近代最早出现的一批股票，这些股票可以公开在市面上进行买卖。最初的股票交易，没有固定的交易场所和规范的交易规则，股票转让、买卖一般在亲朋好友等熟人中通过"以亲带友、以友及友"的方式进行。与美国华尔街的早期发展一样，这种无序交易必然导致过度的投机与混乱，但站在历史发展的角度，中国证券市场在19世纪下半叶迈出了第一步，是后期的证券市场的启蒙。

从最早设立的北京证券交易所到交易活跃的上海证券市场。甲午战争后，在"振兴工商、实业救国"的呼声中，我国出现了第二次设厂办公司的高潮。到20世纪初，股份制企业得到了进一步的发展，与之相适应，股票、债券、银行、证券交易所等资本市场的各个要素全部出现。1914年，当时新成立的北京国民政府正式颁布了规范证券交易的《证券交易所法》，这是近代中国第一部关于证券交易所的法规。1918年，北京证券交易所成立，这是我国历史上第一家由中央政府核准的证券交易所。北京证券交易所的成立推动了全国各地证券交易所的兴起。

1920年5月，上海成立了上海华商证券交易所。同年7月，成立了上海证券物品交易所。1929年，南京国民政府对原有的《证券交易所法》进行了修订，重新颁布了较完整的《交易所法》。证券管理和证券立法的加强，客观上推动了证券市场的发展。根据新颁布的《交易所法》，上海证券物品交易所的证券部于1933年4月并入上海华商证券交易所，合并后的上海华商证券交易所统一经营上海的证券交易，其业务快速增长。1934年，证券交易总成交额为47.7亿元，上海华商证券交易所成为当时中国乃至远东设备最完备、规模最大的证券交易所。抗日战争爆发后，上海华商证券交易所被迫停业，各地其他证券交易机构也先后停业、歇业或解体，股票交易只能在黑市中进行。

1946年5月,南京国民政府决定重新筹建上海证券交易市场,同年9月9日正式复业,定名为上海证券交易所。解放战争后期,由于资金外逃日益严重等,上海证券交易所于1949年5月宣告停业,近代的中国资本市场就此宣告结束。

二、我国资本市场发展的探索萌芽阶段(1990年以前)

经济体制改革浪潮中产生的自发性股票交易。中华人民共和国成立后,伴随着经济体制改革和金融体制改革,我国资本市场一步步前行,逐步发展壮大。

1978年以后,我国资本市场在改革开放逐步深化和经济不断发展中成形。20世纪80年代,我国经济主体几乎全是国有企业,无论大小,国有企业普遍面临资金严重短缺的困境。随着国有企业改革的推进及多种所有制形式的发展,特别是1984年10月党的十二届三中全会通过《关于经济体制改革的决定》后,我国开始试点企业股份制,一些企业尝试通过发行股票的方式来进行融资。股票发行后,必然产生流通的需求,股票的私下交易应运而生。为了规范股票交易,1986年9月,中国人民银行上海分行批准中国工商银行上海分行信托投资公司静安营业部设立证券营业部,这是第一个规范的股票交易柜台。这家股票交易柜台刚成立时,飞乐音响和延中实业是仅有的两只进行交易的股票,没有电脑,没有行情显示屏,成交价由客户口头协商,然后写在黑板上,每天的交易量平均只有几十笔。

邓小平向纽交所董事长赠送股票。1986年11月,中国人民银行举办了一次高规格的金融研讨会,20多位身穿西服的美国证券界人士,向200多位身穿中山装的中国金融业官员讲解资本市场基础知识。时任纽约证券交易所董事长的约翰·范尔霖(John Phelan)在接受邓小平会见时,向邓小平赠送了一张纽交所的证章和证券样,邓小平则将一张面值50元的飞乐音响股票回赠给范尔霖。邓小平告诉范尔霖,他目前是飞乐公司唯一的外国股东。范尔霖拿到股票后非常兴奋,很快就亲自到证券业务部办理了过户手续。在20世纪80年代,中国经济体制改革刚刚起步,对于股票、股市这些新事物还有很大的争议,邓小平向外国友人赠送股票的行为,给了襁褓中的中国股市莫大的鼓励。

柜台交易和股市狂热现象引起争议,国家在经过大量调研后决定保留股票市场,并着手建立统一的证券交易所市场。1986年到1990年,我国的股票柜台交易市场发展迅速,特别是在上海和深圳。1987年1月,中国人民银行上海分行颁布了《证券柜台交易管理暂行办法》,对上海的股票柜台交易进行了规范,规定股票必须在中国人民银行批准的证券柜台上进行转让或买卖。到1990年底,上海已有16个证券交易柜台和40多个证券交易代办点,深圳有10个股票交易柜台,沪深两地共有12只股票在柜台市场公开交易,1986年到1990年的累计交易量达到18.52亿元。然而,为替代股票私下转让而设立的柜台交易市场无法充分满足股票交易的需求,场外的私下转让市场依然非常活跃。1990年5月,一直处于自发状态的股市更加狂热,股票价格飞涨,全国各地的大量资金和人员都向深圳、上海等地聚集。

当时,我国正处于社会主义市场经济的发展初期,国内社会各界对于资本市场也有不同的声音,炒股狂热现象引起了中央领导的高度重视,国务院多次派出由相关机构组成的调查组前往深圳、上海等地调查。时任国家经济体制改革委员会副主任的刘鸿儒(后担任中国证监会首任主席)曾三次率调查组深入到深沪两地的交易网点实地调查研究,并向中央最高决策层汇报调研情况,建议保留股票市场的试点。经过这段时期的多次调研和多方讨论,国家决定保留股票市场,并着手建立全国范围内的统一监管、集中交易的股票市场。

三、我国资本市场发展的交易所规范探索阶段(1990—1999)

沪深证券交易所的设立。1990年11月26日,经国务院授权,中国人民银行批准,上海证券交易所(简称"上交所")正式宣布成立,这是中华人民共和国成立以来中国大陆诞生的第一家证券交易所。1990年12月19日上午11点,上海浦江饭店孔雀厅响起清脆的一声锣声,上海证券交易所正式开市营业,第一个交易日共有8只股票进行交易,当天上证指数收盘点位是

99.98 点。这一天宣告中国证券交易所市场正式设立,中国资本市场的大门正式开启。

1991 年 4 月 16 日,深圳证券交易所的设立获中国人民银行批准,7 月 3 日正式开业。实际上,深圳证券交易所从 1990 年 12 月 1 日就已经开始营业。

随着越来越多的来自全国各地的公司在上交所和深交所上市,沪深交易所逐渐成为全国性的股票集中交易市场,证券交易所市场在我国资本市场结构中逐渐占据了主导地位。

邓小平讲话让关于股市的争论一锤定音。1992 年 1 月,邓小平在深圳、珠海等地的南方谈话过程中,谈了自己对证券市场的看法:"证券、股市,这些东西究竟好不好,有没有危险,是不是资本主义独有的东西,社会主义能不能用? 允许看,但要坚决地试。看对了,搞一两年对了,放开;错了,纠正,关了就是了。关,也可以快关,也可以慢关,也可以留一点尾巴。怕什么,坚持这种态度就不要紧,就不会犯大错误。"邓小平的这次讲话,破除了当时在思想和理论方面的禁忌和障碍,给我国资本市场吃下了一颗定心丸。中国资本市场建设自此不再畏首畏尾,开始了不再停歇的前进步伐。

中国证监会的设立和发展。在我国社会主义市场经济建立的初期,银行体系是金融体系的绝对主体,长期以来金融监管机构只有中国人民银行。1990 年,中央经过多次调研和多方讨论,决定保留股票市场,同年确定上海和深圳作为公开发行股票的试点城市,由中国人民银行担负相应的监管职责。1990 年和 1991 年,中国人民银行分别批准设立上海证券交易所和深圳证券交易所。随着全国性证券市场的形成,如何进行统一规范的监管提上议事日程。中国人民银行认为,股票市场的监管涉及多个国家部委,于是,向国务院提交了《关于建立股票市场办公会议制度的请示》,经国务院领导同意,设立了国务院证券管理办公会议制度,证券管理办公会议设在中国人民银行,有 8 个部委参加,协调企业股份制和股票发行问题。

1992 年 2 月,国家体改委联合有关部委制定颁布了 13 项股份制试点配套法规,各地股份制公司很快发展起来。1991 年和 1992 年,深交所和上交所分别放开了股票的涨跌幅限制(直到 1996 年开始实施日内 10% 的涨跌幅限制),同时交易所上市交易的股票很少,股票价格持续大幅上涨,引发大量投资者涌入股票一级和二级市场。1992 年 8 月 10 日,大量投资者对"股票认购证"发放的公平性提出质疑,造成群体性事件,即深圳的"810 事件"。

在一系列新现象、新问题面前,国务院决定完善证券市场监管体制,尽快成立专门的证券监管机构。1992 年 10 月,由 13 个部委组成的国务院证券委员会成立,由时任国务院副总理朱镕基兼任证券委主任,国务院各个部门的主要负责人担任证券委委员。成立中国证券监督管理委员会(简称"中国证监会"),受国务院证券委员会指导、监督检查和归口管理,同时撤销国务院证券管理办公会议制度。

国务院证券委和中国证监会成立以后,其职责范围随着市场的发展逐步扩大。1995 年 3 月,国务院正式确定中国证监会为国务院直属副部级事业单位,是国务院证券委的监管执行机构,依照法律、法规的规定,对证券期货市场进行监管。

1997 年 8 月,国务院研究决定,将上海、深圳证券交易所统一划归中国证监会监管;同时,在上海和深圳两市设立中国证监会证券监管专员办公室(简称"专员办"),沪深专员办作为中国证监会的派出机构目前仍存在;1997 年 11 月,全国金融工作会议决定对全国证券管理体制进行改革,理顺证券监管体制,对地方证券监管部门实行垂直领导,并将原由中国人民银行监管的证券经营机构划归中国证监会统一监管。

1998 年 4 月,国务院进行机构改革,决定撤销国务院证券委,将国务院证券委与中国证监会合并组成新的中国证监会,为国务院直属正部级事业单位①。从此,集中统一的全国证券监管体制基本形成。

规范和整顿场外市场。 1990 年之后,在交易所市场迅速发展的同时,有组织的场外交易市场仍不断涌现。为了满足非上市公司的股权转让需

---

① 根据 2023 年 3 月十四届全国人大一次会议审议通过的国务院机构改革方案,中国证监会调整为国务院直属机构。

求,各地先后设立了多家地方证券交易中心。此外,经国家体改委和中国人民银行批准,先后设立了仅为法人股提供转让服务的 STAQ 系统、NET 系统(简称"两网系统",其中的公司简称"两网公司")。1998 年 3 月,为了防范金融风险,国务院办公厅转发了《证监会关于清理整顿场外非法股票交易方案的通知》,决定彻底清理和纠正各类证券交易中心和报价系统进行的股票、基金等交易活动,严禁各地产权交易机构变相进行股票交易。到 1999 年,包括 STAQ 系统、NET 系统在内的 41 个场外交易市场被依法关闭。

四、我国资本市场发展的法制规范阶段(1999—2006)

1999 年《证券法》的颁布实施标志着中国资本市场进入新的历史发展阶段。1999 年《证券法》颁布实施,明确了证券市场和证券交易所的法律地位。基于《证券法》,我国对股票发行制度做出了重大改革,明确今后不再实施由政府部门预先制定计划额度、选择和推荐企业、审批企业股票发行的行政审批制度。此前,行政审批制的企业发行上市制度从 1993 年一直持续到 1999 年(可参看本章第三节的有关内容)。1999 年的《证券法》确立了股票发行核准制的法律地位,任何企业都可以自主决定聘请证券公司等中介机构,按照法定程序申请上市,从 2004 年开始,保荐制度成为我国企业发行上市的基本制度,一直执行到现在。

中小企业板的推出极大地促进了民营企业和中小企业上市。2000 年,为促进高科技产业发展,推进创业板市场建设,深圳证券交易所暂停新股上市,集中精力筹备创业板市场。由于全球科技股、网络股股市泡沫破灭,海外创业板市场遭遇了重大的挫折,深交所暂缓推出创业板。为充分吸取海外创业板市场的经验教训,稳步推进创业板市场建设,按照分步建设创业板市场的原则,2004 年 5 月,经国务院批准,中国证监会批复同意深圳证券交易所在主板市场内设立中小企业板。中小企业板在保持发行上市条件不变的前提下,推进制度创新,改进市场监管,鼓励符合条件的中小企业、民营企业上市,我国资本市场以国有上市公司为主的格局开始发生改变。

新三板的设立。2001 年 6 月,为解决 1999 年清理场外市场的历史遗留问题，经国务院同意，中国证监会批准中国证券业协会依托证券交易所和登记结算公司技术服务系统，正式启动代办股份转让系统，为 STAQ、NET 系统原挂牌公司提供代办股份转让的试点服务，2001 年 9 月又将从沪深交易所退市的退市公司纳入代办股份转让系统，这些公司自此被俗称为"老三板"公司。

2006 年，中国证监会公布《证券公司代办股份转让系统中关村科技园区非上市股份有限公司股份报价转让试点办法》，中关村科技园区的非上市股份有限公司可以申请进入代办股份转让系统进行股权转让，这些企业从此被俗称为"新三板"公司，这一板块被俗称为"新三板"，它也是全国中小企业股份转让系统的前身。

股权分置改革夯实了资本市场发展的基础。我国的资本市场发端于国有经济占绝对统治地位的 20 世纪 80 年代和 90 年代，在设立之初，主要关注的是国有企业通过股票市场进行融资的问题，上市企业基本都是从国有企业改制而来，只有向社会公开发行的股份能在证券交易所流通，企业上市前的股份（大多为国有股）在上市后也不能公开交易，这种同一上市公司股份分为流通股和非流通股的状况长期存在。

随着国有企业改革的深化和资本市场的发展，国家进行了多次国有股变现解决国企改革和发展资金需求的尝试。1998 年下半年到 1999 年上半年，为了解决推进国有企业改革发展的资金需求和完善社会保障机制，国家开始进行国有股减持的探索。但由于实施方案与市场预期存在差距，试点很快停止。2001 年 6 月 12 日，国务院颁布的《减持国有股筹集社会保障资金管理暂行办法》也是该思路的延续，但同样由于市场效果不理想，于当年 10 月 22 日宣布暂停。

2001 年之后，国家对于如何彻底妥善解决这一问题进行了更加广泛深入的调研和科学决策的准备工作。2003 年 11 月 10 日，时任中国证监会主席尚福林在《中国证券报》《证券时报》《上海证券报》同时发表了《积极推进资本市场改革开放和稳定发展》的署名文章，首次提出中国股市存在股权分置问题，从此股权分置问题取代了过去"国有股减持"和"股份全流通"的说法。经过 2—3 年的研究论证,解决股权分置问题的思路最终形成,即通过非流通股股东和流通股股东之间的利益平衡协商机制消除 A 股市场股份转让的制度性差异,由非流通股股东向流通股股东支付"对价"以解决股权分置问题。

2004 年 1 月 31 日,国务院发布《关于资本市场改革开放和稳定发展的若干意见》,明确指出应"积极稳妥解决股权分置问题",提出"在解决这一问题时要尊重市场规律,有利于市场的稳定和发展,切实保护投资者特别是公众投资者合法权益"的总体要求。2005 年 4 月 29 日,中国证监会发布《关于上市公司股权分置改革试点有关问题的通知》,启动了股权分置改革试点工作,尚福林向社会公开表示"股权分置改革工作推进中,难免会受到各种复杂因素影响。但是股权分置改革不仅是中国资本市场的一件大事,也是党中央、国务院的重大决策,开弓没有回头箭,必须搞好"。

到 2007 年,在这两年时间内,完成股权分置改革或进入股改程序的上市公司占比和总市值占比都超过 98%,股权分置问题获得彻底解决,股权分置问题的解决方案是我国资本市场制度的一大创举,具有划时代的意义。股权分置问题的解决极大地促进了资本市场制度和上市公司治理结构的改善,实现了资本市场真实的供求关系和定价机制,对我国资本市场持续健康发展影响深远、意义重大。从此,中国资本市场发展的最大羁绊被清除,中国资本市场迎来了下一个崭新的发展阶段。

五、我国资本市场发展的繁荣阶段(2007—2018)

创业板推出带动了成长型、创新型中小企业的上市热情和风险投资的发展。股权分置改革完成后,中国资本市场进入繁荣发展的新阶段。2009 年,深圳证券交易所推出创业板。创业板放松了企业上市的硬性财务指标,体现了对成长型、创新型中小企业的支持,激发了大量企业的上市热情。与之相适应,我国的风险投资、私募股权投资也获得了快速发展。

从新三板到全国股转系统。2013 年 12 月 14 日,国务院发布《关于全国中小企业股份转让系统有关问题的决定》,决定在原中关村代办股份转让系统(原"新三板")的基础上建立全国中小企业股份转让系统(简称"全国股转系统",仍继续被俗称为"新三板"),全国股转系统是全国性公开证券市场,主要为创新型、创业型、成长型中小企业发展服务,所有符合条件的股份公司都可以通过主办券商申请挂牌,公开转让股份,进行股权融资、债权融资、资产重组等。从2013年到2017年,大量企业申请在新三板挂牌,挂牌公司数量超过10 000家。

自上而下提出并开始研究股票发行注册制。2013年11月,党的十八届三中全会发布的《中共中央关于全面深化改革若干重大问题的决定》提出,健全多层次资本市场体系,推进股票发行注册制改革。2015年12月,国务院常务会议审议通过了拟提请全国人大常委会审议的《关于授权国务院在实施股票发行注册制改革中调整适用〈中华人民共和国证券法〉有关规定的决定(草案)》。2015年12月,国务院实施股票发行注册制改革的举措获得全国人大常委会的修法授权。2016年3月,中华人民共和国国民经济和社会发展第十三个五年(2016—2020)规划纲要提出:创造条件实施股票发行注册制。2018年3月,国务院办公厅转发《证监会关于开展创新企业境内发行股票或存托凭证试点若干意见的通知》,开展创新企业境内发行股票或存托凭证试点,证监会对符合条件的试点企业,按照法律法规受理审核相关发行上市申请。

六、我国资本市场发展的注册制推进阶段(2019年至今)

科创板推出并正式试点注册制。经过5年多的研究和准备,我国股票发行上市体系进行重大改革探索的时机基本成熟。2018年11月5日,国家主席习近平在首届中国国际进口博览会开幕式演讲中宣布将在上海证券交易所设立科创板并试点注册制。2019年修订后的《证券法》明确全面实行股票发行注册制,设定了注册制的基本法律框架。2019年7月22日,科创板首批25家企业上市。

全国中小企业股转系统(新三板)深化改革并设立精选层。2019年12月至2020年上半年,全国中小企业股转系统进行了系统化改革,对新三板发行、交易、市场分层、公司监管、投资者适当性等制度进行了全方位优化和调整。在新三板中形成"基础层—创新层—精选层"的三层市场结构,精选层公司可以向不特定合格投资者公开发行股票,实行连续竞价交易方式。

创业板改革并试点注册制。 2020年4月27日,中央全面深化改革委员会第十三次会议审议通过了《创业板改革并试点注册制总体实施方案》,确定创业板试点注册制,坚持创业板和其他板块错位发展,找准各自定位,办出各自特色,推动形成各有侧重、相互补充的适度竞争格局。2020年8月24日,创业板注册制首批18家企业上市。

深交所的中小企业板并入主板。 2021年2月5日,经国务院同意,中国证监会正式批复深圳证券交易所合并主板与中小板,合并后的板块称为深圳证券交易所主板,沪深交易所的上市板块架构更加清晰一致。

设立北京证券交易所。 2021年9月2日,国家主席习近平在中国国际服务贸易交易会全球服务贸易峰会上的致辞中宣布:"我们将继续支持中小企业创新发展,深化新三板改革,设立北京证券交易所,打造服务创新型中小企业主阵地。"北京证券交易所的设立,是完善多层次资本市场体系的重要内容。北交所总体上平移了新三板精选层的各项基础制度,上市公司由创新层挂牌公司产生,保持了新三板基础层、创新层与北交所"层层递进"的市场结构。同时,为打通中小企业成长壮大的上升通道,建立多层次上市板块的有机联系,形成了北交所与沪深交易所板块的转板机制。2022年1月,证监会发布《中国证监会关于北京证券交易所上市公司转板的指导意见》。2022年3月4日,深交所和上交所分别发布了北交所上市公司向创业板、科创板试行转板办法,北交所上市公司向科创板、创业板转板的机制已经形成,转板上市企业已经出现。2023年9月1日,中国证监会发布《关于高质量建设北京证券交易所的意见》,进一步推进北交所稳定发展和改革创新,加快打造服务创新型中小企业"主阵地"系统合力。

我国企业发行上市全面实行注册制。 从2023年2月起,我国所有上市板块全面实施注册制。全面注册制完整准确地全面贯彻新发展理念,服务于构建新发展格局和高质量发展,着眼于打造一个规范、透明、开放、有活力、有韧性的资本市场,按照尊重注册制基本内涵、借鉴全球最佳实践、体现中国特色和发展阶段特征的原则,全面建立和完善符合市场化导向、便利投融资活动、信息披露严格、机构责任到位、风险防控有效的股票发行上市制度,充分考虑各板块服务不同发展阶段企业的特点,增强资本市场服务实体经济的功能。

在注册制下,沪深主板、创业板、科创板、北交所组成多层次、多板块上市体系,各板块定位清晰明确,以更广的包容性和更强的针对性支持不同阶段、不同特色的企业上市,上市审核过程更加规范透明,越来越多的中小企业、创新企业看到了进入资本市场、成为上市公司的机遇。同时,2019年注册制改革以来的企业上市实践也已经充分表明,注册制绝不意味着放松审核要求,对申请上市企业的规范要求更高,信息披露要求更细更严,企业要想上市,必须真正规范到位。

第三节 我国企业上市审核制度的发展历程

随着我国社会主义市场经济的发展,我国的企业上市审核制度也经历了多次演变,经历了从计划经济向社会主义市场经济的转型。总体来看,2000年之前为行政审批,2000年之后不断推进市场化改革,开始实行保荐制,2019年开始的注册制改革是对保荐制的完善和改进,2023年全面实施注册制后,证监会、交易所的各自定位和监管职能发生了改变,我国企业上市审核制度进入新的阶段。

一、审批制下的额度管理阶段(1993—1995)

1992年10月,国务院证券委员会和中国证监会成立。1993年4月25日,国务院颁布了《股票发行与交易管理暂行条例》,标志着股票发行审批制的正式确立。在审批制下,国务院证券管理部门根据国民经济发展需求及资本市场实际情况,先确定融资总额度,然后根据各个省级行政区域和行业在国民经济发展中的地位和需要进一步分配总额度,再由省级政府或行业主管部门选择和确定可以发行股票的企业。省级政府和国家有关部委在各自的发行规模内推荐预选企业,证券监管机构对符合条件的预选企业的申报材料进行审批。

在额度管理的阶段,企业上市需要经历两级行政审批,即企业首先向其所在地政府或主管中央部委提交额度申请,经批准后报送证监会复审。证监会对企业的质量、前景进行实质审查,并对发行股票的规模、价格、发行方式、时间等做出安排。

在额度管理的阶段,能够获得上市推荐的企业基本都是国有企业,民营企业非常少。我国第一家民营上市公司是浙江杭州的万向钱潮股份有限公司,1994年1月10日,万向钱潮(000559)股票在深圳证券交易所上市。

二、审批制下的指标管理阶段(1996—2000)

1996年,国务院证券委员会公布了《关于1996年全国证券期货工作安排意见》,这一阶段实行"总量控制,限报家数"的做法,由国务院证券主管部门确定在一定时期内发行上市的企业家数,然后向省级政府和行业主管部门下达股票发行家数指标,省级政府或行业主管部门在上述指标内推荐预选企业,证券主管部门对符合条件的预选企业同意其上报发行股票正式申报材料并审核。

1997年,证监会下发了《关于做好1997年股票发行工作的通知》,同时增加了拟发行股票公司预选材料审核的程序,由证监会对地方政府或中央企业主管部门推荐的企业进行预选,改变了两级行政审批下单纯由地方推荐企业的做法,开始了对企业的事前审核。

三、核准制下的通道制阶段(2001—2004)

1999年7月1日正式实施的《中华人民共和国证券法》对股票发行制度做出了重大改革,确立了股票发行核准制的法律地位。股票发行核准制改变了由政府部门预先制定计划额度、选择和推荐企业、审批企业股票发行的行政本位,确立了由主承销商根据市场需要推荐企业,证监会进行合规性初审,发行审核委员会独立审核表决的市场化原则。这是我国企业上市市场化改革方面迈出的关键一步,也是我国经济体制改革的重大突破。

1999年7月之后,中国证监会陆续制定了一系列与《证券法》相配套的法律法规和部门规章,包括《中国证监会股票发行审核委员会条例》《中国证监会股票发行核准程序》《股票发行上市辅导工作暂行办法》等,构建了股票发行核准制的基本框架。新的核准程序包括:第一,省级人民政府和主管部委批准改制设立股份有限公司;第二,拟发行公司与有资格的证券公司签订辅导协议,报地方证监局备案,签订协议后,每两个月上报一次辅导材料,辅导时间为期1年;第三,辅导期满,拟发行公司提出发行申请,证券公司依法予以推荐;第四,证监会进行合规性初审后,提交发行审核委员会审核,经发审委委员投票表决通过,最终由证监会核准,决定其是否具有发行资格。

核准制的第一个阶段一般称为"通道制"(从2001年到2004年)。2001年3月17日,证监会宣布取消股票发行审批制,正式实施股票发行核准制下的"通道制"。通道制也就是证监会向综合类券商下达可以推荐拟公开发行股票的企业家数。具有主承销商资格的证券公司,就可获得2至8个通道,具体通道数主要以2000年该主承销商所承销的项目数为基准,新的综合类券商将有2个通道。主承销商的通道数就是其可以推荐申报的拟公开发行股票的企业家数。通道制下股票发行"名额有限"的特点未变,但通道制改变了过去行政机制遴选和推荐上市企业的做法,使主承销商在一定程度上承担起股票发行风险,同时也获得了遴选和推荐股票发行的权力。

"通道制"仍是一种计划经济模式的股票发行制度,具备企业上市推荐资格的证券公司数量不多,且每家证券公司每年推荐的拟上市企业数量固定,证券公司之间的竞争变成了对申报通道数量的竞争,而不是执业水平和执业质量的竞争,这种制度仍然需要进行改革。

四、核准制下的保荐制阶段(2004—2019)

通道制作为一种过渡方式,实施了3年左右。在这一审核制度实施过程中,中国证监会一直在研究核准制下我国的企业发行上市制度,经过大量的研究和交流学习,决定借鉴境外市场经验,采取保荐制度。2003年12月,中国证监会制定发布《证券发行上市保荐制度暂行办法》(从2004年2月1日起实施),企业上市开始实施保荐制度(简称"保荐制"),从此这一制度成为企业上市的根本制度。在这一制度下,具有投资银行业务资格的证券公司(即保荐人,或称为保荐机构)都可以推荐企业上市,不再设置推荐数量的限制(取消"通道"),但任何一个申报上市的项目都需要由两位具备保荐资格的自然人(即保荐代表人)签字保荐。

实施证券发行上市保荐制度具有两个方面的重大作用:一是进一步推动了资本市场的市场化改革,充分发挥证券公司等市场服务机构的作用,由市场服务机构发现、遴选、辅导、推荐、监督更多符合条件的企业上市,提高直接融资比例,加快资本市场发展;二是上市公司的质量不仅与证券公司、会计师事务所、律师事务所这些机构相关联,强化了机构的责任,而且还与具体的自然人(两位保荐代表人)的执业声誉直接相关,强化个人责任。

在核准制下的保荐制阶段,与之并行的另一项基本制度是发审委制,即企业的上市申请,在监管机构的初审部门完成审核后,将向发行审核委员会(简称"发审委")提交初审报告,由发审委以投票表决方式对股票发行申请进行表决,表决通过的,由证监会核准企业发行上市;表决未通过的,不予上市。

发审委制度开始于1999年。1999年9月16日,经国务院批准,中国证监会发布了《中国证券监督管理委员会股票发行审核委员会条例》,组建了由证监会、其他有关部委和证券交易所的代表及学者等共80人组成的发审委,每次发审会的参会委员名单保密,发审会的审核意见以投票表决方式形成。由于发审委名单保密,运行不够透明,因此,在实践中出现了很多问题。

2003年12月,中国证监会公布《股票发行审核委员会暂行办法》,对发审委制度做出重大改革。委员人数大幅减少,且超过一半为专职委员,主要来自证监会、证券交易所、会计师事务所以及律师事务所的合伙人。发审会前,证监会至少提前5天公布发审委会议时间、参会委员名单、审核企业名单,会后立刻公布审核结果。每次会议由7名委员参加,5票赞成为通过,投票表决方式为密闭式记名投票(即委员在投票纸上签名,但签字部分被粘上并封闭,只能在特殊情况下严格履行相关程序后方可打开查看,即默认情况下仍是无记名投票)。发审委委员投票前,将由两位企业代表和两位保荐代表人到会接受发审委委员的询问,在上会人员退场后,发审委委员进行投票表决。

2003年之后,发审委制度又进行多次改革,但其通过委员投票决定企业能否上市的实质没有变化。

五、注册制下的保荐制阶段(2019年至今)

我国股票发行制度向注册制的改革,是一个自上而下的过程,即先有顶层设计,再有单个试点,直到逐步全面铺开。2013年11月,十八届三中全会审议通过《中共中央关于全面深化改革若干重大问题的决定》,其中明确提出要推进股票发行注册制改革,并由全国人大常委会授权证监会和证券交易所可以突破《证券法》的限制,进行注册制探索。

2018年11月5日,国家主席习近平在首届中国国际进口博览会开幕式演讲中宣布将在上海证券交易所设立科创板并试点注册制。2019年1月30日,证监会发布了《关于在上海证券交易所设立科创板并试点注册制的实施意见》。2019年3月1日,首次公开发行股票注册管理办法、上市公司持续监管办法、上市审核规则、发行与承销实施办法、股票上市规则、股票交易特别规定等一系列制度规则正式实施,科创板制度框架确立,股票发行注册制改革正式拉开序幕。2019年7月22日,科创板正式开市,首批25家科创企业当天集中上市。设立科创板并试点注册制是深化资本市场改革开放的基础制度安排。

2019年12月28日,第十三届全国人大常委会第十五次会议审议通过了修订后的《中华人民共和国证券法》,修订后的《证券法》按照全面推行注册制的基本定位,提高证券违法成本、完善投资者保护制度、强化信息披露义务、压实中介机构责任等制度改革,为打造一个规范、透明、开放、有活力、有韧性的资本市场提供了有力的法制保障,对于分步推进注册制改革具有重要意义。2020年和2021年,创业板、北交所分别试点注册制。

经过4年的试点,2023年2月1日,中国证监会就全面实行股票发行注册制涉及的《首次公开发行股票注册管理办法》等主要制度规则草案公开征求意见,标志着股票发行全面注册制改革的开启。2023年2月17日,证监会正式发布全面实行股票发行注册制的相关制度规则,并宣布所有制度自公布之日起施行,这标志着中国股市注册制的制度安排基本定型,注册制推广到全市场和各类公开发行股票行为。中国资本市场迎来"全面注册制"时代,这在中国资本市场改革发展进程中具有里程碑意义。

在全面注册制下,各上市板块定位明确,企业申请上市必须符合板块定位。 主板突出"大盘蓝筹"特色,重点支持业务模式成熟、经营业绩稳定、规模较大、具有行业代表性的优质企业;科创板突出"硬科技"特色,发挥资本市场改革"试验田"作用;创业板主要服务于符合"三创四新"要求的成长型创新创业企业;北交所则致力于打造服务创新型中小企业的主阵地。企业上市申报受理后,不仅交易所会审核企业是否符合国家产业政策和板块定位,证监会也会同步关注,企业应更加科学审慎地选择符合企业状况的上市板块。

在全面注册制下,审核流程和审核标准更加规范、统一。 2023年2月,全面注册制的法规体系公布,审核流程和审核标准更加规范和统一。注册制的审核体系和流程按照职责明确、协作高效、分级把关、集体决策、公开透明、有效制衡的原则进行设计和运行。在注册制下,由交易所全面负责申报企业的发行上市和信息披露要求的审核,将证监会在注册环节的问题前置,与交易所审核并行,实现高效衔接,提升审核注册工作效率。交易所结合证监会注册准备会意见和上市委员会的审议意见,形成交易所的审核决定,报证监会进行注册,优化证监会注册阶段进程。证监会进行职能转型,除了负责履行法定的股票发行注册程序外,还负责对各交易所发行上市审核注册工作的统筹指导监督管理,统一审核理念,统一审核标准并公开,定期检查交易所审核标准、制度的执行情况。

在全面注册制下,申请上市的企业承担主体责任,对企业的规范要求大幅提高。 在注册制下,企业申请上市时"申报即担责",注册制不是随意发行、随意上市,而是要求公司必须符合最基本的股票发行上市条件,满足严格的信息披露要求。注册制下对企业的规范要求更高,尤其是对企业的会计基础工作规范、内控制度健全有效等方面的审核将更加严格。交易所在发行上市审核中,如果发现发行上市申请文件存在重大疑问且企业及其保荐人、证券服务机构回复中无法做出合理解释的,可能会对企业进行现场检查。近年来,企业申报受理后又主动撤回申请的比例不断上升,主要原因还是企业的规范程度不够,这种现象无疑造成了巨大的社会资源损耗,准备申请上市的企业应建立"敬畏法治"之心,充分夯实规范基础后再申报上市。

在全面注册制下,中介机构的责任更加强化。 注册制保持了原有的企业发行上市保荐制度的基本制度,企业申请上市必须聘请保荐机构和会计师事务所、律师事务所等证券服务机构。注册制下,中介机构"申报即担责",保荐机构要对申请文件进行审慎核查,并对真实性、准确性、完整性负责,证券服务机构对与其专业职责有关的内容负责。监管机构、行业协会更加强调保荐机构等中介机构的法人责任,要求保荐机构建立分工合理、权责明确、相互制衡、有效监督的内控机制,将保荐业务纳入公司整体合规管理和风险控制范围,建立健全廉洁从业风险防控机制,强化对保荐业务人员的管控等,将保荐压力更多地传导给保荐机构投行质控和内核部门,各中介机构内外部工作程序更加严格。

交易所在发行上市审核中,如果发现发行上市申请文件存在重大疑问且企业及其保荐人、证券服务机构在回复中无法做出合理解释的,可以对中介机构进行现场督导。

2023年4月10日,沪深交易所主板注册制首批10家企业上市,标志着历经10年的股票发行上市注册制改革成功落地,这是我国资本市场改革的又一个重要历史时刻,中国特色的股票发行上市注册制时代就此到来。

第二章
企业上市概览

企业上市是指股份有限公司经过国务院证券管理部门批准向社会公开发行股票,并在证券交易所上市交易。本章重点对与上市相关的一些基本性问题进行分析和介绍,包括与企业上市相关的一些基本概念、企业上市的完整过程、企业如何确定申报的上市板块以及不同板块的差异、在上市过程中要高度重视地方政府支持并做好沟通等。通过本章的阅读,希望读者能对企业上市的重要关键问题建立准确的认知。

第一节　企业上市的概念

上市公司是指其股票在证券交易所上市交易的股份有限公司(《公司法》第一百二十条)。目前我国的证券交易所包括:上海证券交易所、深圳证券交易所、北京证券交易所。因此,股票在这三家交易所上市交易的股份有限公司均属于上市公司。

股票是股份公司在筹集资本时向出资人发行的股份凭证,代表着其持有者(即股东)对股份公司的所有权,持有一家公司的股票,意味着拥有这家企业所从事的商业的一部分,表示所有者愿意和企业共同发展。股票所代表的这种部分企业所有权是一种综合权利,包括参加股东大会、投票表决公司的重大决策、收取股息等,但也要共同承担公司运营不佳所带来的风险。

一、企业上市的方式

企业上市是指股份有限公司的股票在证券交易所上市交易。股份有限公司申请其股票在证券交易所上市，需要符合《证券法》、证监会和证券交易所规定的股票发行上市条件，通过证券交易所的审核并在证监会注册通过。

在我国，公司在国内证券交易所上市的方式包括：

(1) 首次公开发行股票并上市(简称"首发上市"，Initial Public Offering，简称"IPO")。首次公开发行股票并上市是指按照有关法律法规的规定，公司向沪深证券交易所提出申请，经证券交易所审核，符合发行条件、上市条件以及相关信息披露要求，证监会予以注册，公司发行一定数量的社会公众股，股票公开发行完毕后，在上海或深圳证券交易所上市。

(2) 公开发行股票并在北交所上市。已经在全国股转系统（又称新三板）连续挂牌满12个月的创新层挂牌公司，经北京证券交易所审核，符合发行条件、上市条件以及相关信息披露要求，证监会予以注册，公司向不特定合格投资者公开发行一定数量的股票，在股票公开发行完毕后，在北京证券交易所上市。

与第一种方式（首次公开发行并上市）不同，申请在北京证券交易所上市的股份公司已经在全国股转系统连续挂牌12个月以上并可能已经通过全国股转系统进行过融资和股票公开转让，其申请在北交所公开发行并上市时可能已经不属于首次公开发行，因此北交所上市通常称为"公开发行股票并在北交所上市"或"向不特定投资者公开发行股票并上市"，并不必然是首发上市。证监会颁布的部门规章也将企业在沪深证券交易所上市（证监会颁布的《首次公开发行股票注册管理办法》）和在北交所上市（证监会颁布的《北京证券交易所向不特定合格投资者公开发行股票注册管理办法》）进行了区分，因此，本书中我们将北交所上市与IPO作为两种上市方式分别列示。

除了以上两种主要方式，还有一种企业上市方式是借壳上市。借壳上市是指在证券市场上买入一个已上市公司（壳公司）一定程度的控股权后，通过资产的重组，把主体公司的资产与业务注入壳公司，从而间接取得上市的资格。本书内容不涉及借壳上市,本书中企业上市的含义均为普通的 IPO 和公开发行股票并在北交所上市。

二、企业上市时的新股发行

企业上市申请获得通过后,第一个显性重要成果是通过向社会公众公开发行股票进行融资。股票发行定价机制直接决定了企业在稀释相同股权情况下可以获得的资金金额。目前,我国所有上市板块的企业公开发行股票的基本定价方式为询价制,部分符合条件的企业也可以选择与主承销商自主协商来直接定价的方式。①

《证券发行与承销管理办法》第五条规定:"首次公开发行证券,可以通过询价的方式确定证券发行价格,也可以通过发行人与主承销商自主协商直接定价等其他合法可行的方式确定发行价格。发行人和主承销商应当在招股意向书(或招股说明书,下同)和发行公告中披露本次发行证券的定价方式。

首次公开发行证券通过询价方式确定发行价格的,可以初步询价后确定发行价格,也可以在初步询价确定发行价格区间后,通过累计投标询价确定发行价格。"

《证券发行与承销管理办法》第六条规定:"首次公开发行证券发行数量二千万股(份)以下且无老股转让计划的,发行人和主承销商可以通过直接定价的方式确定发行价格。发行人尚未盈利的,应当通过向网下投资者询价方式确定发行价格,不得直接定价。

通过直接定价方式确定的发行价格对应市盈率不得超过同行业上市公司二级市场平均市盈率;已经或者同时境外发行的,通过直接定价方式确定的发行价格还不得超过发行人境外市场价格。"

企业在首次公开发行股票时,还可以进行战略配售。战略配售指首次公开发行股票过程中对战略投资者的配售,参与战略配售的投资机构可优

---

① 注册制改革的主要内容之一就是企业公开发行股票时的定价完全市场化,监管部门不再设限。

先获得股份,无需参与新股申购。战略投资者是指具有较强资金实力,认可发行人长期投资价值,愿意持有发行人首次公开发行股票 12 个月以上,并参与本次战略配售的投资者。企业的高级管理人员与核心员工可以通过设立资产管理计划参与战略配售,获配的证券数量不得超过本次公开发行证券数量的 10%。

三、新三板挂牌与上市的区别

企业在全国中小企业股份转让系统(即新三板)挂牌不属于上市的范畴。①根据《证券法》,新三板是"国务院批准的其他全国性证券交易场所",新三板也具有场内、集中、公开市场的性质,企业在新三板挂牌有很重要的意义,国家在很多方面对新三板挂牌公司给予了与上市公司类似的支持。本章第三节会专门介绍以上市为目标的企业如何用好新三板的问题。

在新三板挂牌的公司不是上市公司,但属于公众公司。《公司法》定义了两种类型的公司,即有限责任公司和股份有限公司,没有定义什么是公众公司。公众公司是在我国股份公司监管和新三板市场建设过程中形成的概念。

公众公司是股份有限公司中的一部分,公众公司包括两类股份有限公司:一类是上市公司,即所有在证券交易所上市的公司都是公众公司;第二类是非上市公众公司。根据中国证监会发布的《非上市公众公司监督管理办法》,非上市公众公司是指有下列情形之一且其股票未在证券交易所上市交易的股份有限公司:

"(1)股票向特定对象发行或者转让导致股东累计超过 200 人;

(2)股票公开转让。"

根据该定义的第二款,所有在新三板挂牌的公司都属于公众公司。

---

① 本书中所提到的"股票发行""发行上市""上市""股票上市"或"企业上市",如无特殊说明,其含义都不包括新三板挂牌。

第二节　我国各上市板块的定位和板块差异

目前,我国已经建立了沪深主板、创业板、科创板、北交所五个上市板块。在注册制下,企业发行人申请上市,必须符合相关板块定位,这是企业上市的重要法定要求,在企业上市审核过程中,交易所将板块定位问题作为重要的审核内容,证监会也将同步关注这一问题。因此,企业在树立上市的战略目标时,要逐步清晰和审慎地选定上市板块。本节将对这一问题进行介绍和分析。

此外,不同上市板块基于自身定位不同,在制度设计、交易机制等方面存在少量差异化安排,其中最重要的是以下三点:一是投资者准入门槛,这是市场流动性的重要影响因素;二是上市前股份的限售规定;三是各板块股票交易规则差异,本节也将分专题进行介绍。

一、我国各上市板块的定位

《首次公开发行股票注册管理办法》(以下简称"首发注册管理办法")第三条规定:"发行人申请首次公开发行股票并上市,应当符合相关板块定位。

主板突出'大盘蓝筹[①]'特色,重点支持业务模式成熟、经营业绩稳定、规模较大、具有行业代表性的优质企业。

科创板面向世界科技前沿、面向经济主战场、面向国家重大需求。优先支持符合国家战略,拥有关键核心技术,科技创新能力突出,主要依靠核心技术开展生产经营,具有稳定的商业模式,市场认可度高,社会形象良好,具有较强成长性的企业。

[①] "蓝筹"一词源于西方赌场,在西方赌场中,有三种颜色的筹码,其中蓝色筹码最为值钱。证券市场上通常将那些经营业绩较好,具有稳定且较高的现金股利支付的公司股票称为"蓝筹股"。

创业板深入贯彻创新驱动发展战略,适应发展更多依靠创新、创造、创意的大趋势,主要服务成长型创新创业企业,支持传统产业与新技术、新产业、新业态、新模式深度融合。"

《北京证券交易所向不特定合格投资者公开发行股票注册管理办法》(以下简称"北交所上市注册管理办法")第三条规定:"北交所充分发挥对全国中小企业股份转让系统的示范引领作用,深入贯彻创新驱动发展战略,聚焦实体经济,主要服务创新型中小企业,重点支持先进制造业和现代服务业等领域的企业,推动传统产业转型升级,培育经济发展新动能,促进经济高质量发展。"

各上市板块详细的板块定位把握详见本书第五章第一节的相关内容。证监会在交易所收到注册申请文件之日起,将同步关注企业是否符合板块定位。

二、企业如何确定上市板块

在注册制下,所有板块的新股发行方式、上市后的再融资规则等制度规则都基本保持一致。企业在确定上市板块时,可考虑的因素已经非常明确,即主要考虑企业是否符合拟申报板块的板块定位和是否符合该板块的发行上市条件。

1. 是否符合板块定位

企业确定拟申报的上市板块时,应充分考虑自身所处行业、科技属性、研发投入、创新性、发展阶段等与各上市板块定位的契合度,是否属于该上市板块支持和鼓励的行业,是否属于该板块的负面清单等,一定要综合分析,认真研判。在全面注册制下,企业上市申请被证券交易所受理后,证监会将同步关注企业是否符合国家产业政策和板块定位,主板、科创板、创业板、北交所对于板块定位问题的审核都将非常严格。企业应根据相关板块的定位描述、推荐指引、审核规则来审慎评估,企业及其中介机构难以判断的,可在申报前通过交易所的发行上市审核业务系统进行咨询。

在认为符合板块定位的情况下,企业可以看其是否符合该板块的发行上市条件，根据企业的规范程度和经营业绩情况，启动上市申报。

2. 是否符合拟申请板块的发行上市条件

在证监会规定的各板块基本一致的发行条件之外，证券交易所对各板块适用的上市条件给出了不同的标准，特别是财务条件具有一定的区别。在注册制下，主板、创业板、科创板、北交所根据企业发展状况和类型的不同，有多套标准可以选择，各板块的发行上市条件可参考本书第四章。

三、以上市为目标的企业如何用好新三板

在企业开始形成进入资本市场的战略目标时，不仅面临如何选择上市板块的问题，同时还应充分考虑如何用好新三板。

对于财务规范、管理良好，但短期业绩尚不能直接申报上市或者有特殊考虑的优秀企业来说，可以充分利用好新三板的政策。企业可以首先在新三板挂牌并择机进入创新层，然后根据企业发展状况和外部市场环境，再灵活确定未来是直接申报创业板、科创板或主板，还是申请进入北交所（之后还可以再选择是否转板至创业板或科创板），其间可以利用新三板的相关政策实现股权架构调整或者股本设置方案优化调整。

1. 新三板挂牌成本低、速度快，且会给个人股东带来显著的个人所得税优惠

对于以上市为最终目标的企业，前期的规范也是未来申报的必要条件，可以根据预期申报时间稍微灵活地把握规范节奏，并在该过程中申请新三板挂牌。该过程一般不会对企业造成规范成本增加，甚至会有利于提前准备规范。因为单纯的新三板挂牌条件相对宽松，对于财务规范、管理良好的企业来说，成本不高，确定性强。

根据财政部、税务总局、证监会公告2019年第78号规定："个人持有挂牌公司的股票，持股期限超过1年的，对股息红利所得暂免征收个人所得税。"尤其是有股本调整与大额现金分红的民营中小企业，在股份公司中个人股东较常见，成为挂牌公司后，股份公司无论是现金分红还是转增股本，均可以享受较大的个人所得税优惠。

2. 挂牌企业股权调整或转让程序简化,并可为后续受让股东带来较大的税收成本节约

根据财政部、税务总局、证监会公告2018年第137号规定:"对个人转让新三板挂牌公司非原始股取得的所得,暂免征收个人所得税。"对新三板挂牌股票,中国证券登记结算公司在登记结算系统内明确区分了新三板原始股和非原始股。原始股是指个人在新三板挂牌公司挂牌前取得的股票,以及在该公司挂牌前和挂牌后由上述股票孳生的送、转股;非原始股是指个人在新三板挂牌公司挂牌后取得的股票,以及由上述股票孳生的送、转股。

3. 新三板挂牌后,企业可根据自身发展状况等因素灵活决策

新三板挂牌是北交所上市的前提条件。新三板挂牌后,企业可以根据自身发展状况和外部市场环境,判断具体的上市路径及上市板块,在战略上保持主动。企业在新三板挂牌并进入创新层后,符合北交所上市条件,且计划尽快上市融资的,可选择直接申报进入北交所上市。符合条件的企业,后续做大做强后再决定是否转板到其他上市板块。如果企业短期内没有大的直接融资计划,可以继续发展,在具备条件时直接申报创业板、科创板或主板。

4. 北交所上市公司转板不涉及证监会注册环节的审核程序

根据证监会发布的《关于北京证券交易所上市公司转板的指导意见》规定:"转板属于股票上市地的变更,不涉及股票公开发行,依法无需经中国证监会核准或注册,由上交所、深交所依据上市规则进行审核并作出决定。"

四、各上市板块的投资者准入

上市板块设定的投资者门槛,决定了该板块中二级市场参与者的范围,这是影响板块股票流动性和上市公司估值定价的重要因素。对于当前主板、创业板、科创板及北交所的个人投资者准入门槛,相关法规的主要规定如下:

(1) 主板。 主板对个人投资者没有明确限制。

(2) 创业板。 个人投资者参与创业板股票交易,应当符合下列条件:

① 申请权限开通前 20 个交易日证券账户及资金账户内的资产日均不低于人民币 10 万元(不包括该投资者通过融资融券融入的资金和证券);

② 参与证券交易 24 个月以上。

(3) 科创板。 个人投资者参与科创板股票交易,应当符合下列条件:

① 申请权限开通前 20 个交易日证券账户及资金账户内的资产日均不低于人民币 50 万元(不包括该投资者通过融资融券融入的资金和证券);

② 参与证券交易 24 个月以上。

(4) 北交所。 个人投资者参与北交所市场股票交易,应当符合下列条件:

① 申请权限开通前 20 个交易日证券账户和资金账户内的资产日均不低于人民币 50 万元(不包括该投资者通过融资融券融入的资金和证券);

② 参与证券交易 24 个月以上。

其中,已开通科创板交易权限的投资者,只需要签订风险揭示书即可开通北交所交易权限。

五、各上市板块的股份限售

1. 首发上市股份锁定的相关规定

根据《公司法》、首发注册管理办法、《监管规则适用指引——发行类第 4 号》、《证券期货法律适用意见第 17 号》(简称"适用意见 17 号")等相关规定,首发上市企业股东的股份锁定要求归纳如下:

(1) 一般规定

① 实际控制人的股份锁定。发行人控股股东和实际控制人所持股份自发行人股票上市之日起 36 个月内不得转让,控股股东和实际控制人的亲属(依据《民法典》相关规定认定)、一致行动人所持股份应当比照控股股东和实际控制人所持股份进行锁定。

为确保发行人股权结构稳定、正常生产经营不因发行人控制权发生变化而受到影响,发行人没有或者难以认定实际控制人的,发行人股东应当按持股比例从高到低依次承诺其所持股份自上市之日起锁定36个月,直至锁定股份的总数不低于发行前股份总数的51%。对于具有一致行动关系的股东,应当合并后计算持股比例再进行排序锁定。

② 普通股东的股份锁定。对于普通股东,根据《公司法》规定,上市前取得的股份自公司股票在证券交易所上市交易之日起1年内不得转让。

(2) 申报前6个月内增资扩股的股份锁定

根据适用意见17号规定[1],发行人申报前6个月内进行增资扩股的,新增股份的持有人应当承诺新增股份自发行人完成增资扩股工商变更登记手续之日起锁定36个月;根据该规定,发行人申报前6个月内通过资本公积转增股本属于前述规定的"进行增资扩股"的情形,新增股份的持有人应当承诺新增股份自完成工商变更登记手续之日起锁定36个月。在申报前6个月内从控股股东或者实际控制人处受让的股份,应当比照控股股东或者实际控制人所持股份进行锁定。相关股东刻意规避股份锁定期要求的,应当按照相关规定进行股份锁定。

根据《监管规则适用指引——关于申请首发上市企业股东信息披露》规定,发行人提交申请前12个月内新增股东的,新增股东应当承诺所持新增股份自取得之日起36个月内不得转让。

(3) 上市前尚未盈利企业的股份锁定

企业在科创板或创业板上市时未盈利的,在实现盈利前,控股股东、实际控制人及其一致行动人自公司股票上市之日起3个完整会计年度内,不得减持首发前股份;自公司股票上市之日起第4个和第5个完整会计年度

---

[1] 为了防止不当入股或者逃避锁定期等情形,审核中把发行人临近申报时引入新股东的情形界定为突击入股行为,监管规定针对性延长锁定期是个很好的监管实践。但随后的交易所发行上市审核动态问答中明确资本公积转增股份也属于该文中"新增股份"的范围,也要执行36个月的锁定。对于无股权结构变动、原股东同比例转增股份也做此规定,从立法本意上不容易理解。资本公积转增的股本属于原股东持有股份的孳生股份,不属于突击入股应规范的情形,出现锁定期不一致情形也与民法典规定的同股同权原则不符。此外值得探讨的是,根据《监管规则适用指引——发行类5号》中"在审期间分红及转增股本"相关规定,发行人在审期间可以进行资本公积转增股本。按照上述监管动态顺推,在审期间资本公积转增的股份是否也要重新承诺锁定期呢?

内,每年减持的首发前股份不得超过公司股份总数的 2%,并应当符合交易所关于减持股份的相关规定。

企业在科创板或创业板上市时未盈利的,在公司实现盈利前,董事、监事、高级管理人员及核心技术人员(仅科创板)自公司股票上市之日起 3 个完整会计年度内,不得减持首发前股份;在前述期间内离职的,应当继续遵守本款规定。

(4) 稳定股价的股份锁定

根据证监会 2013 年发布的《关于进一步推进新股发行体制改革的意见》规定:"发行人控股股东、持有发行人股份的董事和高级管理人员应在公开募集及上市文件中公开承诺:所持股票在锁定期满后两年内减持的,其减持价格不低于发行价;公司上市后 6 个月内如公司股票连续 20 个交易日的收盘价均低于发行价,或者上市后 6 个月期末收盘价低于发行价,持有公司股票的锁定期限自动延长至少 6 个月。"

(5) 首发企业董监高股份锁定的相关规定

根据《上市公司董事、监事和高级管理人员所持本公司股份及其变动管理规则》规定:"上市公司董事、监事和高级管理人员所持本公司股份在下列情形下不得转让:

(一) 本公司股票上市交易之日起一年内;

(二) 董事、监事和高级管理人员离职后半年内;

(三) 董事、监事和高级管理人员承诺一定期限内不转让并在该期限内的;

(四) 法律、法规、中国证监会和证券交易所规定的其他情形。"

该规则同时规定:"上市公司董事、监事和高级管理人员在任职期间,每年通过集中竞价、大宗交易、协议转让等方式转让的股份不得超过其所持本公司股份总数的百分之二十五,因司法强制执行、继承、遗赠、依法分割财产等导致股份变动的除外。

上市公司董事、监事和高级管理人员所持股份不超过一千股的,可一次全部转让,不受前款转让比例的限制。"

科创板核心技术人员自公司股票上市之日起12个月内和离职后6个月内不得转让公司首发前股份。

(6) 破发、破净或分红不达标的减持限制。

为进一步规范股份减持行为,证监会发布通知规定,上市公司存在破发、破净情形,或者最近三年未进行现金分红、累计现金分红金额低于最近三年年均净利润30%的,控股股东、实际控制人不得通过二级市场减持本公司股份,控股股东、实际控制人的一致行动人比照上述要求执行;上市公司披露为无控股股东、实际控制人的,第一大股东及其实际控制人比照上述要求执行。

2. 北交所上市股份锁定的相关规定

根据《北京证券交易所股票上市规则(试行)》(简称"北交所上市规则")等相关规定,北交所上市公司控股股东、实际控制人、董事、监事、高级管理人员(简称"董监高")等在股份转让时有一定的限制性规定,主要限制情形如下:

(1) 一般规定

① 控股股东、实际控制人。上市公司控股股东、实际控制人及其亲属以及上市前直接持有10%以上股份的股东或虽未直接持有但可实际支配10%以上股份表决权的相关主体,持有或控制的本公司向不特定合格投资者公开发行前的股份,自公开发行并上市之日起12个月内不得转让或委托他人代为管理。无控股股东、实际控制人的,上市公司第一大股东及其最终控制人应当参照实际控制人锁定期的规定执行。上市公司大股东、实际控制人在下列情形下不得减持其所持有的本公司股份:上市公司或其大股东、实际控制人因涉嫌证券期货违法犯罪,在被中国证监会及其派出机构立案调查或者被司法机关立案侦查期间,以及在行政处罚决定、刑事判决作出之后未满6个月的;大股东、实际控制人因违反北交所业务规则,被交易所公开谴责未满3个月的。

② 董事、监事、高级管理人员。上市公司董监高所持本公司股份在下列情形下不得转让:本公司股票上市交易之日起12个月内,董监高离职后6

个月内,董监高承诺一定期限内不转让并在该期限内的;因涉嫌证券期货违法犯罪,在被中国证监会及其派出机构立案调查或者被司法机关立案侦查期间,以及在行政处罚决定刑事判决出之后未满6个月的;因违反北交所规则,被交易所公开谴责未满3个月的。董监高在任职期间每年转让的股份不超过其所持本公司股份总数的25%,因司法强制执行、继承、遗赠、依法分割财产等导致股份变动的除外。

(2) 上市时发行人尚未盈利时的规定

公司上市时未盈利的,在实现盈利前,控股股东、实际控制人、董监高自公司股票上市之日起2个完整会计年度内,不得减持公开发行并上市前股份;公司实现盈利后,可以自当年年度报告披露后次日起减持公开发行并上市前股份。董监高在上述期间内离职的,应当继续遵守以上规定。

3. 北交所转板的相关规定

(1) 控股股东、实际控制人

转板公司控股股东、实际控制人自公司转板之日起12个月内,不得转让或者委托他人管理转板前股份,也不得提议由转板公司回购该部分股份;限售期届满后6个月内减持股份的,不得导致公司控制权发生变更。转板时没有或者难以认定控股股东、实际控制人的,股东按照持股比例由高到低依次承诺锁定12个月,直到锁定的比例不少于发行前总股本的51%。

公司转板时未盈利的,在实现盈利前,控股股东、实际控制人自转板之日起3个完整会计年度内,不得减持本公司转板前股份;自转板之日起第4个会计年度和第5个会计年度内,每年减持的本公司转板前股份不得超过公司股份总数的2%,并应当符合交易所关于股份减持与限售的相关规定。公司实现盈利后,前款规定的股东可以自当年年度报告披露后次日起减持转板前股份,但应当遵守交易所其他有关股份减持与限售的规定。

(2) 董事、监事、高级管理人员

转板公司董监高所持有的公司转板前股份,自公司转板之日起12个内不得转让。

公司转板时未盈利的,在实现盈利前,董监高自转板之日起3个完整会计年度内,不得减持本公司转板前股份;在前述期间内离职的,应当继续遵守本款规定。公司实现盈利后,前款规定的股东可以自当年年度报告披露后次日起减持转板前股份,但应当遵守交易所其他有关股份减持与限售的规定。

六、各上市板块的交易规定

各上市板块的交易规则基本相同[①],各上市板块基于不同的板块定位、投资者门槛等,在上市后股票价格日内涨跌幅限制上有所差异,具体规则简介如下:

(1) 新股上市首日涨跌幅限制。主板、创业板及科创板股票,上市后首5个交易日不设置涨跌幅限制。北交所股票,上市首日不设涨跌幅限制。

(2) 日常涨跌幅限制。主板股票自第6个交易日开始实施±10%涨跌幅限制。创业板及科创板股票自第6个交易日开始实施±20%涨跌幅限制。北交所股票自第2个交易日开始实行±30%的价格涨跌幅限制。

第三节 企业上市的主要历程

企业上市是一个由多个主体共同参与、周期长、涉及面广的复杂系统工程。一般来说,从上市准备启动开始,直到在证券交易所上市,整个过程通常要三四年以上,其中的影响因素很多,不同项目、不同客观条件的时间预期有较大差异。本节将简要概括企业从准备上市开始直到最终上市过程中涉及的主要关键事项节点。

[①] 各上市板块的基本交易方式为日内连续竞价交易。为了改善科创板流动性、促进科创板健康发展,从2022年10月起,上交所在科创板部分股票中引入了做市交易,即部分证券公司可以根据相关规则为科创板股票提供双边报价。

企业的发行上市不仅要符合法律法规和部门规章规定的发行上市条件，还应该严格履行规定的程序。根据《公司法》《证券法》，中国证监会和证券交易所颁布的规章、规则等有关规定，在注册制下，企业从开始准备到最终上市，所经历阶段可以归纳为 12 个（见图 2-1）。

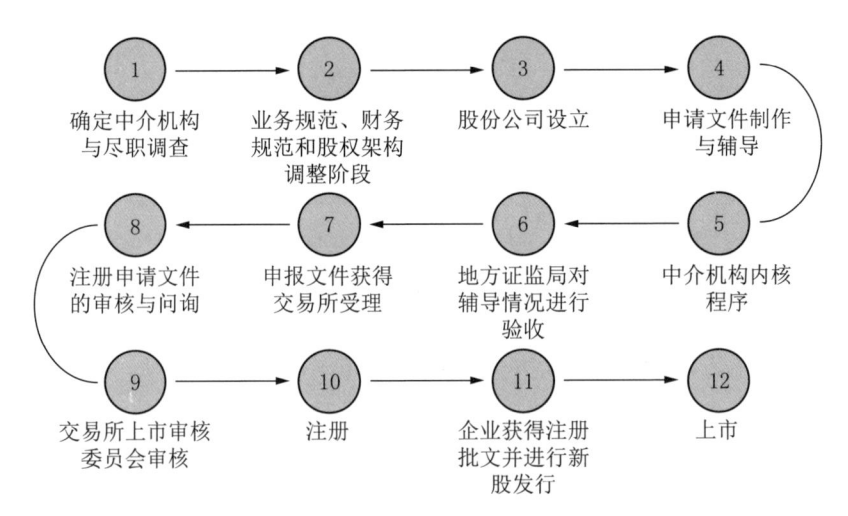

```
1 确定中介机构与尽职调查 → 2 业务规范、财务规范和股权架构调整阶段 → 3 股份公司设立 → 4 申请文件制作与辅导
8 注册申请文件的审核与问询 ← 7 申报文件获得交易所受理 ← 6 地方证监局对辅导情况进行验收 ← 5 中介机构内核程序
9 交易所上市审核委员会审核 → 10 注册 → 11 企业获得注册批文并进行新股发行 → 12 上市
```

图 2-1　企业上市过程要经历的阶段

一、企业确定中介机构和尽职调查

企业申请上市，必须聘请证券公司担任保荐机构，并聘请会计师事务所、律师事务所等证券服务机构，这些机构通常统称为中介机构。企业确定中介机构并签订合作协议，中介机构进场工作意味着企业上市准备正式开始。本书第三章将详细介绍企业上市需要聘请的中介机构及各自职责，企业如何正确认识和中介机构之间的关系，如何选择中介机构，中介机构的收费，企业与中介机构间的沟通和协作等问题。

企业与中介机构正式合作后，各家中介机构针对企业的历史沿革、业务、财务、内控、人力等与企业上市相关的各个方面进行全面的前期尽职调查，对企业存在的问题进行诊断，并对改制上市方案进行可行性论证，拟定企业规范及改制方案。

二、业务与财务规范、内控完善和股权架构调整阶段[①]

企业根据中介机构的建议,结合企业实际情况,进行股权架构调整、业务架构调整、历史遗留问题梳理、业务流程梳理、财务管理规范、研发管理规范、内部控制完善、员工股权激励、人才引进、外部融资等大量工作。这个阶段是企业夯实上市基础、顺利推动上市准备的关键阶段,也是大部分企业耗时最长、难度最大的时期,中介机构提出的大量规范要求和完善建议,需要企业逐项理解、逐一落实。企业后续能否如期申报、顺利审核、最终上市,很大程度上取决于这个阶段的工作。

三、股份公司设立

企业经过上一阶段的工作,在中介机构指导下完成规范后,特别是基本达到会计基础工作规范、内部控制制度健全且被有效执行后,适时将有限责任公司按原账面净资产值折股整体变更为股份有限公司。由会计师事务所进行报表审计,资产评估机构进行净资产评估,企业股东签署发起人协议,律师事务所协助起草公司章程等文件。拟定公司内部组织机构,确定股份公司创立大会的时间和议程,经过法律程序正式设立股份有限公司。

《公司法》第八十九条规定:"发行股份的股款缴足后,必须经依法设立的验资机构验资并出具证明。发起人应当自股款缴足之日起三十日内主持召开公司创立大会。创立大会由发起人、认股人组成。"因此,举办股份公司创立大会是法定程序。无论从形式上还是实质上,企业都应该高度重视股份公司创立大会,该大会是企业上市准备过程中的重要里程碑,具有如下意义:

(1) 变更为股份公司是企业发展的重要里程碑,创立大会是这个新起

---

① 从企业上市的全过程看,企业上市所需的时间,最大影响因素是企业自身。财务和内控规范程度、经营业绩波动往往是最大的影响变量,也就是第 2 个阶段。企业各方面基础较好,需要整改的工作较少,中介机构工作专业且负责,申报的时间可相应缩短。正常情况下,各阶段的大致时间是:从筹划改制到设立股份公司大约 6 个月到 1 年,规范的有限责任公司整体变更为股份公司时间可以缩短;保荐机构和其他中介机构进行尽职调查和制作申请文件,约 8—10 个月。

点的标志性仪式。成为股份公司后，公司在公司治理、规范运行、内部控制等方面都要基本上按上市公司的要求运行，对企业家和公司管理层都有更高要求，因此企业应该高度重视创立大会。

（2）创立大会按照法定程序召开是公司敬畏规则的起点。普通有限公司对于股东会、董事会及相关决议的形成一般都不够严肃。企业成为以上市为目标的股份公司后，应当逐步建立起规则意识，保持对规则、规范的敬畏。股份公司创立大会本身是一个严肃的法定事件，并且会上要通过很多重要决议。《公司法》对创立大会通知、召开、决议等均做了规范性的规定。创立大会需要审议发起人关于公司筹办情况的报告，通过公司章程，选举董事会成员，选举监事会成员。

（3）股份公司创立大会的庄重性和仪式感，向中介机构、独立董事和公司全体员工展现了公司成为上市公司的坚定决心，彰显了对规则的敬畏和尊重。股份公司创立大会及后续召开的董事会、监事会，应通过严肃庄重的会场布置、严格依照法律规定的会议程序和会议组织、参会人员的着装讲话等，体现出企业成为股份公司后的变化，显示出企业家和企业对规则的敬畏和尊重。

四、中介机构对企业进行辅导并准备申报文件

在企业和中介机构共同商定申报基准日后，保荐机构及其他中介机构会对企业和相关人员进行全面的核查，明确业务发展目标和募集资金投向。保荐机构与企业签订辅导协议后，保荐机构向验收机构进行辅导备案，对企业的辅导期不少于3个月。保荐机构将按照《首次公开发行股票并上市辅导监管规定》（简称"首发上市辅导规定"）的要求，对拟上市企业进行上市辅导、专业培训和业务指导；督促企业学习上市公司必备知识，指导企业继续规范和完善公司治理结构、会计基础工作、内部控制制度，指导企业对存在的问题进行改进。同时，企业和所聘请的中介机构，按照证监会与证券交易所的要求开始制作申报文件。

五、申报文件通过中介机构内核程序

中介机构制作完成申报文件后,将提交中介机构的质量控制和内核部门进行审核。内核程序是中介机构的必备程序,也是中介机构职业风险控制、质量控制的关键环节。在注册制下,各家中介机构对所推荐的企业上市"申报即担责",这更加强调了各中介机构的法定责任,相应地,各中介机构的质控与内核部门的工作程序更加严谨,审核把关更加严格。在这个阶段,中介机构的质控与内核部门对拟申报企业的申报材料进行全面审核,对工作底稿进行详细复核,并提出内核反馈意见,中介机构项目组对内核反馈意见进行回复。反馈完成且通过后,将提交中介机构内核会议审核是否同意,只有通过中介机构的内核程序,企业才能向辖区证监局提出辅导验收申请。

六、证监局对辅导情况进行验收

企业的上市申请文件基本完备、中介机构内核程序通过后,辅导机构认为辅导工作已经达到预期效果,企业和保荐机构应向当地证监局申请对辅导情况进行验收。辅导验收通过的企业,将收到辅导验收工作完成函,其有效期为12个月,企业应在辅导验收通过后的12个月内进行上市申报。

辅导验收是对保荐机构辅导工作的开展情况及成效做出评价,但不对辅导对象是否符合发行上市条件做实质性判断。验收机构主要验收下列事项:辅导机构辅导计划和实施方案的执行情况;辅导机构督促辅导对象规范公司治理结构、会计基础工作、内部控制制度情况,指导辅导对象对存在问题进行改进的情况;辅导机构督促辅导对象及其相关人员掌握发行上市、规范运作等方面的法律法规和规则、知悉信息披露和履行承诺等方面的责任、义务以及法律后果情况;辅导机构引导辅导对象及其相关人员充分了解多层次资本市场各板块的特点和属性,掌握拟上市板块的定位和相关监管要求情况。

在对拟上市企业的辅导验收过程中,证监局的一项重要工作是组织辅导对象[企业的董监高及持有5%以上股份的股东和实际控制人(或其法定代表人)]参加证券市场知识测试,该考试通过闭卷方式进行。该测试成绩是辅导

验收完成函的重要前提，辅导验收完成函是首发申报文件受理的必备文件，也是前置文件。最近几年来，特别是2021年中国证监会发布首发上市辅导规定以来，已经多次出现参考人辅导验收考试未通过的情况，因而企业上市辅导验收未通过或被推迟通过，由此可见，辅导验收的严肃性和重要性日益凸显。因此，辅导对象应该严肃认真地对待上市辅导，认真学习有关辅导资料。

七、向交易所提交申报文件并获受理[①]

企业收到辅导验收工作完成函后，由保荐机构负责向证券交易所推荐，符合申报条件的，证券交易所在5个工作日内受理申请文件。在证券交易所受理后，发行人应按规定预先披露有关注册申请文件。只要企业和中介机构的前期准备工作认真，在通过证监局辅导验收和中介机构的内核程序后，证券交易所的受理环节将按申报文件完整性的形式审核，企业发行上市申请一般都会顺利获得证券交易所受理，开启交易所的发行上市审核。

证监会在交易所收到注册申请文件之日起，即同步关注企业是否符合国家产业政策和板块定位。

八、注册申请文件的审核与问询

交易所受理申请文件后，由交易所审核中心对申请文件进行审核，向保荐机构发出审核问询；保荐机构组织发行人和其他中介机构对审核问询进行回复或协助发行人整改，并及时更新原有的申请文件。

企业和中介机构首次问询回复后，交易所对项目"两符合"情况（即申请企业是否符合国家产业政策、是否符合拟上市板块定位）形成明确意见。交

[①] 申报受理后的审核时间，除了企业自身因素外，还有一些宏观影响因素。自注册制改革以来，监管部门多次重申将保持企业发行上市的常态化，从实际情况看，我国每年能够发行上市的企业总量有一个预期范围，总量在400到600家（2021年为524家，2022年为424家）。根据注册制改革以来的经验数据，申报受理企业中上市成功与上市失败（包括主动撤回和被否决等各种情形）的比例约为2:1，因此，我国各上市板块的年度可消化企业总量在600家到900家。如果年申报数量大幅超过这个范围，就可能出现积压，企业的预期审核时间可能会变长；反之，如果年度申报数量不超过这个范围，后续整体审核时间可能会保持稳定。总体上看，从企业上市申请正式受理到在证券交易所敲钟上市，常规的心理预期时间在1年半到2年之间。

易所认为符合的,报证监会发行监管部,交易所审核中心在审核过程中涉及"四重大"事项的(即项目是否涉及重大敏感事项、重大无先例情况、重大舆情、重大违法线索)或其他重要审核事项的,也将向证监会发行监管部进行请示。发行监管部收到报告后5个工作日内召开注册准备会对上述事项进行研究并回复交易所。

证监会发行监管部在交易所审核的同时,对重点项目和随机抽取项目进行同步监督。交易所每两周向证监会发行监管部报送各板块新受理项目的名单。发行监管部以首发和再融资项目总和为基数,区分交易所,随机抽取确定同步监督项目名单并告知交易所。项目抽取通过计算机软件系统进行,每两周至少抽取1家,当期无新受理项目的除外。

交易所审核中心经过对企业和中介机构的多轮问询,认为审核工作完成后,将组织召开审核中心会议,形成审核报告。对于非证监会同步监督项目,交易所将向企业和中介机构发出准备参加上市委会议的通知。对于证监会同步监督的项目,在交易所审核中心的审核报告形成当日,将向证监会发行监管部报送。发行监管部收到报告5个工作日内,再次召开注册准备会,注册准备会对交易所审核工作无异议的,交易所可以组织召开上市委会议。

在交易所审核过程中,交易所将从已受理企业中抽取一定比例,对其信息披露质量进行现场检查。[1]同时,交易所审核或证监会监督过程中,如果

---

[1] 上市审核中的现场检查制度,最早可追溯至2012年。为提高首发企业财务会计信息披露以及中介机构执业质量,2012年12月证监会对在审首发企业开展财务检查,要求保荐机构、会计师事务所按照《关于进一步提高首次公开发行股票公司财务信息披露质量有关问题的意见》(证监会公告〔2012〕14号)规定,对首发企业报告期财务会计信息开展全面自查工作。2013年,证监会继续推进财务核查的长效机制,发布《中国证监会关于进一步推进新股发行体制改革的意见》(证监会公告〔2013〕42号),确定在发审会前,证监会将对中介机构的工作底稿及尽职履责情况进行抽查。2014年4月,证监会公布《关于组织对首发企业信息披露质量进行抽查的通知》(已废止)规定,证监会将定期向中国证券业协会移交拟参加抽取的企业名单,具体抽取工作将由中国证券业协会负责;若审核过程中发现在审企业所披露的信息可能存在虚假记载、误导性陈述或重大遗漏,或者中介机构尽职履责情况存在重大疑问的,审核部门可以通过"推定"直接将其列为抽查对象,自此现场检查制度开始常态化实施。科创板、创业板注册制相继试点后,为强化首发企业信息披露监管,督促中介机构归位尽责,2021年1月证监会发布《首发企业现场检查规定》(证监会公告〔2021〕4号),明确现场检查的立法定位,对现场检查的组织实施、检查方式、检查对象(包括问题导向和随机抽取两种方式)等进行明确规定。

发现发行上市申请文件存在重大疑问且企业及其保荐人、证券服务机构回复中无法做出合理解释的,可以启动对企业及中介机构的现场检查。交易所审核或证监会监督过程中,如果发现发行上市申请文件存在重大疑问且企业及其保荐人、证券服务机构回复中无法做出合理解释的,可以对中介机构进行现场督导。①

九、交易所上市审核委员会会议②

对于进入交易所上市审核委员会(简称"上市委")审核环节的项目,交易所将至少提前5个工作日公告审核项目、会议时间、参会委员等信息。上市委以专职委员为主,专职委员由具有证券监管经验的专业人员担任,成员主要来自中国证监会地方监管局和交易所。每次上市委会议由5名委员参加,参会委员就审核报告的内容和发行上市审核机构提出的初步审核意见发表意见,现场向企业代表和保荐代表人进行询问,最终通过合议形成发行人是否符合发行条件、上市条件和信息披露要求的审议意见。

上市委会议是企业上市申请过程中唯一需要企业代表和保荐代表人现场参会并限时正式回答问题的会议。因此,对企业来说,参加上市委会议是一次必考题,且非常重要。

(1)到场。上会当天根据通知的时间,发行人参会人员(企业2人及2名签字保荐代表人)及其他服务人员到达交易所等待区,所有人员都要带好身份证,否则无法入场;如果是线上视频会议,参会者要提前进入视频会议。

(2)企业入场前的讨论。发行人参会人员入场前,上市委委员及审核人员将首先进行讨论。会上,审核人员就提交审议的审核报告向上市委进行简要汇报,参会委员就审核报告的内容和发行上市审核机构提出的初步

---

① 为压严压实保荐机构在首发上市保荐业务中的把关责任,当前沪深交易所均实行上市审核的现场督导制度。现场督导制度的直接督导对象是在审企业的保荐机构,相关制度对保荐机构的保荐职责及三道内控、现场督导情形、督导方式和组织实施等内容进行明确。
② 如果企业上市申请未通过或主动撤回后,企业可以在一定时间后再次申报。中国证监会及交易所做出终止发行上市审核决定,或者中国证监会做出不予注册决定的,自决定做出之日起6个月后(科创板为1年后),企业可以再次提出公开发行股票并上市申请。

审核意见发表意见。委员讨论结束并形成询问企业人员的问题清单后，审核中心工作人员通知发行人参会人员入场。

(3) 现场问询。企业人员上会回答问题的时间为 45 分钟，参会人员到场前问题会提前放在桌面上，进入会议室即可看到，远程线上视频参会的会议问题会在投屏设备上显示。参会人员入场后，5 位上市委委员坐在对面，审核中心审核员坐后排列席会议。入场后，参会人员先分别自我介绍，然后坐下正式回答问题，回答问题不必再读题目内容，可以不按顺序作答。问题由企业代表回答，保荐代表人需要发表核查意见。

(4) 会议结果宣读。上会结束后，参会人员离开会场等候。会议结束后，工作人员现场宣读结果。

十、证监会注册阶段

企业发行申请经上市委审议通过后，交易所将审核意见、发行人注册申请文件及相关审核资料报证监会注册，交易所审核报告应当有专门部分，对企业"两符合""四重大"情况发表明确意见。

交易所提交注册申请后 5 个工作日内，证监会发行监管部组织召开注册审议会。如果注册审议会认为存在影响发行条件的新增事项，将要求交易所进一步问询，由交易所向企业和中介机构提出反馈问题。交易所根据反馈回复，就新增事项形成审核意见，报证监会。如果注册审议会认为交易所对新增事项的审核意见依据明显不充分，将退回交易所要求补充审核，交易所对补充审核事项重新进行审核。交易所补充审核通过的，重新向证监会报送审核意见及相关资料，继续进行注册程序；交易所补充审核不通过的，将做出终止发行上市审核的决定。

发行申请核准或注册后、股票发行结束前，企业发生重大事项的，应暂缓或暂停发行，并及时报告证券交易所，同时履行信息披露义务；该重大事项对发行人是否符合发行条件(上市条件或者信息披露要求等)产生重大影响的，应当重新履行核准程序或由审核中心重新审核后决定是否重新提交上市委审议。

十一、获得注册批文并进行新股发行

企业在获得证监会的注册批文后即进入发行环节,企业应在发行前按规定履行信息披露义务,在指定报刊和网站上刊登招股说明书等文件信息。发行人根据《证券发行与承销管理办法》等规定完成股票发行。

股票发行定价机制直接决定了企业在稀释相同股权情况下可以获得的资金金额。我国所有上市板块的企业公开发行股票,其基本定价方式为通过询价的方式来确定证券发行价格,部分符合条件的企业也可以通过与主承销商自主协商这一直接定价的方式来确定发行价格。

十二、企业在交易所敲钟上市

在完成新股公开发行后,企业向证券交易所提交上市申请、确定股票代码,在中国证券登记结算公司办理股份的托管与登记,企业与证券交易所协商确定上市日期。在上市仪式上,企业家和交易所代表将签署上市协议。作为企业发展过程的重要里程碑,企业上市敲钟仪式是企业值得纪念的重大时刻,除了企业核心层和直接参与上市过程的中介机构人员外,企业还会邀请在企业发展过程中给予支持和帮助的相关人士参加上市敲钟仪式,包括各级政府部门代表、企业客户及供应商代表、保荐机构和证券服务机构代表、股东代表、企业员工代表、企业家的亲属、朋友等。

第四节 企业上市过程中的政府支持

在企业准备上市过程中,得到地方政府的支持非常重要,本节将对此进行专门的介绍。地方政府对企业的规范上市都比较支持,企业要做好上市工作,一定要做好与政府各相关部门的沟通,很多事项需要在地方政府有关部门的协调和支持下解决,这不仅有利于企业上市工作,也有利于企业的长期发展。

一、企业上市过程涉及的政府部门

1. 地方人民政府

协调解决涉及国有资产和集体资产改制所形成的股权的合法性认定、国有企业土地处理事项相关审批、国有股权设置等协调事项。

2. 国有资产管理部门

根据权限审查批准涉及国有资产或股权的出资行为、股权转让、改制上市等，对于企业和实际控制人改制过程中涉及国有资产的界定、转让或其他处置行为出具合规性证明。

3. 企业注册地的上市主管部门（金融局）

协调地方政府及其相关职能部门解决企业在改制上市过程中遇到的相关问题，推进企业改制上市工作。

4. 辖区证监局

负责监管辖区内接受上市辅导的企业和中介机构，受理所辖区域企业上市辅导备案，监管辅导进程，进行辅导验收，配合中国证监会进行举报事项核查等。

5. 发改委

对企业上市所募集资金投资项目进行核准或备案。发改委所属的能源局对募投项目的节能减排情况进行评价。

6. 经信部门

对企业上市所募集资金投资项目中的技改项目进行核准或者备案。

7. 税务机关

为企业报告期内经营活动及改制过程中的纳税行为和实际控制人纳税行为是否规范出具证明，对报告期各年的原始财务报表进行确认。

8. 自然资源管理部门

协调办理历史遗留的各种土地等产权问题，为企业土地使用出具合规性证明，以及募投项目用地组织土地招拍挂。

9. 房产管理部门

协调办理历史遗留的各种房产产权等问题。

10. 人力资源和社会保障部门

对企业是否遵守国家劳动法规,是否按规定给员工缴纳"五险一金"等出具合规性证明。

11. 市场监督管理部门

为企业办理注册及变更登记、年检,提供登记档案复印件,就合法经营出具合规性证明。

12. 商务部门

审批(或备案)外商投资企业的设立及其变更、外商投资企业的改制上市等相关事项。

13. 海关部门

对有进出口业务的企业出具合规性证明。

14. 环保部门

对企业环境保护工作的合法合规性出具证明,对上市募集资金投资项目实施环境影响评价。

15. 安监部门

对企业安全生产工作的合法合规性出具证明。

16. 公安部门

对企业实际控制人和董监高是否涉及违法犯罪行为出具合规性证明。

二、企业如何做好和政府部门的沟通

企业上市的全过程离不开政府部门的支持,和政府机构保持良好的沟通将对整个上市过程起到至关重要的作用。

1. 企业与政府部门沟通的原则

坦诚相待。上市过程中的诸多事项需要政府支持与协调,总体上各地政府对上市都持积极支持态度。因此,企业只要与相关部门进行坦诚的沟通交流,相关合理诉求基本都会得到当地政府的支持。

专业沟通。在与当地政府相关部门的协调过程中,关于所需解决事项的确定、定性与具体解决方案,除了与政府机关要坦诚相待以外,所聘选中介机构的专业意见也非常关键。此时，企业既要充分考虑政府机关能够给予协调解决的实际可行性，又要充分尊重专业中介机构的专业意见，避免事项界定不清以及无效沟通、重复沟通。

发挥政府专职部——地方金融局的作用。企业上市过程涉及的政府部门很多，对日常职能来说，很多协调事项都属于非常规工作，有了政府内部专业部门——地方金融局的协调，沟通效果经常会事半功倍。因此，要重视和寻求政府专业部门的协助支持。

2. 企业需要与政府部门沟通的内容

一是上市过程中需要政府机关确认的合规性意见。上市审核中要求企业及实际控制人在申报期内合法合规地经营，这需要政府有关部门对企业及实际控制人的合法合规情况进行确认并出具合规证明。具体涉及工商、税务、环保、消防、安检、质检、海关、公安、社保、劳动等部门。

二是历史遗留问题的沟通。在企业上市过程中，一般遇到的历史问题包括以下几类：(1)历史沿革问题，包括历史上外资出资、集体企业红帽子、国有企业改制等问题。(2)涉及完善手续程序问题，包括土地、建筑物手续和权证问题、项目的立项建设程序手续、环保的相关手续等。(3)规范性问题，包括历史上的社保缴纳、公积金征收、劳动管理等逐步规范中的问题。历史问题的解决离不开政府的协调和支持，需要政府相关部门以发展的眼光来看待企业存在的问题，结合当年的历史背景，对现实的影响和规范整改措施进行综合考虑，做出切实可行的补救措施，妥善解决历史遗留问题。

三是税务问题沟通。在企业上市过程中，税务问题是非常关键的问题，这既涉及合法纳税，又是企业业绩真实性佐证的重要因素，是审核机构关注的重点事项。合法纳税是任何企业的法定义务，但在具体交易事项的方案设计过程中经常涉及一些特殊的税务事项，相应的税务部门在税收法律法规体系内有一定的量裁权，因此这些特殊的事项需要企业与税务部门充分沟通并取得税务机关的支持，以期减轻企业家及企业的税收负担，从而合理降低企业上市成本。

四是关于扶持政策沟通。近几年，各地政府普遍出台了支持企业上市的相关政策,纷纷为企业上市创造了良好的外部环境。从实践看,各地企业家在寻求政府扶持中,比较集中的诉求是土地问题。上市需要解决募投项目的建设用地,土地选址规划和招拍挂时间长、过程复杂,需要提前协调。

五是特殊事项的紧急沟通。交易所受理企业上市申请文件之后,在审核期间对一些事项需要进行询问和落实,有些问题可能需要政府机关对事项进行补充确认或者发表意见。在这个阶段需要落实的问题往往难度和要求高、时间紧、影响大,甚至直接关系到上市的成功与否。在这个阶段,政府部门的支持至关重要,企业应当真实准确地反映需要落实的问题,个别紧急情况下,需要政府部门特事特办,简化流程,尽快向交易所回复问题落实情况。

第五节　上市给企业带来的变化

在我国构建高水平社会主义市场经济体制的过程中,如何正确看待和评价企业上市和上市公司的企业家,是一个非常重要的问题。企业和企业家要树立正确的上市观,社会各界对于上市企业和企业家也要有公正和理性的认知。本节将从企业上市的价值和意义、上市给企业增加的约束、上市给企业家带来的变化等方面对这一问题进行分析。

一、企业上市的价值和意义

1. 完善公司治理和管理,夯实企业发展基础

企业筹备上市的过程,就是企业明确发展方向、完善公司治理、实现规范运营的过程。企业改制上市前,要分析内外部环境,评估企业优势劣势,找准定位,使企业发展战略清晰化。改制过程中,专业机构为企业出谋划策,通过尽职调查、股权架构调整、内部组织架构调整、管理制度完善、内部控制体系建设等一系列过程,帮助企业明晰产权关系、规范纳税行为、完善公司治理、建立现代企业制度。并且通过企业改制上市来推动企业对自身

历史遗留问题的规范,通过取得地方政府相关部门的确认,消除企业发展过程中遗留的隐患,为企业的未来发展夯实基础。

企业上市后,接受更规范的市场监督,可以使企业的决策、运行、管理等机制更加透明、科学合理,从而提高决策水平、管理水平,有效规避经营风险。企业上市后有一系列严格的监管要求,特别是对公司的法人治理结构、信息披露制度等方面都有明确规定,长期规范发展贯穿在全部经营活动之中。同时,内外部的环境要求,能促使高管人员更加诚实守信、勤勉尽责,促使企业持续规范发展。

2. 增强企业实力,助推企业发展战略

上市之后的企业可利用资本市场平台,实现跨越式的发展,帮助企业迅速扩大规模,增强产品的竞争力,增加市场占有率。因此,企业发展到一定规模后,往往将上市作为企业发展的重要战略步骤。主要体现在:

(1) 丰富的融资手段

企业上市后建立的直接融资平台,有利于提高企业的自有资本比例,改善企业资本结构。企业上市后会提升信誉,银行贷款等间接融资也更为便利。企业上市后的融资方式很多,如配股、增发、可转换公司债券等,可以便利地运用各种融资工具,能够以更高的效率、更低的成本融资。尤其是资本投入比较大的行业,企业上市后打开融资瓶颈,能够抓住机遇快速做大做强。

(2) 丰富的资本市场工具

企业上市能够为其以后资本运营业务的开展奠定坚实的基础。上市不仅有助于企业再融资,而且有助于企业通过各种资本市场工具,如并购重组,继续做大做强,进一步培育和增强企业的竞争优势和竞争实力,实现行业整合,增强公司的发展潜力和发展后劲。

(3) 提升企业品牌和形象

企业成为上市公司具有很强的品牌传播效应,可以直接提升公司的行业知名度和社会影响力,使企业得到更广泛的公众关注。企业上市本身就是公司质量、竞争优势得以体现的证明,具有明显的宣传效应。成为上市公司后,能大大提高企业知名度,获得品牌效应,积聚无形资产。另外,中国股市具有广大的投资者群体,上市后企业关注的受众面更广,有利于提高消费者、供应商、合作者对公司品牌的认同。

(4)降低融资与运营成本

上市公司的运作更加透明,运营受到监管,更有利于企业取信于公众,银行会给予更高的信用额度与更好的融资条件,能够有效降低企业的融资和运营成本。可以有效增强企业的间接融资能力,提高企业自身抗御风险的能力。

(5)增强企业竞争实力

上市之后,客户、供应商和合作银行等会对上市公司更有信心,企业更容易吸引新客户,供应商有更强的意愿与上市公司合作。从行业竞争角度来讲,上市可以支持企业更高速地成长,在行业中取得领先的机遇,增强竞争优势。另外,上市公司通常具有更强的影响力,在某种程度上能够增加抵御宏观经济风险和外部环境风险的能力。

3. 有利于吸引人才和激励员工

在企业发展过程中,人才是第一资源。上市提升了企业的社会影响力及美誉度,将使高素质人才对企业平台产生更强的吸引力,有利于公司招聘到更高层次的人才。企业上市前,通常会在股权架构调整过程中建立员工持股平台,上市后,企业会有更多的激励机制可以使用,可以通过股票期权、限制性股票等股权激励形式,吸引和留住人才。股权激励可以让员工分享企业成长的价值,将公司的效益与企业管理者、核心员工的利益联系在一起,激发员工的工作积极性与主动性。

二、上市给企业增加的责任和义务

企业上市后转变为上市公司,企业将拥有数以万计的社会公众股东。为了保护社会公众股东特别是中小股东权益,上市公司要接受更为严格的监管,企业的社会责任和压力更大。当然,只要企业和企业家严格按照法律、法规和监管部门的要求规范运作,所有的约束都可以被认为是协助企业长远健康发展的外部动力。

1. 监管和监督企业的部门增加,要遵守的法规、规章和规则增加

企业上市后,要接受中国证监会及其派出机构、证券交易所等证券监管部门的监管,会继续接受保荐机构等中介机构的持续督导,还会受到公司外部各类股东、媒体和社会公众舆论的广泛关注与监督。企业上市后,在合法经营基础上,要遵守国家各项证券类法律法规、中国证监会和证券交易所颁布的规章规则,需要熟悉并遵守的法律法规制度显著增加。

2. 公司需要及时、准确、完整地进行信息披露,透明度显著提高

为了保证全体股东及时、全面地了解公司情况,上市公司必须按照《证券法》、中国证监会颁布的信息披露准则和证券交易所颁布的股票上市规则等法律法规、部门规章和规则的规定,及时、准确、充分、公平地披露公司信息,公司及其董事、监事、高级管理人员应当保证信息披露内容的真实、准确、完整、及时,没有虚假记载、误导性陈述或重大遗漏。

作为可选的投资标的之一,上市无疑会引发投资者对公司方方面面的详细调查,新闻媒体也可能不断报道公司的财务状况和发展战略等,无论是正面信息还是负面信息,公司董事会都要按照规则要求及时公布有关公司发展情况的信息。因此,公司上市以后,运营透明度明显提高。

3. 承担更多的社会责任

能够上市的企业都是非常优秀的企业,上市前往往已经在技术、人才、财力、规模、资源等方面有了一定的优势,上市后再借助持续的融资能力会快速地做大做强,作为社会资源配置中的受益者,上市公司要担负起践行企业社会责任主力军的角色。在加大研发投入并推动科技创新、遵纪守法并保护劳动者利益、加大环保投入和节能减排、依法纳税并为公众股东分红派息、做公益以回馈社会、选择高于法律和习俗的商业道德标准、关心员工的生活质量改善等各个方面,承担起更多的社会责任,创造和分享更多的价值。

三、上市给企业家带来的变化

1. 对企业家在公司管理和重大决策上的约束力增加

在企业上市前,企业家(大股东)在公司决策上往往拥有绝对的权威,在

资金使用、人员任用、经营管理等方面拥有充分的自由裁定权。但企业上市以后，由于监管规定与规范运作的要求，对企业家的约束将增多，主要表现为两点：第一，企业家必须"敬畏程序"，必须严格遵守公司治理的规则和程序，进行公司重大问题的决策；第二，必须规范运作，大股东不得侵占上市公司资产，损害上市公司权益。

2. 企业家的股权被稀释，控制权减小

上市意味着要发行一定数量的股票，原股东的股权会在一定程度上被稀释，上市后每进行一次再融资，通常都会继续稀释老股东的股权。股票意味着产权和控制权，它让投资者可以通过投票来实行股东权利，从而影响公司决策。企业上市后，需要规范运作，其重大决定，例如分红政策、增资或兼并收购，都需要股东在股东大会上表决通过。所以，董事会在做战略决策时不能只考虑大股东的个人意愿，而是要服从股东大会决议。这意味着上市后，企业家对企业的控制力有所减弱。对于股权相对分散的公司，由于其大部分股票都是自由买卖的，如果股价持续处于相对低位，公司就有被敌意收购的风险，如万科的控制权之争①。

3. 实现企业资本价值

通过企业上市，企业实现了产业价值到资本价值的转换，有利于增强股权流动性，会为企业家的家族财产传承提供便利。多数企业的创始人对于其开创的事业都具有较强的使命感，希望事业得到传承。企业上市后，企业成为公众公司，不仅有利于选拔家族成员和优秀人才成为接班人，而且在缺乏家族内部接班人的情况下，也有多种方式能实现企业的继续做大做强，有利于企业的传承和平稳过渡，企业家也可以通过多种方式来实现财富传承。

4. 企业家通过上市公司分红获得的收益可以依法享受税收优惠

上市公司的经营成果，主要通过现金分红方式为全体股东分享，企业家作为公司的大股东，可以持续获得丰厚的现金分红。国家在上市公司股东

---

① 万科控制权之争是一场收购与反收购的攻防战。当时万科的股权较为分散且管理层持股过低，宝能系通过二级市场大举买入万科A股股票，一度成为万科的第一股东，意图通过举牌来夺取万科控制权。历时两年多的争夺战最终以恒大转让14.07%的万科股权给深圳地铁，使其成为万科第一大股东而终结。

获得现金分红上给予个人所得税优惠,公司上市后,对以自然人身份持有的股份,限售解禁前取得的股息红利享受10%的个人所得税税收优惠,解禁后取得的股息红利以解禁日开始计算的持股期限差别化纳税,其中持股期限超过1年时,股息红利所得暂减按25%计入应纳税所得额。相较于企业未上市时分红执行20%的个人所得税税率,上市对企业实际控制人具有显著的节税效应。

5. 企业家的社会地位提升,社会关注度提高

我国只有几千家上市公司,上市公司企业家相较非上市企业的企业家身份更能赢得社会尊敬,企业家在当地和业内的影响力也会进一步提升。企业家作为公司的核心人物,必然受到社会和媒体关注,企业家的个人生活也有可能会受到关注,对企业家个人的社会责任和道德约束也会增加。

第三章
企业上市的中介机构

企业上市的过程,是一项由企业和多家市场中介机构共同参与的、长期的复杂系统工程。在企业上市过程中,法定中介机构主要是保荐机构(主承销商)、会计师事务所、律师事务所、资产评估机构。企业上市中介机构团队的组建、沟通和协作,是影响企业上市工作能否顺利展开并取得良好效果的关键因素。本章将介绍企业上市需要聘请的中介机构及各自职责,企业应如何正确认识和中介机构之间的关系,企业应如何选择中介机构,中介机构的收费,企业与中介机构的沟通与协作等。

第一节 企业上市需要的中介机构

企业上市需要聘请的市场中介机构主要是保荐机构(主承销商)、会计师事务所、律师事务所、资产评估机构。本节将简要介绍各方中介机构在企业上市过程中承担的工作职责、工作内容等。

一、企业上市需要聘请的中介机构

企业发行上市必须要聘请保荐机构(即具备保荐资格的证券公司,也称为保荐人)和其他证券服务机构(会计师事务所、律师事务所、资产评估机构),上述机构通常统称为中介机构。企业上市申报需要由保荐机构进行保荐,并由具有保荐代表人资格的从业人员具体负责保荐工作,由会计师事务所、律师事务所、资产评估机构等证券服务机构及其相关执业人员出具相应的申报文件,并承担相应的法律责任。

1. 保荐机构

企业上市应当聘请一家证券公司担任保荐人(保荐机构)和主承销商,并确定两位为该企业上市履行保荐义务的保荐代表人。保荐代表人的资质要求非常严格,因为按照保荐制度的设计理念,要将拟上市企业的质量与保荐机构捆绑,还要与具体签字的保荐代表人的声誉和执业生涯相关联,保荐代表人的专业能力和职业操守是提升拟上市企业质量的重要保证,监管机构对保荐代表人的资质提出了非常严格的要求①。

2. 会计师事务所

企业上市应当聘请一家会计师事务所,并确定至少两位注册会计师担任该企业上市的签字会计师,其中至少一人为会计师事务所合伙人。

3. 律师事务所

企业上市应当聘请一家律师事务所,并确定至少两位律师担任该企业上市的签字律师。

4. 资产评估机构

企业上市应当聘请一家资产评估机构,对企业设立股份公司时的净资产进行资产评估,另外根据需要对重要的资产重组或者关联交易标的资产进行评估。

二、企业上市过程中保荐机构主要负责的工作

保荐机构在企业发行上市过程中主要负责以下工作:

---

① 保荐代表人应当熟练掌握保荐业务相关的法律、会计、财务管理、税务、审计等专业知识,最近5年内具备36个月以上和保荐相关的业务经历,最近12个月持续从事保荐相关业务,最近3年未受到证券交易所等自律组织的重大纪律处分或者中国证监会的行政处罚、重大行政监管措施。保荐代表人资格考试也被誉为"最难通过的考试",保荐代表人的考试内容覆盖会计、财务、法律、金融等多个领域,该考试从2004年开始,首批保荐代表人人数为609人,而截止到2022年末,仍处于执业状态的保荐代表人合计人数为7 834人,不考虑离开投行人员的因素,保荐代表人每年新增人数仅为400多人。

1. 会同其他中介机构针对企业的历史沿革、股东及关联方、各项资产、业务、财务及内部控制等涉及的合法合规状况,进行全面的前期尽职调查,对企业存在的问题进行诊断,并对改制重组方案进行可行性论证,拟定企业改制重组及规范方案;

2. 作为中介机构总协调方,制订整体工作时间表,组织统筹其他中介机构工作,推进整体上市进程;

3. 针对尽职调查中发现的问题及相关事项,组织企业、各中介机构沟通讨论,提出解决方案并跟进落实情况,督促企业落实规范方案;

4. 根据拟定的企业改制方案协助设立股份公司,协助制定股份公司公司章程、三会议事规则等法律文件,审核董事会、监事会及各专门委员会成员的任职资格要求,协助制定修改股份公司规范运行各项制度文件,完善法人治理架构;

5. 对公司主要股东、董事、监事和高级管理人员等进行辅导和专业培训,帮助其了解与股票发行上市有关的法律法规,知悉上市公司及其董事、监事和高级管理人员的法定义务和责任;

6. 协助企业完善组织结构和内部管理,规范企业日常管理行为,协助企业明确业务发展目标和募集资金投向等;

7. 根据《保荐人尽职调查工作准则》的要求对公司进行专项尽职调查,通过执行合理、必要的尽职调查程序,以合理确信发行人符合中国证监会及证券交易所规定的发行条件、上市条件和信息披露要求,以及合理确信公开披露文件已结合发行人实际情况进行有针对性的风险提示,充分披露投资者做出价值判断和投资决策所必需的信息,并且信息披露要真实、准确、完整;

8. 根据证监会和交易所的相关规定,组织企业和其他中介机构制作发行申请文件,并依法对公开发行申请文件进行全面核查;

9. 根据相关规定与程序完成内核程序,根据首发上市辅导规定向验收机构进行辅导备案,并申请验收,取得辅导工作完成函。完成向交易所提交企业上市申报材料的申报工作;

10. 组织企业和其他中介机构对交易所的审核问询意见进行回复或整改,按照交易所的要求对涉及的特定事项进行尽职调查或者核查;指定保荐代表人与证券监管部门进行专业沟通,保荐代表人参加交易所上市审核委员会会议;

11. 在企业上市后,持续督导发行人履行规范运作、信守承诺、信息披露等义务。

三、企业上市过程中会计师主要负责的工作

上市过程中,会计师事务所承担有关审计和验资等工作。主要如下:

1. 会同其他中介机构针对企业的财务核算、内部控制、各项资产与业务等涉及的合法合规状况进行全面的前期尽职调查,对企业存在的问题进行诊断,并对改制重组方案进行可行性论证,协助拟定企业改制重组及规范方案;

2. 针对尽职调查中发现的问题及相关事项,组织企业、各中介机构沟通,提出解决方案并跟进落实情况,督促企业落实规范方案;

3. 对企业发行上市涉及的财务会计事项进行审查并协助企业进行规范、调整和完善;

4. 对股份公司设立基准日的有限公司财务报表进行审计,并出具审计报告;

5. 对发起人出资情况进行出资鉴证,并出具验资报告;

6. 负责企业申报财务报表审计,并出具三年(一期)的审计报告;

7. 负责企业盈利预测报告审核(如需要),并出具盈利预测审核报告;

8. 负责企业内部控制鉴证,并出具内部控制鉴证报告;

9. 负责核验企业的非经常性损益明细项目和金额,并出具专项意见;

10. 对企业主要税种纳税情况出具专项意见;

11. 对企业原始财务报表与申报财务报表的差异情况出具专项意见;

12. 配合企业、保荐机构落实相关反馈问题的回复,并根据交易所的要求出具专业意见;

13. 公司发行股票时，如招股说明书采用的财务数据截止日与招股说明书签署日超过 4 个月，对公司提供的最近一期的季度财务报表进行审阅；

14. 提供与发行上市有关的财务会计咨询服务。

四、企业上市过程中律师主要负责的工作

企业股票公开发行上市必须依法聘请律师事务所担任法律顾问，其主要工作如下：

1. 会同其他中介机构针对企业的历史沿革、股权结构、各项资产与业务等涉及的合法合规状况进行全面的前期尽职调查，对企业存在的问题进行诊断，并对改制重组方案进行可行性论证，协助拟定企业改制重组及规范方案；

2. 针对尽职调查中发现的问题及相关事项，组织企业、各中介机构沟通，提出解决方案并跟进落实情况，督促企业落实规范方案；

3. 对改制重组方案的合法性进行论证，协助和指导发行人起草公司章程等公司法律文件，指导股份公司的设立或变更；

4. 协助与指导企业制定完善法人治理规范运作的相关文件，并督促执行；

5. 对企业发行上市涉及的历史沿革、股权结构、资产、组织机构运作、独立性、税务等法律事项的合法性进行审查判断，并协助企业规范、调整和完善；

6. 对股票发行上市的各种法律文件的合法性进行判断；

7. 出具法律意见书；

8. 出具律师工作报告；

9. 出具企业相关资产产权证书的鉴证意见，对有关申请文件提供鉴证意见；

10. 配合企业、保荐机构落实相关反馈问题的回复，并根据交易所的要求出具专业意见；

11. 提供与发行上市有关的法律咨询服务。

五、企业上市过程中评估师主要负责的工作

企业股票公开发行上市过程中应当聘请资产评估机构对部分资产进行资产评估，其主要工作如下：

1. 有限责任公司整体变更为股份公司净资产出资评估；
2. 涉及国有主体产权交易、以非货币资产出资或重大资产交易，按照国有资产管理相关规定进行评估；
3. 对非经常性关联交易标的资产进行评估，如关联方之间的房地产买卖等；
4. 如有必要，对企业历史上非货币资产出资进行评估复核。

六、保荐机构与主承销商的关系

对于企业上市而言，保荐机构就是企业聘请的具有保荐承销业务资质的证券公司。按照《证券发行上市保荐业务管理办法》的规定尽职推荐发行人证券发行上市，同次发行的证券，其发行保荐和上市保荐应当由同一保荐机构承担。证券发行规模达到一定数量的，可以采用联合保荐，但参与联合保荐的保荐机构不得超过2家。

保荐机构在上市后负责持续督导发行人履行规范运作、信守承诺、信息披露等义务。首次公开发行股票并在主板上市的，持续督导期为证券上市当年剩余时间及其后2个完整会计年度；首次公开发行股票并在创业板、科创板上市的，持续督导期为证券上市当年剩余时间及其后3个完整会计年度；公开发行并在北交所上市的，持续督导期为股票上市当年剩余时间及其后3个完整会计年度。

主承销商是指在承销团中起主要作用的承销商，在IPO过程中，保荐机构一般同时是主承销商，属于同一证券公司不同执行部门执行的职责，其主要是负责组建承销团，代表承销团与发行人签订承销协议等文件，决定承销团成员的承销份额等，承销团的成员确定后，主承销商应负责与其他承销商签订分销协议，明确承销团各个成员的权利和义务，包括各成员推销证券

的数量和获得的报酬,承销团及其合同的终止期限等。

根据现行有关法律、法规规定,保荐机构负责证券发行的主承销工作。证券发行的主承销商可以由该保荐机构担任,也可以由其他具有保荐业务资格的证券公司与该保荐机构共同担任。因此,通常保荐机构与主承销商是同一家证券公司,只是不同阶段承担不同角色。

七、主承销商在股票发行和上市过程中的作用

主承销商是股票发行的重要中介机构,保荐机构一般同时担任主承销商,一定规模的股票发行可以聘请多家联合主承销商。主承销商在发行人发行股票和上市过程中主要有以下作用:

1. 制订发行工作时间表,与发行人协商确定发行方式、日期、发行价格、发行费用等。

2. 编制向主管机构提供的有关文件,包括在证监会和交易所指定的报刊和网站上刊登招股意向书和发行公告,及时刊登中签率公告和中签号码公告。发行结束后,按证监会和交易所的要求向其报送承销情况总结报告。

3. 组织承销团(如有),筹划组织召开承销会议,承担承销团发行股票的管理。

4. 协助编制路演推介材料,组织路演、推介、询价和定价工作。

5. 协助发行人申办有关法律方面的手续,包括:(1)向认购人交付股票并清算价款;(2)包销未能售出的股票;(3)做好发行人的宣传工作和促进其股票在二级市场的流动性。

第二节　企业如何确定中介机构

企业上市是一个复杂、系统而且专业性很强的过程,也是企业发展的一项重大决策。企业上市中除了本身质地外,最重要的因素是中介机构的"人"。不夸张地说,选择对了中介机构是企业上市成功的一半。但是如何

确定中介机构却是企业家最感到困惑的难题，企业上市中介机构的确定实际上是一项非常专业的事项。本节将介绍企业与中介机构的关系、企业选择和确定中介机构的基本原则、企业选择中介机构时应该考虑的因素等。

一、准确认识企业和中介机构的关系

在企业上市过程中，企业与中介机构签订协议，形式上为甲方乙方关系。尽管中介机构的实质是服务机构，但是由于企业上市的复杂性和特殊性，中介机构所提供的上市服务和一般服务有显著的区别，这也使得企业和中介机构的关系与传统意义上的甲方和乙方有本质的区别。具体体现在：

1. 双方关系属于中介机构主导下的平等合作关系

在上市过程中，企业毫无疑问是上市的主角。但从工作推进的实操来说，企业与中介机构都是在企业上市的总目标下，以中介机构为主导开展工作，是中介机构提出具体需求，并且和企业共同实施，企业更多是按照中介机构提出的方案执行落实，而非主导。

2. 中介机构的角色是服务加督导

中介机构除了提供服务之外，还有非常重要的职责，就是辅导和督促企业按照法律法规的规范运行，达到上市公司的基本监管要求。注册制的核心是信息披露，从监管规则制定者的角度着重强调的是压严、压实中介机构的责任，中介机构好比是"看门人"，要按照监管法规履行证券市场的职责，而不是仅仅为企业提供服务。在确定上市战略目标、开始寻找并试图确定上市中介机构时，企业自身一定存在或多或少、或简单或复杂的不规范、不符合上市要求的问题，需要通过中介机构的工作来进行规范和完善，进而让中介机构愿意以自身信用为担保，和企业一起向监管机构和社会公众披露信息并发行上市，这个多方合作的过程是中介机构对企业咨询服务加监督的过程，不能用甲方—乙方的思维做简单认知。

3. 企业和中介机构都受到共同的监管规则制约

企业和中介机构都要履行企业上市过程中的规范运行、信息披露等责任。中介机构履行职责不利，将面临严厉的监管责任，严重的话会导致机构

和个人丧失职业资格,承担严厉的民事赔偿义务,甚至承担刑事责任。因此在企业上市过程中,企业和中介机构应建立责任共担的机制,不是甲方乙方的关系。企业上市实行的是保荐制度,即以保荐机构为核心的市场中介机构和签字人员以自身声誉为保证,向社会公众及社会公众利益的代表——证券市场监管机构承诺,所保荐的拟上市公司符合法规规定的上市条件,所披露的信息真实、准确、完整,这是企业和中介机构共同协作和向社会共同承诺的过程。

二、企业确定中介机构的相关事项

企业公开发行需要聘请相关的中介机构,企业与中介机构之间属于自愿的双向选择关系。上市中介机构选择对于上市工作而言至关重要,选择合适的中介机构是企业改制上市过程中除企业自身条件之外最为重要的一项工作。选择中介机构的相关事项包括:

1. 相关证券业务的资格要求

证券公司从事股票发行上市保荐及承销业务须具有保荐承销业务资格。2020年7月24日,证监会、财政部等四部门联合下发《证券服务机构从事证券服务业务备案管理规定》(中国证券监督管理委员会公告〔2020〕52号),其中规定:"证券服务机构(会计师事务所、律师事务所以及从事资产评估、资信评级、财务顾问、信息技术系统服务的证券服务机构)从事证券服务业务应当按照规定备案。"

2. 与企业规模相匹配的中介机构

对于中介机构的选择,不要一味地求大,适合企业的才是最好的。随着市场发展和完善,尤其是证券公司的分工也有一定程度的分化,规模较大的券商主要侧重于做大项目,有些券商则专注于中小企业。规模并不是非常大的企业,可以选择大券商,也可以选择中等规模券商合作,尤其是以中小企业服务为主的券商团队。同时随着注册制股票询价发行的实施,券商承销能力的重要性也会越来越突出,既要考虑承做能力,也要考虑承销能力,同时要考虑中介机构前后台、业务部门和质控、内核、合规等部门内部沟通协调机制的顺畅程度,因此,券商团队的选择要综合多方面因素考虑。

企业上市涉及很多财务问题,一般情况下,企业的财务核算水平与上市审核要求存在较大差距,并且上市涉及的财务问题较多,选择一个专业与服务更好的会计师团队尤为重要。一方面,其规模要相对较大,近几年没有重大不良从业记录与隐性被处罚的可能;另一方面,其团队专业要经验丰富,具有较强的服务意识。

律师选择更重要的是看其从业经验与沟通能力,证券律师对于专业性要求较高。

在注册制依法、从严、全面监管,压实中介机构责任的背景下,各中介机构内核部门的专业性、稳定性、可预期性以及职业担当也是选择中介的重要因素。自 2014 年 4 月证监会开始推行首发企业信息披露质量抽查工作以来,以 2023 年 3 月上旬的统计数据分析,截至 2022 年 12 月 31 日共抽查 195 家企业,被抽查企业审核结果的整体情况为:当次申报成功上市的企业有 65 家(占比 33.33%),当次申报未撤材料在审状态的企业有 20 家(占比 10.26%),当次申报未撤材料上会被否的企业有 10 家(占比 5.13%),当次申报撤材料的企业有 100 家(占比 51.28%)。各家机构对待抽查应对的态度,反映了一定的专业性与职业担当的差异。

3. 重视机构,更要重视团队

企业需要对中介机构的执业能力、执业经验和执业质量有所了解,选择具有较强执业能力、熟悉企业所从事行业的中介机构,以保证中介机构的执业质量。无论是券商、会计师,还是律师,最终和企业直接合作的都是具体的团队,选择声誉较好的中介机构非常重要,主要看中介机构过往的工作质量、专业水平、成功案例、专业担当、诚信情况,包括有无受到证监会处分、招股说明书撰写水准等。

同时,由于为企业提供服务的是具体团队,因此,项目团队甚至比机构本身更重要。重点关注团队负责人的专业水平、沟通能力、责任担当能力、风险承担能力、资源禀赋等综合素质;关注现场负责保荐代表人的敬业精神、人品、性格特点、专业素养、沟通能力、抗压能力等方面;关注具体的服务团队对某个行业的熟悉程度以及实战经验,承担该行业项目数量的多少,近3—5年承担成功项目的情况,团队从业人员数量、经验等;甚至需要判断该团队人员的稳定性,对本企业的重视程度等多方面。除此之外,具体的团队在手项目数量与项目计划也很重要,避免档期撞车或者在团队的重视程度中排序不靠前的情形。敬业精神、职业道德也是非常重要的一个因素。

4. 抓住中介机构项目的关键人员

证券公司项目组一般是四五人左右的小团队,关键人员是现场负责的保荐代表人和团队负责人,尤其是现场负责的保荐代表人,他们对企业上市成功与否起到核心作用,其专业水平、项目经验、行事风格、沟通能力、责任担当对项目有关键影响。证券公司的团队负责人主要是把控项目方向、协调进度、配置资源,其专业水准、组织协调能力、对项目的重视程度,都对项目有重大影响。

会计师项目的关键人员是现场项目经理与负责合伙人。会计师项目组是中介机构中人数最多的,现场项目经理负责组织实施审计、承担上市过程中会计师现场工作的主要职责、配合其他中介机构,其专业能力至关重要。

律师的现场人员一般比较少,签字律师即为关键人员,其专业能力、职业经验、协调沟通能力、专业担当等都很重要。

5. 中介机构的风格和内部运转的顺畅程度

各中介机构有不同的特点和行事风格,就过于宽松的执业风格而言,虽然在IPO项目执行过程中会降低难度,但是往往会损害IPO成功率,增加风险,反而和最终目的背道而驰。就过于严格的执业风格而言,这会增加IPO难度,降低效率,提高执行成本,同样会降低IPO成功率。中介机构的风格不是越严格越好,也不是越宽松越好,而是要抓住核心问题,把握好重点,合理掌握风险、成本、效率的平衡。

另外在注册制依法、从严、全面监管,压实中介机构责任的背景下,各中介机构中后台部门的专业性、稳定性、可预期性以及职业担当也是选择中介的重要因素。中介机构过于烦琐的形式流程和谨小慎微没有前台实践经历的中后台会极大地影响中后期企业上市进程,但是前期很难显现出来,需要企业选择时慎重考虑，但仅凭企业家掌握的信息很难准确把握。

6. 中介机构之间应该有良好的合作基础

企业上市是发行人以及各中介机构"合力"的结果，企业、保荐机构、会计师、律师均需要良好的合作意识和态度。如果把企业上市比作登山的话，作为参与方的企业和各家中介机构，就相当于一条绳上串联的团队，其中需要的合作意愿和意识比能力更重要。企业上市如同登一座陌生的大山，不确定性很大，就算能力有点偏差，集体也是可以弥补的，但是如果合作出了问题，将大大增加项目失败的概率。一般而言，专业素养较好、IPO实战经验丰富、成功案例较多的中介机构都有较好的合作意识，因此同等情况下，要优先考虑有前期合作基础的中介机构组合。

另外，企业内部人员基本都是有关上市方面的新手，隔行如隔山，所以如果企业内部出现自以为是的上市方面的"专家"级高管或者"背后高人"，可能会造成较多的沟通障碍，增加协作难度，甚至功亏一篑。即使是近期经历过其他企业上市成功的高管，在企业上市涉及的知识与专业性复杂而广泛的情况下，也很难靠一次经验就成为专家；而且审核理念和审核规则还在不断迭进中，"内部人"很难成为真正的专家，所以，"内部人"的主导性太强，要么就是中介机构本身出现问题，要么就会严重损害企业上市的成功概率。

7. 费用合理

企业的发行上市即使选择了合适的中介机构，支付的费用也要合理。中介服务机构的收费主要取决于其服务质量与工作量。好的中介机构的服务费用会高于服务质量一般的机构。另外要结合公司自身状况，一般而言，规模大、历史沿袭长、架构比较复杂的企业支付的律师费用要高一点；业务规模较大、会计核算复杂、子公司较多的企业支付的会计师费用要高一点。如果支付给上市中介机构的费用过低，合作方一般不可能派水平高的人长时间为企业服务，只有合理的费用水平，才能实现各方"良性互动"，这主要会体现在发行上市的时间、效率和成功率等方面。在实务中，中介机构费用的具体收费或收费标准一般由双方协商确定，能事先约定的事项尽量在合同中约定清晰,避免道德风险。

虽然中介机构的费用是企业控制发行上市成本需要考虑的一个重要问题,但是在考虑具体费用前,企业应把项目能够顺利上市放在所有考虑因素的核心和首位,好的中介团队不仅有责任担当和服务意识,能够在重要事项的方案设计中给企业和企业家带来巨大的潜在收益或避免损失,同时在申报材料准备、审核回复效率等方面也具有明显的项目运行优势。

三、企业确定保荐机构时的关注事项

企业上市能否成功和上市进程的快慢,一方面取决于企业自身的质地;另一方面取决于所选择的中介机构的专业能力、责任担当和重视程度。因此,选择每一个中介机构对企业来说都至关重要。

选择合适的券商对于企业迈向资本市场是非常重要的一步。锁定券商范围之后,应深入了解其中的保荐团队,保荐团队的重要性甚至超过券商本身。应考虑的因素包括:团队相关的项目经验、责任担当、团队带头人的社会资源及其协调能力、团队主办人员的从业经验和业务能力、保荐与承销收费标准、职业道德水准以及重要的业务风格等。

另外应特别关注拟安排的现场负责保荐代表人的专业能力、沟通能力与抗压能力,在全面注册制审核过程中,这些尤为重要。现场负责保荐代表人的工作包括:前期尽调事项的摸排与规范,申报阶段的材料撰写,审核阶段与审核人员的主要沟通对接,发审阶段陪同企业上会参加聆讯。现场负责保荐代表人的重要性是其他人不可比拟的。

一般的中小企业应选择实力强、信誉好、经验丰富、精力充沛的中介机构。在信誉方面,要看其过往的工作质量、服务态度、诚信情况、客户评价等,包括有无受到证监会或交易所的处分;在经验方面,要看其对某个行业的熟悉程度,承担该行业项目数量的多少,从业人员经验;在精力充沛程度方面,要结合中介团队在手的项目情况,已报会在审的企业数量、未报会的项目数量等情况,同时,要判断中介团队对本企业的重视程度。

四、企业确定会计师事务所时的关注事项

国内民营企业普遍存在财务核算基础不高的现象,因此会计师的选择非常重要,好的会计师的作用不仅仅是负责财务审计、内部控制制度审核、资本验资等工作,更重要的是在财务规范、核算指导、业务咨询等方面给予企业重要帮助。

在选择会计师机构方面,主要应关注:机构的专业水平、社会声誉、审核机关对其评价、有无受到证监会或交易所的处分、该分支机构的规模及专业胜任能力等。在项目团队方面,主要应关注:主要负责人(合伙人)的专业水平、沟通能力、责任担当能力、风险承担能力以及团队稳定性与专业性;过往的工作质量、服务态度、诚信情况、客户评价、职业道德水准。

审计团队应当具有丰富的改制上市审计经验,负责审计的项目团队应有一定比例的具有改制上市经验的注册会计师,至少签字经理和现场负责人应具有直接参与成功的 IPO 项目的审计、反馈意见回复和现场服务经验;审计项目团队应具有一定的稳定性,通常具备胜任能力的签字经理和现场负责人不能轻易更换。

五、企业确定律师事务所时的关注事项

选择律师需要考虑的因素主要包括:团队带头人(合伙人)的协调能力、主办律师的责任心和业务能力,以及收费标准、职业道德水准等;团队有证券从业方面的专业经验,有充沛的人力资源;有良好的沟通协调能力,律师事务所及其律师能较好地与相关部门及其他中介机构进行沟通与配合。

六、企业更换中介机构时的主要考虑因素

1. 申报前更换

企业要慎重选择并确定中介机构团队,如果相关中介机构已经服务一段时间,更换通常会带来上市时间延迟、成本费用增加等代价,因此一旦确定中介机构团队,通常不宜轻易更换。

成功上市需要企业和中介机构团队进行多方的通力合作,各尽其责、各有担当。在上市推动过程中,如果发现中介机构团队配置的现场人员的专业胜任能力不足或责任心不强等服务质量不高情形时,企业首先应积极协调中介机构的上一级相关负责人,增派人手或更换综合胜任能力更强的现场主导人员,确保在中介机构不变的状态下将问题解决。但如果企业与中介机构更高级别负责人的沟通不深、中介机构内部不能协调解决现场团队的服务能力问题,或者企业与中介机构在重大问题的处理上有显著分歧等,会导致上市进程停滞不前,并预估该等事项将严重影响企业的上市进程甚至审核结果的,企业应综合考虑延迟申报时间、备选替换中介机构与成功上市的得失利弊,果断处理。

在实务中,部分中介团队的胜任能力等问题,在准备时间相对充足、深度有限的前期并不突出。但是进入实质申报阶段后,尤其是在审核阶段,由于反馈体量大、时间紧、任务重,会要求中介团队的专业思维逻辑清晰、保荐代表人能够高质量地与审核人员沟通等,此时如果中介团队胜任能力不足、责任担当不够,矛盾会显著突出,甚至会影响企业上市的成败。因此,企业在申报阶段也需要结合整个申报工作的协作推进、现场人员的胜任能力等,及时动态评估。

2. 在审期间更换

在审期间更换中介机构或签字人员需要履行法定程序。相关监管要求如下:

(1) 在发行上市审核中,发行人更换保荐人的,除保荐人存在执业受限等非发行人原因的情形外,需重新履行申报及受理程序。

(2) 在发行审核过程中,发行人更换签字保荐代表人、律师事务所及签字律师、会计师事务所及签字会计师等中介机构或签字人员的,相关中介机构应当做好更换的衔接工作,更换后的中介机构或签字人员完成尽职调查并出具专业意见后,应当将齐备的文件及时提交中国证监会或交易所,并办理中介机构或签字人员变更手续。

如前所述,中介机构更换会在一定程度上延迟申报或审核进程、增加工作量等,因此,申报前企业应尽量选好中介机构团队,一旦确定不宜轻易更换。但审核期间,企业如面临中介机构被立案调查、执业受限、出现严重违背职业道德事项等情形时,不得已可以考虑更换中介机构团队。参考实务更换案例来看,这种做法的整体影响有限。

第三节　企业上市费用和中介机构协作

企业在进行上市费用谈判时,首先需要考虑的是成功上市这个终极目标,在过程中不仅要关注直接成本,也要重视"隐性成本"和"隐形价值"。在实务中,大量企业上市失败的重要原因是企业和中介机构之间的配合不顺畅,本节将对常见的企业与中介机构沟通协作的困境进行阐述,并重点说明与中介机构沟通的注意事项。

一、企业应如何看待中介费用

关于企业发行上市过程中需要承担的费用,本书有更广义的认识。企业选择中介机构类似于找医生看病,不仅仅要关心直接支付的医药费,更多的是要关心治疗效果和治疗过程中的感受;因此,民营企业选择中介机构不能简单比价,更不建议招投标。因为企业上市的中介费用不仅要关注直接成本,也要重视中介服务过程中的"隐性成本"和"隐形价值"。在实务中,企业选择中介机构,进行成本权衡时,应该从三个层级考虑:

(1) 第一层级成本:企业上市的成败。在企业质地相同的前提下,好的中介机构必然会显著提高企业上市成功的概率。参考实务中的诸多案例,甚至可以毫不夸张地说,在成功上市的要素中,好的中介机构和企业质地同等重要。所以,选择中介机构首要考虑的是:让上市成功概率更高的中介机构。

(2) 第二层级成本:企业规范成本。在服务效果方面,好的中介机构不仅专业水平高,能够解决企业上市过程中遇到的各种专业问题;同时还具备较高的责任担当、服务意识以及成本控制意识,能够在重要事项的方案设计中控制企业的实施成本,甚至能够为企业和企业家带来巨大的潜在收益或避免损失。在服务效率方面,好的中介机构对企业在整个上市过程中各环节的时间节奏的把握能力强,申报前能保证各类计划有序实施,团队成员的力量配备充足,后续审核的回复效率高,具有明显的项目运行优势。在当前注册制审核对企业回复问询函和交易所审核具有明确时间限制的背景下,中介团队的效率高是企业顺利成功上市的重要保障。因此,如果中介机构在服务效果、服务效率上的专业能力不足,企业很可能需要支付很大的隐性成本。

(3) 第三层级成本:上市的直接成本,主要包括传统意义上的中介机构费用等。在整个上市过程中,中介机构的工作量巨大,如果费用过低,合作方一般不可能派水平高的人长时间为企业服务,只有合理的费用水平,中介机构的服务效果和效率才不会打折,才能实现各方的"良性互动",进而保证上市的确定性。此外,结合实务中的部分案例来看,出现过很多谈费用时低价取得项目、走到申报前夕又以各种理由要求调高费用的情形,当然,申报甚至在拿批文时,中介与企业谈费用,也有属于职业道德与其他因素的情形,不完全是前期协议费率低的原因。目前,监管层也在关注与评估类似问题对资本市场健康发展的伤害情况。

二、企业上市过程中需要承担的费用

在传统意义上,企业上市过程需要承担的直接费用具体细节如下:

(1) 直接费用的范围。企业自改制到发行上市需要承担一定的费用,一般来讲,企业发行上市的成本费用主要包括中介机构费用、推广辅助费用这两部分。其中,中介机构的费用包括改制设立财务顾问费用、保荐与证券承销费用、会计师费用、律师费用、资产评估费用等;推广辅助费用主要包括印刷费、媒体及路演的宣传推介费等。上述两项费用中,中介机构的费用是发行上市的直接成本高低的主要影响因素,其余费用在整个上市成本中所占的比例不大。从目前实际发生的发行上市费用情况看,我国境内中小企业发行上市的总成本一般为融资金额的 8%—15%。

（2）直接费用的会计处理。企业承担的费用的财务处理方面包括：以上费用项目中，占费用主体部分的证券保荐及承销费用，申报后至上市前的会计师费、律师费、上网发行费等，在股票发行溢价中扣除，并不影响企业的成本费用和利润。

三、企业与中介机构签订的主要合同

1. 与证券公司签署的合同

保密协议：一般在接触初期签订保密协议，投行进行尽职调查，在此期间，除了保密义务之外，彼此没有其他责任，这个阶段一般不约定费用。

框架协议：确定合作意向之后签订框架协议，约定远期目标是实现IPO，约定一般性权利义务，这个阶段有的机构会约定收费条款或者收费的原则，有的机构则不约定费用，这个阶段的合同条款比较宽松，一般会约定随时终止的条款。

财务顾问协议：主要内容是完成企业股改，设立股份公司，中介机构的服务期是服务开始至改制设立股份公司，一般会约定少量收费（50 万—150 万元）。

辅导协议：主要条款一般按照监管机构或者行业协会发布的格式文本，主要内容是完成辅导和验收。一般要求在签订辅导协议后五个工作日内，需要报监管机构备案，约定少量收费（30 万—50 万元）。

保荐协议：主要条款一般按照监管机构或者行业协会发布的格式文本，主要内容是投行向证监会（交易所）提交上市申请，提供保荐服务。需要在首次申报之前签订，与申报文件一起报送，保荐费一般为 200 万—500 万元。

承销协议：一般参照监管机构要求的格式文本，主要内容是主承销商负责承销发行人首次公开发行的股票。一般在首次申报之前签订，与申报文件一起报送，通常参照签订时的市场情况约定收费。

2. 与会计师签订的合同

双方在确定合作意向之后签订审计业务约定书，约定自服务开始至

IPO 完成的全部服务条款,涵盖尽职调查、辅导、申报、反馈、发行的全部阶段,明确约定收费条款。

3. 与律师签订的合同

双方在确定合作意向之后签订法律服务合同,约定自服务开始至 IPO 完成的全部服务条款,涵盖尽职调查、辅导、申报、反馈、发行的全部阶段,明确约定收费条款。

四、企业应高度重视与中介机构的沟通协作

企业的上市工作通常由三家上市服务团队(券商、会计师、律师)直接操作执行,其工作质量直接关系到上市的成败,大量企业上市失败的重要原因是企业和中介机构之间的配合不顺畅。根据多年来的经验数据,在所有正式启动上市准备的企业中,最终能将申报材料报到上市审核机构的比例不足 20%,也就是说,大部分企业实际上是在前期准备过程中就"上市夭折"了。除了企业业绩波动等企业自身因素外,影响最大的因素可能就是企业规范程度以及与中介机构的沟通与协作问题。企业和中介机构在沟通和协作上会出现很多问题,这有其机制根源。原因主要包括:

(1) 信息不对称造成的协作困境。企业上市过程涉及大量专业工作,中介机构进场后,会给企业提出大量规范、完善的要求,大部分事项是需要花费成本的,企业因处于"信息盲区"而经常陷入"困境",中介的要求有时可能是正确的,但因企业并不充分信任中介,不知该不该干,或者干到什么程度,这样会形成恶性循环,企业做不到位,中介要求更严格,企业更不充分信任中介;有时是因为中介基于自身免责或责任心不够,简单地向企业提出让企业感觉短期内难以做到的要求,企业陷入"不知如何是好""左右为难"的境地。

(2) 中介机构专业能力不足的问题。有些中介机构的现场工作人员,尤其是项目前期派驻人员可能不够专业、经验欠缺,或者责任心不强等,在很多规范的工作方面,中介机构只给建议,留清单,甩任务。没有清晰且易于执行的问题解决路线与落实方案,而是让企业自行解决,企业多数情况下不知道怎么干,也没有合适的人来干,或者解决问题不彻底,严重影响上市进程和最终结果。

(3) 前期尽调问题诊断不彻底。由于种种原因,企业与中介没有形成良好的工作机制,前期尽调不彻底,问题挖掘不到位,导致规范不到位,问题没有有效解决,造成申报时重复低效的返工与补工,造成项目申报困难或者不断延期。

因此,在企业上市准备过程中,企业与中介机构的沟通与协作至关重要,企业应充分重视并做到信息高效互通,形成闭环与合力,从而大大提高上市成功的概率。即使走到地方证监局辅导阶段,也存在大量企业申报不出去的情形。根据第三方统计数据,2019年至2023年6月期间,证监局辅导备案企业总数为5 646家,其间各上市板块申报总数为3 245家,通过简单计算大致可以看出,走到地方证监局辅导阶段的企业上市申报材料报出率不足60%,这些数据足以说明,企业能够将上市申报材料提交至交易所审核也是非常不容易的。

五、上市过程中与中介机构沟通的注意事项

在IPO过程中,企业与中介机构的沟通与协作,重点需要注意以下几个方面:

(1) 慎重选择并充分信任中介机构团队。企业应当慎重选择中介机构,从专业能力、服务质量、过往业绩、现场人员素质、沟通顺畅程度、服务费用等多个维度综合考虑,可以反复考察,综合权衡。

慎重选择确定中介机构后,企业要对中介机构充分信任,彼此之间建立起良好的互信。基于专业的局限性,企业对上市工作并不熟悉,也不了解审核机构对具体事项的审核与规范要求,因此,除非中介团队出现重大问题,企业原则上不要对上市团队反复质疑,要给予中介团队相对充分的信任和授权。此外,在企业上市过程中,需要处理的重大问题一般都是综合性问题,没有对企业的全面情况和问题本身及背景进行充分了解,任何所谓专业人士的建议都有可能是片面的,甚至是南辕北辙的。因此,在具体问题的处

理上，企业不要轻易接受中介团队之外人员的所谓"专业"建议。

（2）企业自身需要配备较为专业的内部上市工作团队，特别是配备优秀的财务总监和董秘。企业的实际控制人要重视上市工作，配备强有力的上市牵头人，搭建内部上市工作团队。内部上市工作团队的核心人员是财务总监和董事会秘书（董事会秘书可以由财务总监兼任），财务规范是企业上市的核心工作，也是上市审核的关键领域。企业财务总监的专业能力、态度、配合程度、敬业精神对企业上市具有重大影响，若财务总监这个关键角色的配备比较薄弱，企业上市推进工作将非常困难。

企业实际控制人要对内部上市工作团队充分信任和授权，除了证券和财务部门之外，要调动销售、采购、生产、人力、研发、审计等所有部门积极配合上市工作。

（3）对中介机构要进行充分的信息传递，尽量做到"知无不言、言无不尽"。建立良好的合作关系之后，企业和中介机构的总目标是一致的，即实现上市成功。在上市过程中，企业需要把相关问题向中介机构充分完整地展示出来，这样一来，中介机构才能结合实际情况分析利弊，采用专业的方式予以解决。如果中介机构掌握的信息不完整、不充分，则有可能会影响解决的效果，甚至出现偏差、留下风险隐患，在审核过程中可能造成非常严重的后果。

（4）尊重中介机构的集体意见。企业上市工作极其复杂，涉及财务、法律、行业等各个方面，需要扎实的专业知识、丰富的业务经验、熟悉审核机构的审核要求，企业一般不具备这方面的专业能力，因此，对上市问题，企业应尽量尊重中介机构的意见，尤其是中介机构的集体意见。

（5）正确对待解决问题的过程。对于上市过程中的重点问题，企业可以和中介机构充分论证，在多个处理方案中根据风险成本效费比来综合权衡，选择最优方案。但是，一旦确定方案，不要轻易反复，应尽快推动方案的落地执行，避免重复工作。由于上市过程的复杂性，在解决问题过程中，难免因为主观和客观问题出现反复，或者解决问题的过程出现滞后，企业要有良好的心态来对待工作过程，与中介机构充分沟通，避免急躁和猜忌的情绪，共同配合以提高工作效率。

（6）重大事项提前沟通。在上市过程中，企业很可能会发生涉及股东、股权、生产经营、合法合规、重大重组等重大问题，这些重大问题的处理往往对企业上市有重大影响。对于重大问题，及时与中介机构沟通是非常有必要的，一般情况下企业对上市的要求不熟悉，自行处理重大事项容易产生不符合上市规范要求的情况，轻则造成工作量或者规范成本的上升，重则影响申报进程甚至结果。企业应当在计划、实施、处理重大事项之前，提前和中介机构沟通，尤其是首先和保荐团队核心人员及时沟通，形成可行的实施方案后再处理重大事项。

当然，上述与中介机构的配合注意事项，应建立在企业选定的中介团队的专业能力强，具有互信基础，对企业充分负责的前提下。

第四章
企业发行上市条件

《证券法》修订后,历经科创板、创业板以及北交所的注册制试点,2023年2月17日,中国证监会发布并执行全面实行股票发行注册制相关制度规则,注册制的基本架构、制度规则正式全面落地,我国资本市场进入全面实行股票发行注册制时代。本章主要对股票发行注册制下的企业发行上市条件进行介绍,企业发行上市条件涉及的法规主要分三个层级:国家法律法规(《证券法》)、部门规章(中国证监会的规章和规范性文件)和交易所业务规则(证券交易所各上市板块的上市规则或指南)。

第一节 《证券法》规定的发行条件和上市条件

2019年修订的《证券法》确定了证券发行全面实行注册制的基本定位,对于证券发行注册制做了系统完备的规定,精简优化了证券发行的条件与审核审批程序。

一、《证券法》规定的公开发行股票的条件

公开发行证券,必须符合法律、行政法规规定的条件,并依法报经国务院证券监督管理机构或者国务院授权的部门注册。未经依法注册,任何单位和个人不得公开发行证券。

根据《证券法》第十二条规定,公司首次公开发行新股,应当符合下列条件：

(1) 具备健全且运行良好的组织机构；

(2) 具有持续经营能力；

(3) 最近三年财务会计报告被出具无保留意见审计报告；

(4) 发行人及其控股股东、实际控制人最近三年不存在贪污、贿赂、侵占财产、挪用财产或者破坏社会主义市场经济秩序的刑事犯罪；

(5) 经国务院批准的国务院证券监督管理机构规定的其他条件。

二、《证券法》规定的股票上市条件

《证券法》将股票上市的审核权和规则制定权赋予了证券交易所，规定：

(1) 申请证券上市交易，应当向证券交易所提出申请，由证券交易所依法审核同意，并由双方签订上市协议；

(2) 申请证券上市交易，应当符合证券交易所上市规则规定的上市条件。证券交易所上市规则规定的上市条件，应当对发行人的经营年限、财务状况、最低公开发行比例和公司治理、诚信记录等提出要求。

第二节　证监会规定的公开发行股票条件

在《证券法》规定的基础上，中国证监会颁布了首发注册管理办法，规定了适用涵盖沪深证券交易所主板、创业板、科创板在内所有板块的基本统一发行条件；中国证监会颁布了北交所上市注册管理办法，规定了北交所的发行条件。

一、首次公开发行条件

首发注册管理办法规定，首次公开发行股票的发行条件包括：

(1) 发行人是依法设立且持续经营三年以上的股份有限公司，具备健全且运行良好的组织机构，相关机构和人员能够依法履行职责。

有限责任公司按原账面净资产值折股整体变更为股份有限公司的,持续经营时间可以从有限责任公司成立之日起计算。

(2) 发行人会计基础工作规范,财务报表的编制和披露符合企业会计准则和相关信息披露规则的规定,在所有重大方面公允地反映了发行人的财务状况、经营成果和现金流量,最近三年财务会计报告由注册会计师出具无保留意见的审计报告。

发行人内部控制制度健全且被有效执行,能够合理保证公司运行效率、合法合规和财务报告的可靠性,并由注册会计师出具无保留结论的内部控制鉴证报告。

(3) 发行人业务完整,具有直接面向市场独立持续经营的能力:

① 资产完整,业务及人员、财务、机构独立,与控股股东、实际控制人及其控制的其他企业间不存在对发行人构成重大不利影响的同业竞争,不存在严重影响独立性或者显失公平的关联交易;

② 主营业务、控制权和管理团队稳定,首次公开发行股票并在主板上市的,最近三年内主营业务和董事、高级管理人员均没有发生重大不利变化;首次公开发行股票并在科创板、创业板上市的,最近三年内主营业务和董事、高级管理人员均没有发生重大不利变化;首次公开发行股票并在科创板上市的,核心技术人员应当稳定且最近三年内没有发生重大不利变化;

发行人的股份权属清晰,不存在导致控制权可能变更的重大权属纠纷,首次公开发行股票并在主板上市的,最近三年实际控制人没有发生变更;首次公开发行股票并在科创板、创业板上市的,最近三年实际控制人没有发生变更;

③ 不存在涉及主要资产、核心技术、商标等的重大权属纠纷,重大偿债风险,重大担保、诉讼、仲裁等或有事项,经营环境已经或者将要发生重大变化等对持续经营有重大不利影响的事项。

(4) 发行人生产经营符合法律、行政法规的规定,符合国家产业政策。

最近三年内,发行人及其控股股东、实际控制人不存在贪污、贿赂、侵占财产、挪用财产或者破坏社会主义市场经济秩序的刑事犯罪,不存在欺诈发行、重大信息披露违法或者其他涉及国家安全、公共安全、生态安全、生产安全、公众健康安全等领域的重大违法行为。

董事、监事和高级管理人员不存在最近三年内受到中国证监会行政处罚,或者因涉嫌犯罪正在被司法机关立案侦查或者涉嫌违法违规正在被中国证监会立案调查且尚未有明确结论意见等情形。

二、北交所公开发行条件

北交所上市注册管理办法规定,在北京证券交易所向不特定投资者公开发行股票,应符合以下发行条件:

(1) 发行人应当为在全国股转系统连续挂牌满12个月的创新层挂牌公司。

(2) 发行人申请公开发行股票,应当符合下列规定:

① 具备健全且运行良好的组织机构;

② 具有持续经营能力,财务状况良好;

③ 最近三年财务会计报告无虚假记载,被出具无保留意见审计报告;

④ 依法规范经营。

(3) 发行人及其控股股东、实际控制人存在下列情形之一的,发行人不得公开发行股票:

① 最近三年内存在贪污、贿赂、侵占财产、挪用财产或者破坏社会主义市场经济秩序的刑事犯罪;

② 最近三年内存在欺诈发行、重大信息披露违法或者其他涉及国家安全、公共安全、生态安全、生产安全、公众健康安全等领域的重大违法行为;

③ 最近一年内受到中国证监会行政处罚。

第三节 交易所规定的主板上市条件

《上海证券交易所股票上市规则》以及《深圳证券交易所股票上市规则》

(以下合并简称"主板上市规则")规定了企业首次公开发行股票并在主板上市的条件。

一、企业在主板上市应当符合的条件

(1) 符合《证券法》、中国证监会规定的发行条件；
(2) 发行后的股本总额不低于5 000万元；
(3) 公开发行的股份达到公司股份总数的25%以上；公司股本总额超过4亿元的，公开发行股份的比例为10%以上；
(4) 市值及财务指标符合主板上市规则规定的标准；
(5) 本所要求的其他条件。

交易所可以根据市场情况，经中国证监会批准，对上市条件和具体标准进行调整。

二、境内企业在主板上市应当符合的条件

根据主板上市规则，境内发行人申请上市，其市值及财务指标应当至少符合下列标准中的一项：

(1) 最近三年净利润均为正，且最近三年净利润累计不低于1.5亿元，最近一年净利润不低于6 000万元，最近三年经营活动产生的现金流量净额累计不低于1亿元或营业收入累计不低于10亿元；
(2) 预计市值不低于50亿元，且最近一年净利润为正，最近一年营业收入不低于6亿元，最近三年经营活动产生的现金流量净额累计不低于1.5亿元；
(3) 预计市值不低于80亿元，且最近一年净利润为正，最近一年营业收入不低于8亿元。

本节所称净利润以扣除非经常性损益前后的孰低者为准，净利润、营业收入、经营活动产生的现金流量净额均指经审计的数值。本节所称预计市值，是指股票公开发行后按照总股本乘以发行价格计算出来的发行人股票名义总价值。

三、红筹企业[①]主板上市应当符合的条件

符合《国务院办公厅转发证监会关于开展创新企业境内发行股票或存托凭证试点若干意见的通知》(国办发〔2018〕21号)等相关规定的红筹企业,可以申请发行股票或者存托凭证并在沪深交易所上市。

根据主板上市规则,红筹企业申请首次公开发行股票或者存托凭证并在本所上市,应当符合下列条件:

(1) 符合《证券法》、中国证监会规定的发行条件;

(2) 发行股票的,发行后的股份总数不低于5 000万股;发行存托凭证的,发行后的存托凭证总份数不低于5 000万份;

(3) 发行股票的,公开发行(含已公开发行)的股份达到公司股份总数的25%以上;公司股份总数超过4亿股的,公开发行(含已公开发行)股份的比例为10%以上。发行存托凭证的,公开发行(含已公开发行)的存托凭证对应基础股份达到公司股份总数的25%以上;发行后的存托凭证总份数超过4亿份的,公开发行(含已公开发行)的存托凭证对应基础股份的比例为10%以上;

(4) 市值及财务指标符合本规则规定的标准;

(5) 本所要求的其他条件。

本所可以根据市场情况,经中国证监会批准,对上市条件和具体标准进行调整。

四、已经在境外上市的红筹企业主板上市应当符合的条件

根据主板上市规则,已在境外上市的红筹企业,申请发行股票或者存托凭证并在沪深交易所上市的,应当至少符合下列标准中的一项:

(1) 市值不低于2 000亿元;

(2) 市值200亿元以上,且拥有自主研发、国际领先技术,科技创新能

[①] 红筹企业,指注册地在境外、主要经营活动在境内的企业。

力较强,在同行业竞争中处于相对优势地位。

五、未在境外上市的红筹企业主板上市应当符合的条件

根据主板上市规则,未在境外上市的红筹企业,申请发行股票或者存托凭证并在沪深交易所上市的,应当至少符合下列标准中的一项:

(1) 预计市值不低于 200 亿元,且最近一年营业收入不低于 30 亿元;

(2) 营业收入快速增长,拥有自主研发、国际领先技术,在同行业竞争中处于相对优势地位,且预计市值不低于 100 亿元;

(3) 营业收入快速增长,拥有自主研发、国际领先技术,在同行业竞争中处于相对优势地位,且预计市值不低于 50 亿元,最近一年营业收入不低于 5 亿元。

前款规定的营业收入快速增长,应当符合下列标准之一:

(1) 最近一年营业收入不低于 5 亿元的,最近三年营业收入复合增长率 10% 以上;

(2) 最近一年营业收入低于 5 亿元的,最近三年营业收入复合增长率 20% 以上;

(3) 受行业周期性波动等因素影响,行业整体处于下行周期的,发行人最近三年营业收入复合增长率高于同行业可比公司同期平均增长水平。

处于研发阶段的红筹企业和对国家创新驱动发展战略有重要意义的红筹企业,不适用"营业收入快速增长"的上述要求。

六、存在表决权差异安排的企业主板上市应当符合的条件

根据主板上市规则,发行人具有表决权差异安排的,其市值及财务指标应当至少符合下列标准中的一项:

(1) 预计市值不低于 200 亿元,且最近一年净利润为正;

(2) 预计市值不低于 100 亿元,且最近一年净利润为正,最近一年营业收入不低于 10 亿元。

第四节　深交所规定的创业板上市条件

《深圳证券交易所创业板股票上市规则》(以下简称"创业板上市规则")规定了企业首次公开发行并在创业板上市的条件。

一、企业在创业板上市应当符合的条件

（1）符合中国证监会规定的创业板发行条件；

（2）发行后股本总额不低于3 000万元；

（3）公开发行的股份达到公司股份总数的25%以上；公司股本总额超过4亿元的，公开发行股份的比例为10%以上；

（4）市值及财务指标符合本规则规定的标准；

（5）本所要求的其他上市条件。

红筹企业发行股票的，前款第二项调整为发行后的股份总数不低于3 000万股，前款第三项调整为公开发行的股份达到公司股份总数的25%以上；公司股份总数超过4亿股的，公开发行股份的比例为10%以上。红筹企业发行存托凭证的，前款第二项调整为发行后的存托凭证总份数不低于3 000万份，前款第三项调整为公开发行的存托凭证对应基础股份达到公司股份总数的25%以上；发行后的存托凭证总份数超过4亿份的，公开发行存托凭证对应基础股份达到公司股份总数的10%以上。

本所可以根据市场情况，经中国证监会批准，对上市条件和具体标准进行调整。

二、境内企业创业板上市应当符合的条件

根据创业板上市规则，发行人为境内企业且不存在表决权差异安排的，其市值及财务指标应当至少符合下列标准中的一项：

（1）最近两年净利润均为正，且累计净利润不低于5 000万元；

(2) 预计市值不低于 10 亿元,最近一年净利润为正且营业收入不低于 1 亿元;

(3) 预计市值不低于 50 亿元,且最近一年营业收入不低于 3 亿元。

三、红筹企业创业板上市应当符合的条件

符合《国务院办公厅转发证监会关于开展创新企业境内发行股票或存托凭证试点若干意见的通知》等相关规定的红筹企业,可以申请让其股票或存托凭证在创业板上市。

根据创业板上市规则,营业收入快速增长,拥有自主研发、国际领先技术,在同行业竞争中处于相对优势地位的尚未在境外上市的红筹企业,申请在创业板上市的,其市值及财务指标应当至少符合下列标准中的一项:

(1) 预计市值不低于 100 亿元;

(2) 预计市值不低于 50 亿元,且最近一年营业收入不低于 5 亿元。

前款所称营业收入快速增长,指符合下列标准之一:

(1) 最近一年营业收入不低于 5 亿元的,最近三年营业收入复合增长率 10% 以上;

(2) 最近一年营业收入低于 5 亿元的,最近三年营业收入复合增长率 20% 以上;

(3) 受行业周期性波动等因素影响,行业整体处于下行周期的,发行人最近三年营业收入复合增长率高于同行业可比公司同期平均增长水平。

处于研发阶段的红筹企业和对国家创新驱动发展战略有重要意义的红筹企业,不适用"营业收入快速增长"的规定。

四、存在表决权差异安排的企业创业板上市应当符合的条件

根据创业板上市规则,发行人具有表决权差异安排的,其市值及财务指标应当至少符合下列标准中的一项:

(1) 预计市值不低于 100 亿元;

(2) 预计市值不低于 50 亿元,且最近一年营业收入不低于 5 亿元。

第五节　上交所规定的科创板上市条件

《上海证券交易所科创板股票上市规则》(以下简称"科创板上市规则")规定了企业首次公开发行并在科创板上市的条件。

一、企业在科创板上市应当符合的条件

(1) 符合中国证监会规定的发行条件；
(2) 发行后股本总额不低于人民币 3 000 万元；
(3) 公开发行的股份达到公司股份总数的 25% 以上；公司股本总额超过人民币 4 亿元的，公开发行股份的比例为 10% 以上；
(4) 市值及财务指标符合本规则规定的标准；
(5) 本所规定的其他上市条件。

红筹企业发行股票的，前款第二项调整为发行后的股份总数不低于 3 000 万股，前款第三项调整为公开发行的股份达到公司股份总数的 25% 以上；公司股份总数超过 4 亿股的，公开发行股份的比例为 10% 以上。红筹企业发行存托凭证的，前款第二项调整为发行后的存托凭证总份数不低于 3 000 万份，前款第三项调整为公开发行的存托凭证对应基础股份达到公司股份总数的 25% 以上；发行后的存托凭证总份数超过 4 亿份的，公开发行的存托凭证对应基础股份达到公司股份总数的 10% 以上。

本所可以根据市场情况，经中国证监会批准，对上市条件和具体标准进行调整。

二、境内企业科创板上市应当符合的条件

根据科创板上市规则，发行人申请在上海证券交易所科创板上市的，其市值及财务指标应当至少符合下列标准中的一项：

(1) 预计市值不低于人民币 10 亿元，最近两年净利润均为正且累计净

利润不低于人民币 5 000 万元,或者预计市值不低于人民币 10 亿元,最近一年净利润为正且营业收入不低于人民币 1 亿元;

(2) 预计市值不低于人民币 15 亿元,最近一年营业收入不低于人民币 2 亿元,且最近三年累计研发投入占最近三年累计营业收入的比例不低于 15%;

(3) 预计市值不低于人民币 20 亿元,最近一年营业收入不低于人民币 3 亿元,且最近三年经营活动产生的现金流量净额累计不低于人民币 1 亿元;

(4) 预计市值不低于人民币 30 亿元,且最近一年营业收入不低于人民币 3 亿元;

(5) 预计市值不低于人民币 40 亿元,主要业务或产品需经国家有关部门批准,市场空间大,目前已取得阶段性成果。医药行业企业需至少有一项核心产品获准开展二期临床试验,其他符合科创板定位的企业需具备明显的技术优势并满足相应条件。

本条所称净利润以扣除非经常性损益前后的孰低者为准,所称净利润、营业收入、经营活动产生的现金流量净额均指经审计的数值。

三、红筹企业科创板上市应当符合的条件

符合《国务院办公厅转发证监会关于开展创新企业境内发行股票或存托凭证试点若干意见的通知》相关规定的红筹企业,可以申请发行股票或存托凭证并在科创板上市。

根据科创板上市规则,营业收入快速增长,拥有自主研发、国际领先技术,同行业竞争中处于相对优势地位的尚未在境外上市红筹企业,申请在科创板上市的,其市值及财务指标应当至少符合下列标准之一:

(1) 预计市值不低于 100 亿元;

(2) 预计市值不低于 50 亿元,且最近一年营业收入不低于 5 亿元。

前款所称营业收入快速增长,指符合下列标准之一:

(1) 最近一年营业收入不低于 5 亿元的,最近三年营业收入复合增长

率10%以上；

（2）最近一年营业收入低于5亿元的，最近三年营业收入复合增长率20%以上；

（3）受行业周期性波动等因素影响，行业整体处于下行周期的，发行人最近3年营业收入复合增长率高于同行业可比公司同期平均增长水平。

处于研发阶段的红筹企业和对国家创新驱动发展战略有重要意义的红筹企业，不适用"营业收入快速增长"的上述要求。

四、存在表决权差异安排的企业科创板上市应当符合的条件

根据科创板上市规则，发行人具有表决权差异安排的，其市值及财务指标应当至少符合下列标准中的一项：

（1）预计市值不低于100亿元；

（2）预计市值不低于50亿元，且最近一年营业收入不低于5亿元。

第六节　北交所规定的上市条件

企业申请在北交所上市的前置条件为企业是在全国股转系统连续挂牌满12个月的创新层挂牌公司。北交所上市规则对企业在北交所的上市条件提出了更明确和具体的要求。

一、新三板挂牌条件

根据《全国中小企业股份转让系统股票挂牌规则》（以下简称"挂牌规则"），全国股转系统深入贯彻创新驱动发展战略，聚焦服务实体经济，主要服务创新型、创业型、成长型中小企业，支持中小企业高质量发展。股转公司从主体资格、业务与经营等方面设置了新三板挂牌条件。股转公司对于挂牌公司在主体资格、规范运作、独立性等方面的要求，相对上市公司的较为宽松，但基于本书所介绍的内容均以企业上市为目的，因此，企业在新三板挂牌阶段的规范也应当服务于上市的最终目的,企业在新三板挂牌阶段也不应该放松要求。

根据挂牌规则,重要的业务与经营指标包括:

(1) 属于支持类技术创新企业的条件。申请挂牌公司的主要业务属于人工智能、数字经济、互联网应用、医疗健康、新材料、高端装备制造、节能环保、现代服务业等新经济领域以及基础零部件、基础元器件、基础软件、基础工艺等产业基础领域,且符合国家战略,拥有关键核心技术,主要依靠核心技术开展生产经营,具有明确可行的经营规划的,持续经营时间可以少于两个完整会计年度但不少于一个完整会计年度,并符合下列条件之一:

① 最近一年的研发投入不低于 1 000 万元,且最近 12 个月或挂牌同时定向发行获得专业机构投资者股权的投资金额不低于 2 000 万元;

② 挂牌时即采取做市交易方式,挂牌同时向不少于包括 4 家做市商在内的对象定向发行股票,按挂牌同时的定向发行价格计算的市值不低于 1 亿元。

(2) 除上述规定企业以外的企业。除前述的公司外,其他申请挂牌公司最近一期末每股净资产应当不低于 1 元/股,并满足下列条件之一:

① 最近两年净利润均为正且累计不低 800 万元,或者最近一年净利润不低于 600 万元;

② 最近两年营业收入平均不低于 3 000 万元且最近一年营业收入增长率不低于 20%,或者最近两年营业收入平均不低于 5 000 万元且经营活动现金流量净额均为正;

③ 最近一年营业收入不低于 3 000 万元,且最近两年累计研发投入占最近两年累计营业收入比例不低于 5%;

④ 最近两年研发投入累计不低于 1 000 万元,且最近 24 个月或挂牌同时定向发行获得专业机构投资者股权的投资金额不低于 2 000 万元;

⑤ 挂牌时即采取做市交易方式,挂牌同时向不少于包括 4 家做市商在内的对象定向发行股票,按挂牌同时的定向发行价格计算的市值不低于 1 亿元。

二、创新层的进层条件

根据《全国中小企业股份转让系统分层管理办法》,挂牌公司进入创新层,应当符合下列条件之一:

(1)最近两年净利润均不低于1 000万元,最近两年加权平均净资产收益率平均不低于6%,截至进层启动日的股本总额不少于2 000万元;

(2)最近两年营业收入平均不低于8 000万元,且持续增长,年均复合增长率不低于30%,截至进层启动日的股本总额不少于2 000万元;

(3)最近两年研发投入累计不低于2 500万元,截至进层启动日的24个月内,定向发行普通股融资金额累计不低于4 000万元(不含以非现金资产认购的部分),且每次发行完成后以该次发行价格计算的股票市值均不低于3亿元;

(4)截至进层启动日的120个交易日内,最近有成交的60个交易日的平均股票市值不低于3亿元;采取做市交易方式的,截至进层启动日的做市商家数不少于4家;采取集合竞价交易方式的,前述60个交易日通过集合竞价交易方式实现的股票累计成交量不低于100万股;截至进层启动日的股本总额不少于5 000万元。

挂牌公司进入创新层,同时还应当符合下列条件:

(1)最近一年期末净资产不为负值;

(2)公司治理健全,截至进层启动日,已制定并披露经董事会审议通过的股东大会、董事会和监事会制度、对外投资管理制度、对外担保管理制度、关联交易管理制度、投资者关系管理制度、利润分配管理制度和承诺管理制度,已设董事会秘书作为信息披露事务负责人并公开披露;

(3)中国证监会和全国股转公司规定的其他条件。

三、企业在北交所上市应符合的条件

根据北交所上市规则规定,企业公开发行并在北交所上市应当符合的条件包括:

（1）发行人申请向不特定合格投资者公开发行股票并在北交所上市，应当符合下列条件：

① 发行人为在全国股转系统连续挂牌满 12 个月的创新层挂牌公司；

② 符合中国证券监督管理委员会（以下简称"中国证监会"）规定的发行条件；

③ 最近一年期末净资产不低于 5 000 万元；

④ 向不特定合格投资者公开发行（以下简称"公开发行"）的股份不少于 100 万股，发行对象不少于 100 人；

⑤ 公开发行后，公司股本总额不少于 3 000 万元；

⑥ 公开发行后，公司股东人数不少于 200 人，公众股东持股比例不低于公司股本总额的 25%；公司股本总额超过 4 亿元的，公众股东持股比例不低于公司股本总额的 10%；

⑦ 市值及财务指标符合本规则规定的标准；

⑧ 本所规定的其他上市条件。

本所可以根据市场情况，经中国证监会批准，对上市条件和具体标准进行调整。

（2）发行人申请公开发行并上市的，其市值及财务指标应当至少符合下列标准中的一项：

① 预计市值不低于 2 亿元，最近两年净利润均不低于 1 500 万元且加权平均净资产收益率平均不低于 8%，或者最近一年净利润不低于 2 500 万元且加权平均净资产收益率不低于 8%；

② 预计市值不低于 4 亿元，最近两年营业收入平均不低于 1 亿元，且最近一年营业收入增长率不低于 30%，最近一年经营活动产生的现金流量净额为正；

③ 预计市值不低于 8 亿元，最近一年营业收入不低于 2 亿元，最近两年研发投入合计占最近两年营业收入合计比例不低于 8%；

④ 预计市值不低于 15 亿元，最近两年研发投入合计不低于 5 000 万元。

前款所称预计市值是指以发行人公开发行价格计算的股票市值。

(3) 发行人申请公开发行并上市,不得存在下列情形:

① 最近36个月内,发行人及其控股股东、实际控制人,存在贪污、贿赂、侵占财产、挪用财产或者破坏社会主义市场经济秩序的刑事犯罪,存在欺诈发行、重大信息披露违法或者其他涉及国家安全、公共安全、生态安全、生产安全、公众健康安全等领域的重大违法行为;

② 最近12个月内,发行人及其控股股东、实际控制人、董事、监事、高级管理人员受到中国证监会及其派出机构行政处罚,或因证券市场违法违规行为受到全国中小企业股份转让系统有限责任公司(以下简称"全国股转公司")、证券交易所等自律监管机构公开谴责;

③ 发行人及其控股股东、实际控制人、董事、监事、高级管理人员因涉嫌犯罪正被司法机关立案侦查或涉嫌违法违规正被中国证监会及其派出机构立案调查,尚未有明确结论意见;

④ 发行人及其控股股东、实际控制人被列入失信被执行人名单且情形尚未消除;

⑤ 最近36个月内,未按照《证券法》和中国证监会的相关规定在每个会计年度结束之日起4个月内编制并披露年度报告,或者未在每个会计年度的上半年结束之日起2个月内编制并披露中期报告;

⑥ 中国证监会和本所规定的,对发行人经营稳定性、直接面向市场独立持续经营的能力具有重大不利影响,或者存在发行人利益受到损害等其他情形。

(4) 发行人具有表决权差异安排的,该安排应当平稳运行至少一个完整会计年度,且相关信息披露和公司治理应当符合中国证监会及全国股转公司相关规定。

四、北交所上市公司的转板条件

根据《中国证监会关于北京证券交易所上市公司转板的指导意见》规定,转板属于股票上市地的变更,不涉及股票公开发行,依法无需经中国证监会核准或注册,由上交所、深交所依据上市规则进行审核并做出决定。转板程序主要包括:企业履行内部决策程序后提出转板申请,上交所、深交所审核并做出是否同意上市的决定,企业在北交所终止上市后,在上交所或深交所上市交易。

北交所上市公司申请转板,应当已在北交所连续上市满一年,且符合转入板块的上市条件。公司在北交所上市前,曾在全国中小企业股份转让系统原精选层挂牌的,精选层挂牌时间与北交所上市时间合并计算。转板条件应当与首次公开发行并在上交所、深交所上市的条件保持基本一致,上交所、深交所可以根据监管需要提出差异化要求。

根据上交所发布的《北京证券交易所上市公司向上海证券交易所科创板转板办法(试行)》和深交所发布的《深圳证券交易所关于北京证券交易所上市公司向创业板转板办法(试行)》,转板公司申请转板至创业板或科创板上市,除应当符合创业板或科创板定位外,还应当符合以下条件:

(1) 符合证监会规定的发行条件;

(2) 转板公司及其控股股东、实际控制人不存在最近三年受到中国证监会行政处罚,因涉嫌违法违规被中国证监会立案调查,尚未有明确结论意见,或者最近12个月受到北交所、全国中小企业股份转让系统有限责任公司公开谴责等情形;

(3) 股本总额不低于人民币3 000万元;

(4) 股东人数不少于1 000人;

(5) 社会公众持有的公司股份达到公司股份总数的25%以上;公司股本总额超过4亿元的,社会公众持股的比例达到10%以上;

(6) 董事会审议通过转板相关事宜决议公告日前连续60个交易日(不包括股票停牌日)通过竞价交易方式实现的股票累计成交量不低于1 000万股;

(7) 市值及财务指标符合各上市板块上市规则规定的上市标准,具有表决权差异安排的转板公司申请转板,表决权差异安排应当符合各上市板块上市规则的规定;

(8) 交易所规定的其他上市条件。

第七节 分拆上市

分拆上市与首发上市或北交所上市相比,在上市条件、信息披露、审核要点等方面有诸多不同。分拆上市通常是指经营规模比较大的上市公司,为实现不同业务板块的发展战略、价值释放等目标,将某项业务或子公司分拆出来,作为一家独立主体单独上市。本节将简要介绍分拆上市的概念和上市公司分拆上市的条件。

一、分拆上市的概念

分拆上市指的是上市公司将部分业务或资产,以其直接或间接控制的子公司形式,在境内或境外证券市场首次公开发行股票并上市或者实现重组上市的行为。分拆上市通常具有以下特点:

(1)上市公司分拆部分资产或业务成立子公司,并将子公司另行公开招股上市;母子公司的股票交易市场可以相同,也可以不同;

(2)子公司上市后,母公司的持股比例虽然有所下降,但仍处于控股地位;

(3)子公司分拆上市后,拥有独立的"三会一层"治理结构,独立进行财务报告等信息披露,从而在法律和组织上将子公司的经营从母公司的经营中分拆出去,母公司给予子公司以战略指导和资源支持。

2004年,中国证监会发布了《关于规范境内上市公司所属企业到境外上市有关问题的通知》,允许满足一定条件的A股上市公司分拆所属子公司到境外上市。2019年,中国证监会发布了《上市公司分拆所属子公司境内上市试点若干规定》,开展上市公司分拆到境内上市试点。2022年1月,中国证监会对境内、境外分拆上市规定进行了修改、整合,发布了《上市公司分拆规则(试行)》。

二、上市公司分拆上市的条件

1. 根据《上市公司分拆规则（试行）》规定，上市公司分拆，应当同时符合以下条件：

（1）上市公司股票境内上市已满三年；

（2）上市公司最近三个会计年度连续盈利；

（3）上市公司最近三个会计年度扣除按权益享有的拟分拆所属子公司的净利润后，归属于上市公司股东的净利润累计不低于人民币 6 亿元（本规则所涉净利润计算，以扣除非经常性损益前后孰低值为依据）；

（4）上市公司最近一个会计年度合并报表中按权益享有的拟分拆所属子公司的净利润不得超过归属于上市公司股东的净利润的 50％；上市公司最近一个会计年度合并报表中按权益享有的拟分拆所属子公司的净资产不得超过归属于上市公司股东的净资产的 30％。

上市公司分拆，应当就以下事项做出充分说明并披露：

（1）有利于上市公司突出主业、增强独立性；

（2）本次分拆后，上市公司与拟分拆所属子公司均符合中国证监会、证券交易所关于同业竞争、关联交易的监管要求；分拆到境外上市的，上市公司与拟分拆所属子公司不存在同业竞争；

（3）本次分拆后，上市公司与拟分拆所属子公司的资产、财务、机构方面相互独立，高级管理人员、财务人员不存在交叉任职；

（4）本次分拆后，上市公司与拟分拆所属子公司在独立性方面不存在其他严重缺陷。

2. 上市公司存在以下情形之一的，不得分拆：

（1）资金、资产被控股股东、实际控制人及其关联方占用或者上市公司权益被控股股东、实际控制人及其关联方严重损害；

（2）上市公司或其控股股东、实际控制人最近 36 个月内受到过中国证券监督管理委员会（以下简称"中国证监会"）的行政处罚；

（3）上市公司或其控股股东、实际控制人最近 12 个月内受到过证券交易所的公开谴责；

（4）上市公司最近一年或一期财务会计报告被注册会计师出具保留意见、否定意见或者无法表示意见的审计报告；

（5）上市公司董事、高级管理人员及其关联方持有拟分拆所属子公司股份，合计超过所属子公司分拆上市前总股本的10%，但董事、高级管理人员及其关联方通过该上市公司间接持有的除外。

3. 上市公司所属子公司存在以下情形之一的，上市公司不得分拆：

（1）主要业务或资产是上市公司最近三个会计年度内发行股份及募集资金投向的，但子公司最近三个会计年度使用募集资金合计不超过子公司净资产10%的除外；

（2）主要业务或资产是上市公司最近三个会计年度内通过重大资产重组购买的；

（3）主要业务或资产是上市公司首次公开发行股票并上市时的主要业务或资产；

（4）主要从事金融业务的；

（5）子公司董事、高级管理人员及其关联方持有拟分拆所属子公司股份，合计超过该子公司分拆上市前总股本的30%，但董事、高级管理人员及其关联方通过该上市公司间接持有的除外。前款第(1)项所称募集资金投向包括上市公司向子公司出资或者提供借款，并以子公司实际收到募集资金作为判断标准。上市公司向子公司提供借款的，子公司使用募集资金金额，可以按照每笔借款使用时间长短加权平均计算。

第五章
企业上市条件和信息披露要求的解析

党的二十大对深入贯彻以人民为中心的发展思想、深化简政放权、放管结合、优化服务改革提出了明确要求,监管层不断提升服务效能,不断增强市场服务意识,不断提高企业上市的审核透明度。证监会与交易所对发行条件、上市条件以及审核规则进行进一步规范,通过部门规章、规范性文件、业务规则、监管指引等方式,对很多条款或事项进行进一步细化、说明。基于上述背景,本章将对企业发行上市条件和信息披露要求中的重要条款、事项等进行介绍和解析。

第一节 板块定位解析

股票发行上市全面注册制改革后,多层次资本市场体系将更加清晰,深沪主板、科创板、创业板以及北交所上市定位基本覆盖不同行业、不同类型、不同成长阶段的企业。概括来说,主板主要服务于行业成熟、业绩稳定的大型企业;科创板主要服务于科技属性强的创新企业;创业板主要服务于成长型创新创业企业;北交所主要服务于创新型中小企业。

一、关于符合上市板块定位

首发注册管理办法明确规定,申请在沪深交易所上市的企业,必须符合相应板块定位。北交所上市注册管理办法规定,申请在北交所上市的企业,应当符合其规定的板块定位。

根据首发注册管理办法规定：

"主板突出'大盘蓝筹'特色，重点支持业务模式成熟、经营业绩稳定、规模较大、具有行业代表性的优质企业。

科创板面向世界科技前沿、面向经济主战场、面向国家重大需求。优先支持符合国家战略，拥有关键核心技术，科技创新能力突出，主要依靠核心技术开展生产经营，具有稳定的商业模式，市场认可度高，社会形象良好，具有较强成长性的企业。

创业板深入贯彻创新驱动发展战略，适应发展更多依靠创新、创造、创意的大趋势，主要服务成长型创新创业企业，支持传统产业与新技术、新产业、新业态、新模式深度融合。"

根据北交所上市注册管理办法规定：

"北交所充分发挥对全国中小企业股份转让系统的示范引领作用，深入贯彻创新驱动发展战略，聚焦实体经济，主要服务创新型中小企业，重点支持先进制造业和现代服务业等领域的企业，推动传统产业转型升级，培育经济发展新动能，促进经济高质量发展。"

二、沪深主板的定位把握

主板市场作为历史最久的板块，一直是行业包容性最强的上市板块。2023年2月，包括主板在内的所有上市板块全面实施注册制。中国证监会颁布了新版的发行注册管理办法、沪深交易所颁布的《上海证券交易所股票发行上市审核规则》和《深圳证券交易所股票发行上市审核规则》（以下简称"上证上市审核规则""深证上市审核规则"）都明确提出，实施全面注册制后，沪深主板的板块定位是"主板突出'大盘蓝筹'特色，重点支持业务模式成熟、经营业绩稳定、规模较大、具有行业代表性的优质企业"。

目前证监会和交易所尚未对"大盘蓝筹"给出细化指导意见，从其基本定位可以看出，主板申报企业不能属于国家产业政策中列入"淘汰"和"限制"的行业，且行业成熟度较高。拟申报企业在所属行业内具有代表性，具有较大的市场潜力,有较好和较稳定的盈利能力,有一定的市场前景,行业地位较为突出,至少在细分行业中属于地位比较靠前的企业。

三、创业板的定位把握

创业板试点注册制后,就提出了其板块定位,申请在创业板上市的企业应该符合创业板定位。深交所发布的《深圳证券交易所创业板企业发行上市申报及推荐暂行规定》(以下简称"创业板推荐暂行规定")明确提出创业板的定位是"深入贯彻创新驱动发展战略,适应发展更多依靠创新、创造、创意的大趋势,主要服务成长型创新创业企业,支持传统产业与新技术、新产业、新业态、新模式深度融合"。

2023年全面实施注册制后,首发注册管理办法与深证上市审核规则再次重申了创业板的上述定位。

深交所通过量化指标指出了创业板支持和鼓励的行业。依据创业板推荐暂行规定第三条,深圳证券交易所支持和鼓励符合下列标准之一的成长型创新创业企业申报在创业板发行上市:

(1) 最近三年研发投入复合增长率不低于15%,最近一年研发投入金额不低于1 000万元,且最近三年营业收入复合增长率不低于20%;

(2) 最近三年累计研发投入金额不低于5 000万元,且最近三年营业收入复合增长率不低于20%;

(3) 属于制造业优化升级、现代服务业或者数字经济等现代产业体系领域,且最近三年营业收入复合增长率不低于30%。

最近一年营业收入金额达到3亿元的企业,或者按照《关于开展创新企业境内发行股票或存托凭证试点的若干意见》等相关规则申报创业板的已在境外上市红筹企业,不适用前款规定的营业收入复合增长率要求。

创业板推荐暂行规定第五条列出了创业板行业负面清单。属于上市公司行业分类相关规定中下列行业的企业,原则上不支持其申报在创业板发行上市,但与互联网、大数据、云计算、自动化、人工智能、新能源等新技术、新产业、新业态、新模式深度融合的创新创业企业除外:

(1) 农林牧渔业；

(2) 采矿业；

(3) 酒、饮料和精制茶制造业；

(4) 纺织业；

(5) 黑色金属冶炼和压延加工业；

(6) 电力、热力、燃气及水生产和供应业；

(7) 建筑业；

(8) 交通运输、仓储和邮政业；

(9) 住宿和餐饮业；

(10) 金融业；

(11) 房地产业；

(12) 居民服务、修理和其他服务业。

禁止产能过剩行业、《产业结构调整指导目录》中的淘汰类行业，以及从事学前教育、学科类培训、类金融业务的企业在创业板发行上市。

对于属于上述负面清单行业，但与互联网、大数据、云计算、自动化、人工智能、新能源等新技术、新产业、新业态、新模式深度融合的创新创业企业，企业和保荐机构认为符合创业板定位的，保荐机构需要对企业与新技术、新产业、新业态、新模式深度融合情况进行尽职调查，做出专业判断，并在发行保荐书中说明具体核查过程、依据和结论。深交所在发行上市审核中，也会对这种类型的企业的业务模式、核心技术、研发优势等情况予以重点关注，并会根据需要向深交所行业咨询专家库的专家进行咨询。

综上，创业板的板块定位是按照总体定位(符合三创四新的创新创业企业)＋明确支持和鼓励的行业(量化标准)＋负面清单(排除12个行业)＋例外情况(属于负面清单但与互联网、大数据、云计算、自动化、人工智能、新能源等新技术、新产业、新业态、新模式深度融合的创新创业企业)＋明确禁止行业进行规定的，企业在决定申报创业板前应该认真判断是否符合创业板定位。

四、科创板的定位把握

科创板试点注册制后,企业申报科创板就有明确和严格的板块定位了,申请在科创板上市的企业应当符合科创板定位。

上海证券交易所发布的《上海证券交易所科创板企业发行上市申报及推荐暂行规定》(以下简称"科创板推荐暂行规定")提出科创板的定位是"面向世界科技前沿、面向经济主战场、面向国家重大需求。优先支持符合国家战略,拥有关键核心技术,科技创新能力突出,主要依靠核心技术开展生产经营,具有稳定的商业模式,市场认可度高,社会形象良好,具有较强成长性的企业"。

2023年全面实施注册制后,首发注册管理办法与上证上市审核规则再次重申了科创板的上述定位。

根据科创板推荐暂行规定第四条规定,申报科创板的企业应当属于下列行业领域的高新技术产业和战略性新兴产业:

(1)新一代信息技术领域,主要包括半导体和集成电路、电子信息、下一代信息网络、人工智能、大数据、云计算、软件、互联网、物联网和智能硬件等;

(2)高端装备领域,主要包括智能制造、航空航天、先进轨道交通、海洋工程装备及相关服务等;

(3)新材料领域,主要包括先进钢铁材料、先进有色金属材料、先进石化化工新材料、先进无机非金属材料、高性能复合材料、前沿新材料及相关服务等;

(4)新能源领域,主要包括先进核电、大型风电、高效光电光热、高效储能及相关服务等;

(5)节能环保领域,主要包括高效节能产品及设备、先进环保技术装备、先进环保产品、资源循环利用、新能源汽车整车、新能源汽车关键零部件、动力电池及相关服务等;

(6)生物医药领域,主要包括生物制品、高端化学药、高端医疗设备与器械及相关服务等；

（7）符合科创板定位的其他领域。

除了满足科创板规定的行业，企业要申请在科创板上市，整体还要具备"硬科技"实力。

根据科创板推荐暂行规定第五条规定，支持和鼓励科创板定位规定的相关行业领域中，同时符合下列4项指标的企业可以申报科创板发行上市：

（1）最近三年研发投入占营业收入比例5%以上，或最近3年研发投入金额累计在6 000万元以上；

（2）研发人员占当年员工总数的比例不低于10%；

（3）应用于主营业务收入的发明专利5项以上；

（4）最近三年营业收入复合增长率达到20%，或者最近一年营业收入金额达到3亿元。

根据科创板推荐暂行规定第六条规定，支持和鼓励科创板定位规定的相关行业领域中，虽未达到本规定第五条指标，但符合下列情形之一的企业可以申报科创板发行上市：

（1）拥有的核心技术经国家主管部门认定具有国际领先、引领作用或者对于国家战略具有重大意义；

（2）作为主要参与单位或者核心技术人员作为主要参与人员，获得国家自然科学奖、国家科技进步奖、国家技术发明奖，并将相关技术运用于主营业务；

（3）独立或者牵头承担与主营业务和核心技术相关的国家重大科技专项项目；

（4）依靠核心技术形成的主要产品（服务），属于国家鼓励、支持和推动的关键设备、关键产品、关键零部件、关键材料等，并实现了进口替代；

（5）形成核心技术和应用于主营业务的发明专利（含国防专利）合计50项以上。

《科创属性评价指引（试行）》进一步明确规定：限制金融科技、模式创新企业在科创板发行上市。禁止房地产和主要从事金融、投资类业务的企业在科创板发行上市。

综上,科创板对于板块定位是按照行业＋指标的方式来进行规定的。申报科创板的企业首先应属于6类高新技术产业和战略性新兴产业,不属于限制或禁止类的负面清单行业,其次是符合科创属性评价指标。科创属性评价指标是按照"常规指标＋例外条款"的结构,将定量与定性评价相结合,包括4项常规指标和5项例外条款。企业如同时满足4项常规指标,即可认为具有科创属性;如不同时满足4项常规指标,但是满足5项例外条款的任意1项,也可认为具有科创属性。这种指标体系的设计在确保科创属性评价过程具有较高可操作性的同时,又保留了一定的弹性空间,体现了科创板对科技创新企业的包容性。

在申报科创板时,需提交关于企业科创属性符合科创板定位要求的专项说明,保荐机构需出具企业科创属性符合科创板定位要求的专项意见。企业在决定申报科创板前,应该审慎咨询和判断是否符合科创板定位。

五、北交所上市的定位把握

北交所是依托全国中小企业股份转让系统(新三板)建立的证券交易所,企业申请北交所上市的前置条件是在新三板挂牌满1年的创新层公司。

中国证监会于2023年3月颁布的北交所上市注册管理办法和北京证券交易所发布的《北京证券交易所向不特定合格投资者公开发行股票并上市审核规则》规定,实施全面注册制后,北交所的板块定位是"充分发挥对全国中小企业股份转让系统(以下简称'全国股转系统')的示范引领作用,深入贯彻创新驱动发展战略,聚焦实体经济,主要服务创新型中小企业,重点支持先进制造业和现代服务业等领域的企业,推动传统产业转型升级,培育经济发展新动能,促进经济高质量发展"。

《北京证券交易所向不特定合格投资者公开发行股票并上市业务规则适用指引第1号》"1—9行业相关要求"规定:

"发行人应当结合行业特点、经营特点、产品用途、业务模式、市场竞争力、技术创新或模式创新、研发投入与科技成果转化等情况,在招股说明书中充分披露发行人自身的创新特征。"

"发行人生产经营应当符合国家产业政策。发行人不得属于产能过剩行业(产能过剩行业的认定以国务院主管部门的规定为准)、《产业结构调整指导目录》中规定的淘汰类行业,以及从事学前教育、学科类培训等业务的企业。"

"发行人属于金融业、房地产业企业的,不支持其申报在北交所发行上市。"

第二节　主体资格规范

首发上市企业主体资格规范是最基础的规范事项,首发注册管理办法要求发行人生产经营合法、合规,符合国家的产业政策,是依法设立且持续经营 3 年以上的股份有限公司,会计基础核算规范、内部控制健全有效。发行上市条件对整体变更以及股本规模、发行规模也均有明确规定。

一、关于发行人的生产经营符合国家产业政策

企业申请公开发行股票并上市,必须符合国家产业政策。证监会在交易所收到注册申请文件之日起,将同步关注企业是否符合国家产业政策。

以下产业(或业务)在各个板块上市都受到限制:

(1) 国家限制发展和要求淘汰的产业(详见《产业结构调整指导目录(2019 年本)》);

(2) 外商投资企业还要符合《鼓励外商投资产业目录》要求,并且受《外商投资准入特别管理措施(负面清单)》约束;

(3) 受到宏观政策调控限制的产业;

(4) 政策特别限制的业务,如国家风景名胜的门票经营权、报刊杂志采编业务等;

(5) 不能履行信息披露义务最低标准的有保密要求的业务(公司)。

二、关于有限公司整体变更业绩连续计算

首发注册管理办法对首发上市企业的设立时限提出规定,要求发行人是持续经营3年以上的股份有限公司。有限责任公司按原账面净资产值折股整体变更为股份有限公司的,持续经营时间可以从有限责任公司成立之日起计算,即有限责任公司按原账面净资产值折股整体变更为股份有限公司的,业绩可连续计算。

上述账面净资产专指经审计的净资产,而非经评估的净资产。如有限公司以经评估的净资产折股设立股份公司,改变了资产计价基础,应视为新设股份公司,业绩不可连续计算。

三、关于会计基础和内部控制规范的要求

首发注册管理办法规定:"发行人会计基础工作规范,财务报表的编制和披露符合企业会计准则和相关信息披露规则的规定,在所有重大方面公允地反映了发行人的财务状况、经营成果和现金流量,最近三年财务会计报告由注册会计师出具无保留意见的审计报告。

发行人内部控制制度健全且被有效执行,能够合理保证公司运行效率、合法合规和财务报告的可靠性,并由注册会计师出具无保留结论的内部控制鉴证报告。"

发行人报告期内存在会计政策、会计估计变更或会计差错更正是否影响企业首发上市申请,主要考虑以下几个方面:

发行人在申报前的上市辅导和规范阶段,如发现存在不规范或不谨慎的会计处理事项并进行审计调整的,应当符合《企业会计准则第28号——会计政策、会计估计变更和会计差错更正》和相关审计准则的规定,并保证提交首发申请时的申报财务报表能够公允地反映发行人的财务状况、经营成果和现金流量。中介机构应按要求对发行人编制的申报财务报表与原始财务报表的差异比较表出具审核报告并说明差异调整原因,核查差异调整的合理性与合规性。

首发材料申报后,发行人如存在会计政策、会计估计变更事项,应当依据《企业会计准则第 28 号——会计政策、会计估计变更和会计差错更正》的规定,对首次提交的财务报告进行审计调整或补充披露,相关变更事项应符合专业审慎原则,与同行业上市公司不存在重大差异,不存在影响会计基础工作规范性及内控有效性情形。

首发材料申报后,发行人如出现会计差错更正事项,审核中会充分考虑差错更正的原因、性质、重要性与累积影响程度,并要求中介机构重点核查以下方面,发表明确意见:会计差错更正的时间和范围,是否反映发行人存在故意遗漏或虚构交易、事项或者其他重要信息,滥用会计政策或者会计估计,操纵、伪造或篡改编制财务报表所依据的会计记录等情形;差错更正对发行人的影响程度,是否符合《企业会计准则第 28 号——会计政策、会计估计变更和会计差错更正》的规定,发行人是否存在会计基础工作薄弱和内控缺失,相关更正信息是否已恰当披露等问题。如因会计基础薄弱、内控重大缺陷、盈余操纵、未及时进行审计调整的重大会计核算疏漏、滥用会计政策或者会计估计以及恶意隐瞒或舞弊行为,导致重大会计差错更正的,应视为发行人在会计基础工作规范及相关内控方面不符合发行条件。

与会计基础和内部控制规范直接相关的 4 个主题,详细可见第七章第一节关于会计政策及会计核算基础的相关内容。

四、股本规模与发行规模

根据主板上市规则规定,企业申请在深沪主板上市,发行后的股本总额不低于 5 000 万元;企业申请在创业板、科创板上市,发行后股本不低于 3 000 万元。

发行后公司股本不超过 4 亿元的,公开发行的股份达到公司股份总数的 25% 以上;公司股本总额超过 4 亿元(不含 4 亿元)的,公开发行股份的比例为 10% 以上。

第三节 业务完整性

首发注册管理办法明确规定,发行人业务完整,具有直接面向市场独立持续经营的能力,企业应资产完整,业务、人员、财务及机构独立。本节将重点介绍实践中关于各个方面的要点把握。

一、发行人独立性的含义

发行人的独立性,是指发行人应具备完整的业务体系和直接面向市场独立持续经营的能力。主要包括资产完整、人员独立、财务独立、机构独立、业务独立5个方面。发行人与控股股东、实际控制人及其控制的企业之间不存在对发行人构成重大不利影响的同业竞争,以及严重影响公司独立性或显失公平的关联交易。

二、关于资产完整性的要求

资产完整,是指企业的资产独立完整、权属清晰。具体要求规定为,生产型企业具备与生产经营有关的生产系统、辅助生产系统和配套设施,合法拥有与生产经营有关的土地、厂房、机器设备以及商标、专利、非专利技术的所有权或者使用权,具有独立的原料采购和产品销售系统;非生产型企业具备与经营有关的业务体系及相关资产。主要体现在如下方面:

(1) 公司与实际控制人(包括具有实际控制权的个人)明确界定资产的权属关系;实际控制人注入上市公司的资产和业务独立完整,全部足额到位,并完成了相关的产权变更手续。

(2) 公司拥有独立于实际控制人的生产系统、辅助生产系统和配套设施、土地使用权、工业产权、非专利技术等。

(3) 实际控制人不得违规占用公司的资金、资产及其他资源,包括无偿占用和有偿使用。

（4）非生产型企业应当具备与经营有关的业务体系及相关资产。

（5）改制设立的发行人，主要产品或经营业务重组进入发行人的，其主要产品或经营业务使用的商标权须进入。商标权以外的其他知识产权也必须进入上市主体。

拟上市公司还需具有直接面向市场独立经营的能力，具有完整的业务体系，具有开展生产经营所必备的资产以及在独立性方面不存在其他严重缺陷。

在实务中，若存在以下两种情况：一是生产型企业的发行人，其生产经营所必需的主要厂房、机器设备等固定资产系向控股股东、实际控制人租赁使用；二是发行人的核心商标、专利、主要技术等无形资产是由控股股东、实际控制人授权使用。上述情况原则上应认定为构成首发上市的法律障碍。

土地使用权是企业赖以生产发展的物质基础，对于生产型企业尤其重要，实务中存在发行人拥有租赁集体建设用地、划拨地、农用地、耕地、基本农田等情况的，基本要求是土地使用权的取得和使用需符合法律法规的规定，若上述土地合规性存在瑕疵，瑕疵土地占发行人生产经营用地的面积比例较低，对生产经营影响不大，发行人短期内又无法进行整改的，发行人应披露将来如因土地问题被处罚的责任承担主体、搬迁的费用及承担主体、有无下一步解决措施等，并对该等事项做重大风险提示。

三、关于人员独立性的要求

人员独立的具体要求规定为，发行人的总经理、副总经理、财务负责人和董事会秘书等高级管理人员不在控股股东、实际控制人及其控制的其他企业中担任除董事、监事以外的其他职务，不在控股股东、实际控制人及其控制的其他企业领薪；发行人的财务人员不在控股股东、实际控制人及其控制的其他企业中兼职。主要体现在如下方面：

（1）公司的生产经营和行政管理，包括劳动、人事和工资及相应的社会保障应该独立管理，完全独立于实际控制人。

（2）实际控制人推荐董事和经理人选应当通过合法程序进行，不得干预公司董事会和股东大会已经做出的人事任免决定。

（3）董事长、副董事长、总经理、副总经理、财务负责人、董事会秘书，没有在控股股东（或实际控制人）中担任除董事、监事以外的其他行政职务（也不得担任执行董事），也没有在控股股东（或实际控制人）处领薪。

（4）发行人的财务人员没有在控股股东、实际控制人及其控制的其他企业中兼职（注：尤其控股股东仅是以控股为目的的公司，很容易出现财务人员与首发企业混用的现象，注意避免）。

（5）国有控股的股份有限公司的董事长原则上不得由股东单位的法定代表人兼任。股东单位的法定代表人包括：控股股东及其控股单位的法定代表人，有实质控制权单位的法定代表人，持股5%以上股东的法定代表人。

（6）不得存在地方政府不经股东大会通过即任命公司高管人员的情况，高管人员的任命必须经过合法程序。

（7）公司高级管理人员不得在与其所任职公司经营范围相同的企业或股东下属单位担任执行职务。

四、关于财务独立性的要求

财务独立的具体要求规定为，发行人已建立独立的财务核算体系、能够独立做出财务决策、具有规范的财务会计制度和对分公司、子公司的财务管理制度；发行人未与控股股东、实际控制人及其控制的其他企业共用银行账户。主要体现在如下方面：

（1）公司设立独立的财务会计部门，并建立了独立的会计核算体系，具有规范、独立的财务会计制度和对分公司、子公司的财务管理制度。

（2）公司独立在银行开户，不存在与实际控制人共用银行账户的情况，未将资金存入实际控制人的财务公司或结算中心账户中。

（3）公司依法独立纳税。

（4）公司能够独立做出财务决策，不存在控股股东、实际控制人干预公司资金使用的情况。

五、关于机构独立性的要求

机构独立的具体要求规定为,发行人已建立健全内部经营管理机构、独立行使经营管理职权,与控股股东和实际控制人及其控制的其他企业间不存在机构混同的情形。主要体现在如下方面:

(1) 发行人的机构应与控股股东、实际控制人及其控制的其他企业完全分开且独立运作,不存在上下级隶属关系,考核机制独立。

(2) 不存在混合经营、合署办公或者交叉管理的情形,不存在"两块牌子,一套人马",混合经营、合署办公的情况。

(3) 发行人完全拥有机构设置自主权,内部组织机构和管理部门的设置应当符合相关法律、法规、规范性文件及本公司的公司章程中的规定。不存在按照控股股东的规章制度设立组织机构的情形。

六、关于业务独立性的要求

业务独立的具体要求规定为,发行人的业务独立于控股股东、实际控制人及其控制的其他企业,与控股股东、实际控制人及其控制的其他企业间不存在对发行人构成重大不利影响的同业竞争或者显失公平的关联交易。主要体现在如下方面:

(1) 发行人业务应当独立于控股股东、实际控制人及其控制的其他企业,与控股股东、实际控制人及其控制的其他企业间不存在对发行人构成重大不利影响的同业竞争或者显失公允的关联交易。

(2) 发行人不对不确定的单一客户或单一供应商存在重大的依赖。

(3) 公司拥有独立的产、供、销系统,主要原材料和产品的采购和销售不依赖实际控制人进行,能够做到自产自销,不依附或依赖于其他企业。

七、关于不存在重大不利影响的同业竞争的要求

根据首发注册管理办法要求,发行人与控股股东、实际控制人及其控制的其他企业间不存在对发行人构成重大不利影响的同业竞争。

同业竞争的"同业"是指竞争方从事与发行人主营业务相同或者相似的业务。

认定该相同或者相似的业务是否与发行人构成"竞争"时，应当按照实质重于形式的原则，结合相关企业历史沿革、资产、人员、主营业务(包括但不限于产品服务的具体特点、技术、商标商号、客户、供应商等)等方面与发行人的关系，以及业务是否有替代性、竞争性，是否有利益冲突，是否在同一市场范围内销售等，论证是否与发行人构成竞争；不能简单以产品销售地域不同、产品的档次不同等认定不构成同业竞争。

(1) 竞争方的同类收入或者毛利占发行人主营业务收入或者毛利的比例达 30% 以上的，如无充分相反证据，原则上应当认定为构成重大不利影响的同业竞争。

对于控股股东、实际控制人控制的与发行人从事相同或者相似业务的企业，发行人还应当结合目前自身业务和关联方业务的经营情况、未来发展战略等，在招股说明书中披露未来对于相关资产、业务的安排，以及避免上市后出现构成重大不利影响的同业竞争的措施。

(2) 中介机构应当针对发行人控股股东、实际控制人及其近亲属全资或者控股的企业进行核查。

① 直系亲属。发行人控股股东、实际控制人是自然人，其配偶及夫妻双方的父母、子女控制的企业与发行人存在竞争关系的，应当认定为构成同业竞争。

② 其他亲属。发行人控股股东、实际控制人的其他亲属及其控制的企业与发行人存在竞争关系的，应当充分披露前述相关企业在历史沿革、资产、人员、业务、技术、财务等方面对发行人独立性的影响，报告期内交易或者资金往来，销售渠道、主要客户及供应商重叠等情况，以及发行人未来有无收购安排。

八、关于不存在严重影响独立性或者显失公平的关联交易的要求

发行人应当按照《公司法》《企业会计准则》和中国证监会、证券交易所

的相关规定认定并披露关联方。非必要应当尽量减少甚至避免发生关联交易,但也要尊重企业合法合理、正常公允且确实有必要的经营行为。必要的关联交易必须有程序合规的决策,决策过程与章程规定相符,相关股东或者董事审议时应当按规定回避,独立董事和监事会应当发表明确意见。

若发行人存在关联交易情形,认定关联交易是否严重影响独立性或显示公允,主要考虑以下方面:

关联交易的原因及合理性,关联交易的定价依据及其公允性,关联交易对应的收入、成本费用或利润总额占发行人相应指标的比例等内容,判断关联交易的必要性,是否属于显失公平的关联交易,是否严重影响公司生产经营的独立性。

对于控股股东、实际控制人与发行人之间关联交易对应的收入、成本费用或利润总额占公司相应指标的比例较高(如达到30%)的,发行人应结合相关关联方的财务状况和经营情况、关联交易产生的收入、利润总额合理性等,充分说明并摘要披露关联交易是否影响发行人的经营独立性,是否构成对控股股东或实际控制人的依赖,是否存在通过关联交易来调节发行人收入利润或成本费用、对公司利益输送的情形;此外,发行人还应披露未来减少与控股股东、实际控制人发生关联交易的具体措施。

九、关于发行人的主要资产、核心技术、商标等不存在重大权属纠纷的要求

发行人应合法取得并拥有主要资产、核心技术、商标等的所有权或使用权,不存在抵押、质押或优先权等权利瑕疵或限制情形。对发行人的业务经营或收入实现有重大影响的商标、专利、专有技术以及特许经营权等重要资产或技术存在重大纠纷或诉讼,已经或者未来将对发行人财务状况或经营成果产生重大影响的,属于影响发行人持续经营能力的重要情形。

审核中要求中介机构在尽职调查时,重点关注对发行人的财务状况、经营成果、声誉、业务活动、未来前景等可能产生较大影响的诉讼或仲裁事项,关注发行人及其控股股东或实际控制人、控股子公司、董监高人员和核心技

术人员是否存在作为一方当事人可能对发行人产生影响的刑事诉讼、重大诉讼或仲裁事项,分析其是否涉及主要资产、核心技术、知识产权的重大权属纠纷。

十、合并报表范围外的投资收益占比过高的情形

在首发注册管理办法中,关于发行人的盈利能力,已经删除了"最近1个会计年度的净利润主要来自合并报表范围以外的投资收益"的限制。但是发行人申报期内的投资收益过高,仍然是审核关注要点,甚至有可能影响其业务独立性,从而构成发行障碍。

根据《监管规则适用指引——发行类第5号》(以下简称"监管规则指引5号")要求,针对发行人来自合并报表范围以外的投资收益占当期合并净利润比例较高的情形,保荐机构及申报会计师应重点关注发行人来自合并财务报表范围以外的投资收益对盈利贡献程度,发行人纳入合并报表范围以内的主体状况,发行人合并财务报表范围以外投资对象的业务内容,以及招股说明书相关信息披露等情况。

重点核查要求应当关注以下方面:

(1) 发行人如减除合并财务报表范围以外的对外投资及投资收益,剩余业务是否具有持续经营能力。

(2) 被投资企业主营业务与发行人主营业务是否具有高度相关性,如同一行业、类似技术产品、上下游关联产业等,是否存在大规模非主业投资情况。

(3) 是否充分披露相关投资的基本情况及对发行人的影响。

第四节 控制权与主营业务稳定

首发注册管理办法明确规定,发行人的主营业务、控制权和管理团队应当稳定,股份权属清晰,不存在导致控制权可能变更的重大权属纠纷。本节将对首发上市与控股股东及实际控制人相关的要求进行介绍,主要包括对其认定的基本原则、标准和依据的具体把握,以及在特殊情况下对于控股股东及实际控制人认定的影响。

一、关于实际控制人的认定问题

实际控制人是指拥有公司控制权、能够实际支配公司行为的主体。发行人应当在招股说明书中披露公司控制权的归属、公司的股权及控制结构,并真实、准确、完整地披露公司控制权或者股权及控制结构可能存在的不稳定性及其对公司的持续经营能力的潜在影响和风险。

(1) 认定的基本原则。在确定公司控制权归属时,应当本着实事求是的原则,尊重企业的实际情况,以发行人自身的认定为主,由发行人股东予以确认。

保荐机构、发行人律师应当通过核查公司章程、协议或者其他安排以及发行人股东大会(股东出席会议情况、表决过程、审议结果、董事提名和任命等)、董事会(重大决策的提议和表决过程等)、监事会及发行人经营管理的实际运作情况,对实际控制人认定发表明确意见。

(2) 单一大股东认定实际控制人。发行人股权较为分散但存在单一股东控制比例达到30%的情形的,若无相反的证据,原则上应将该股东认定为控股股东或实际控制人。存在下列情形之一的,保荐机构、发行人律师应进一步说明是否通过实际控制人认定而规避发行条件或监管并发表专项意见:

① 公司认定存在实际控制人,但其他股东持股比例较高且与实际控制人持股比例接近的;

② 公司认定无实际控制人。但第一大股东持股接近30%,其他股东比例不高且较为分散。

发行人及中介机构通常不应以股东间存在代持关系、表决权让与协议、一致行动协议等为由,认定公司控制权未发生变动。

实际控制人为单名自然人或者有亲属关系的多名自然人,实际控制人去世导致股权变动,股份受让人为继承人的,通常不视为公司控制权发生变更。其他多名自然人为实际控制人,实际控制人之一去世的,保荐机构及发行人律师应当结合股权结构、去世自然人在股东大会或者董事会决策中的作用、对发行人持续经营的影响等因素综合判断公司控制权是否发生变更。

二、关于发行人的控制权保持稳定

首发注册管理办法要求发行人的控制权应当保持稳定。发行人的股份权属清晰,不存在导致控制权可能变更的重大权属纠纷。

对于控股股东、实际控制人支配的发行人股权出现质押、冻结或诉讼仲裁的,审核中主要关注以下方面:

发行人应当按照《公开发行证券的公司信息披露内容与格式准则第57号——招股说明书》(以下简称"招股说明书准则")的要求予以充分披露;中介机构应当充分核查发生上述情形的原因,相关股权比例,质权人、申请人或其他利益相关方的基本情况,约定的质权实现情形,控股股东、实际控制人的财务状况和清偿能力,以及是否存在股份被强制处分的可能性、是否存在影响发行人控制权稳定的情形等。对于被冻结或诉讼纠纷的股权达到一定比例或被质押的股权达到一定比例且控股股东、实际控制人明显不具备清偿能力,导致发行人控制权存在不确定性的,中介机构应充分论证,并就是否符合发行条件审慎发表意见。

对于发行人的董事、监事及高级管理人员所持股份发生被质押、冻结或发生诉讼纠纷等情形的,发行人应当按照招股说明书准则的要求予以充分披露,并向投资者揭示风险。

三、要求实际控制人一定期间内没有发生变更的立法本意

首发注册管理办法要求主板发行人最近3年内实际控制人没有发生变更,创业板、科创板企业最近2年实际控制人没有发生变更。

从立法意图讲,首发注册管理办法规定要求发行人最近3年(2年)内实际控制人没有发生变更,旨在以公司控制权的稳定为标准,判断公司是否具有持续发展、持续盈利的能力,以便投资者在对公司的持续发展和盈利能

力拥有较为明确预期的情况下做出投资决策。由于公司控制权往往能够决定和实质影响公司的经营方针、决策和经营管理层的任免，一旦公司控制权发生变化，公司的经营方针和决策、组织机构运作及业务运营等都可能发生重大变化，给发行人的持续发展和持续盈利能力带来重大不确定性。

公司控制权是指能够对股东大会的决议产生重大影响或者能够实际支配公司行为的权力，其渊源是对公司的直接或者间接的股权投资关系。因此，认定公司控制权的归属，既需要审查相应的股权投资关系，也需要根据个案的实际情况，综合对发行人股东大会、董事会决议的实质影响、对董事和高级管理人员的提名及任免所起的作用等因素进行分析判断。

四、多人共同拥有公司控制权应当符合的条件

关于多人共同拥有公司控制权，审核中主要关注企业是否符合以下条件：

（1）每人都必须直接持有公司股份和/或者间接支配公司股份的表决权；

（2）发行人公司治理结构健全、运行良好，多人共同拥有公司控制权的情况不影响发行人的规范运作；

（3）多人共同拥有公司控制权的情况，一般应当通过公司章程、协议或者其他安排予以明确。公司章程、协议及其他安排必须合法有效、权利义务清晰、责任明确，并对发生意见分歧或者纠纷时的解决机制做出安排。该情况在最近36个月（主板）或者24个月（科创板、创业板）内且在首发后的可预期期限内是稳定、有效存在的，共同拥有公司控制权的多人没有出现重大变更；

（4）根据发行人的具体情况认为发行人应该符合的其他条件。法定或者约定形成的一致行动关系并不必然导致多人共同拥有公司控制权，发行人及中介机构不应为扩大履行实际控制人义务的主体范围或者满足发行条件而做出违背事实的认定。主张通过一致行动协议共同拥有公司控制权但无第一大股东为纯财务投资人等合理理由的，一般不能排除第一大股东为

共同控制人。共同控制人签署一致行动协议的,应当在协议中明确发生意见分歧或者纠纷时的解决机制。

实际控制人的配偶、直系亲属,如持有公司股份达到 5% 以上或者虽未达到 5% 但是担任公司董事、高级管理人员并在公司经营决策中发挥重要作用的,保荐机构、发行人律师应当说明上述主体是否为共同实际控制人。

如果发行人最近 36 个月(主板)或者 24 个月(科创板、创业板)内持有、实际支配公司股份表决权比例最高的主体发生变化,且变化前后的主体不属于同一实际控制人,视为公司控制权发生变更。发行人最近 36 个月(主板)或者 24 个月(科创板、创业板)内持有、实际支配公司股份表决权比例最高的主体存在重大不确定性的,比照前述规定执行。

五、不存在实际控制人的视为控制权没有变更的情形

发行人不存在拥有公司控制权的人或者公司控制权的归属难以判断的,如果符合以下情形,可视为公司控制权没有发生变更:

(1)发行人的股权及控制结构、经营管理层和主营业务在首发前 36 个月(主板)或者 24 个月(科创板、创业板)内没有发生重大变化;

(2)发行人的股权及控制结构不影响公司治理有效性;

(3)发行人及其中介机构能够提供证据充分证明公司控制权没有发生变更。

相关股东采取股份锁定等有利于公司股权及控制结构稳定措施的,发行审核部门可将该等情形作为判断公司控制权没有发生变更的重要因素。

六、国有股无偿划拨不视为控制权变更的情形

因国有资产监督管理需要,国务院或者省级人民政府国有资产监督管理机构无偿划转直属国有控股企业的国有股权或者对该等企业进行重组等导致发行人控股股东发生变更的,如果符合以下情形,可视为公司控制权没有发生变更:

(1)有关国有股权无偿划转或者重组等属于国有资产监督管理的整体

性调整,经国务院国有资产监督管理机构或者省级人民政府按照相关程序决策通过,且发行人能够提供有关决策或者批复文件;

(2) 发行人与原控股股东不存在构成重大不利影响的同业竞争或者大量的关联交易,没有故意规避首发注册管理办法规定的其他发行条件的情形;

(3) 有关国有股权无偿划转或者重组等对发行人的经营管理层、主营业务和独立性没有重大不利影响。

按照国有资产监督管理的整体性调整,国务院国有资产监督管理机构直属国有企业与地方国有企业之间无偿划转国有股权或者重组等导致发行人控股股东发生变更的,比照前款规定执行,但是应当经国务院国有资产监督管理机构批准并提交相关批复文件。

不属于前两款规定情形的国有股权无偿划转或者重组等导致发行人控股股东发生变更的,视为公司控制权发生变更。

七、关于控股股东或实际控制人的股份权属清晰

根据首发注册管理办法规定,发行人控股股东和受控股股东、实际控制人支配的股东所持发行人的股份权属清晰。对于可能导致发行人股权权属不清晰的情形,审核中的主要关注点如下:

(1) 发行人控股股东或实际控制人存在职工持股会或工会持股情形的,应当予以清理。对于间接股东存在职工持股会或工会持股情形的,如不涉及发行人实际控制人控制的各级主体,发行人不需要清理,但应予以充分披露。对于工会或职工持股会持有发行人子公司股份,经中介机构核查后认为不构成发行人重大违法违规的,发行人不需要清理,但应予以充分披露。

(2) 对于历史沿革涉及较多自然人股东的发行人,中介机构应当核查历史上自然人股东入股、退股(含工会、职工持股会清理等事项)是否按照当时有效的法律法规履行了相应程序,入股或股权转让协议、款项收付凭证、工商登记资料等法律文件是否齐备,并抽取一定比例的股东进行访谈,就相

关自然人股东股权变动的真实性、所履行程序的合法性,是否存在委托持股或信托持股情形,是否存在争议或潜在纠纷发表明确意见。

对于存在争议或潜在纠纷的,中介机构应就相关纠纷对发行人控股权权属清晰稳定的影响发表明确意见。发行人以定向募集方式设立股份公司的,中介机构应以有权部门就发行人历史沿革的合规性、是否存在争议或潜在纠纷等事项的意见作为其发表意见的依据。

（3）对于控股股东、实际控制人设立在国际避税区且持股层次复杂的,中介机构应当对发行人设置此类架构的原因、合法性及合理性、持股的真实性、是否存在委托持股、信托持股、是否有各种影响控股权的约定、股东的出资来源等问题进行核查,说明发行人控股股东和受控股股东、实际控制人支配的股东所持发行人的股份权属是否清晰,以及发行人如何确保其公司治理和内控的有效性,并发表明确意见。

八、实际控制人认定过程中的股权代持问题

关于实际控制人认定过程中的股权代持问题,审核中主要关注以下几点：

（1）对拟上市公司最近 3 年持有表决权最多的人发生了变化,但以股东间存在代持关系进行抗辩的,考虑到发行人可以采取倒签等方式拼凑发行条件,很难取得审核部门认可,该问题构成首发审核的实质障碍。

（2）对于存在代持关系,但不影响发行条件的,发行人应在招股说明书中如实披露,中介机构出具明确的核查意见。如经核查后,股东之间知晓代持关系的存在,且对代持关系没有异议、代持的股东之间没有纠纷和争议,则须将代持股份明确到真实的持有人。

此外,对于以表决权让与协议、一致行动协议等方式确认实际控制人的,比照代持关系进行处理。

九、关于控股股东或实际控制人存在重大违法行为的问题

关于控股股东或实际控制人最近 3 年内存在的重大违法行为,审核中

主要关注以下几类情形：

（1）拟上市公司的控股股东或者实际控制人最近3年内不得存在贪污、贿赂、侵占财产、挪用财产或者破坏社会主义市场经济秩序的刑事犯罪，不存在欺诈发行、重大信息披露违法或者其他涉及国家安全、公共安全、生态安全、生产安全、公众健康安全等领域的重大违法行为。

（2）作为控股股东或者实际控制人的自然人因涉嫌犯罪被司法机关立案侦查或者涉嫌违法违规被中国证监会立案调查，尚未有明确结论意见或因犯罪而受到刑事处罚，尚在执行期的，均构成拟上市公司首发的法律障碍。

（3）作为控股股东或者实际控制人的自然人涉及《公司法》第一百四十六条第二款规定"因贪污、贿赂、侵占财产、挪用财产或者破坏社会主义市场经济秩序，被判处刑罚，执行期满未逾五年，或者因犯罪被剥夺政治权利，执行期满未逾五年"的犯罪行为的，借鉴《公司法》的相关规定，应在有关刑罚执行期满五年后才不构成首发的法律障碍；作为控股股东或者实际控制人的自然人涉及《公司法》第一百四十六条第三款"担任破产清算的公司、企业的董事或者厂长、经理，对该公司、企业的破产负有个人责任的，自该公司、企业破产清算完结之日起未逾三年"和《公司法》第一百四十六条第四款"担任因违法被吊销营业执照、责令关闭的公司、企业的法定代表人，并负有个人责任的，自该公司、企业被吊销营业执照之日起未逾三年"规定的，需自相关公司、企业破产清算完结之日或被吊销营业执照之日起满三年后才不构成首发的法律障碍。

十、关于董事、监事和高级管理人员的任职资格

《公司法》第一百四十六条规定，有下列情形之一的，不得担任公司的董事、监事、高级管理人员："（一）无民事行为能力或者限制民事行为能力；（二）因贪污、贿赂、侵占财产、挪用财产或者破坏社会主义市场经济秩序，被判处刑罚，执行期满未逾五年，或者因犯罪被剥夺政治权利，执行期满未逾五年；（三）担任破产清算的公司、企业的董事或者厂长、经理，对该公司、企

业的破产负有个人责任的,自该公司、企业破产清算完结之日起未逾三年;(四)担任因违法被吊销营业执照、责令关闭的公司、企业的法定代表人,并负有个人责任的,自该公司、企业被吊销营业执照之日起未逾三年;(五)个人所负数额较大的债务到期未清偿。公司违反前款规定选举、委派董事、监事或者聘任高级管理人员的,该选举、委派或者聘任无效。"

申请在沪深交易所上市的企业,按照首发注册管理办法第十三条规定,董事、监事和高级管理人员不存在最近3年内受到中国证监会行政处罚,或者因涉嫌犯罪被司法机关立案侦查,或者涉嫌违法违规被中国证监会立案调查且尚未有明确结论意见等情形。

申请在北交所上市的企业,按照北交所股票上市规则(试行)规定,董事、监事和高级管理人不得存在最近12个月内受到中国证监会及其派出机构行政处罚,或因证券市场违法违规行为受到全国中小企业股份转让系统有限责任公司、证券交易所等自律监管机构公开谴责;不得存在因涉嫌犯罪正被司法机关立案侦查或者涉嫌违法违规正被中国证监会及其派出机构立案调查,尚未有明确结论意见。

拟上市企业在确定公司董监高人选时,应综合考虑任职资格、对外投资以及审核要求等情况,重点关注以下几点:

(1) 任职资格。拟上市企业应对董监高的身份进行详细的任职资格调查和确认。除上述《公司法》及各上市板块规定的发行上市条件外,拟上市企业还应符合各交易所对上市公司董事兼任高级管理人员的人数比例(如深交所、北交所均规定,上市公司董事会中兼任公司高级管理人员以及由职工代表担任的董事人数总计不得超过公司董事总数的1/2)、董事或高级管理人员的直系亲属在董事、高级管理人员任职期间不得担任监事的相关规定。

(2) 对外投资情况。根据《企业会计准则》等规定,董监高属于关联自然人,其对外投资直接或者间接控制的企业,或者担任董事、高级管理人员的企业,应关注与公司是否同业,是否导致新的关联交易产生。

(3) 申报期内董监高的银行流水核查。根据监管规则指引5号规定,对申报期内董监高个人的所有银行流水进行核查。拟上市企业应评估董监高人选的实际情况,未来个人在银行流水核查方面不存在核查障碍,或者确保不会产生潜在风险。

十一、关于董事、高级管理人员发生重大不利变化

首发注册管理办法规定,拟上市公司需满足最近3年(科创板、创业板为2年,下同)内董事、高级管理人员没有发生重大不利变化的发行条件。在实务审核中,对企业董事、高级管理人员是否发生重大不利变化的认定,应本着实质重于形式的原则,关注以下几方面:

判断公司董事、高级管理人员是否发生重大不利变化,主要从两个方面分析:一是最近3年内的变动人数及比例,在计算人数比例时,以董事和高级管理人员合计总数作为基数;二是上述人员因离职或无法正常参与发行人的生产经营是否对公司生产经营产生重大不利影响。

变动后新增的董事、高级管理人员来自原股东委派或发行人内部培养产生的,原则上不构成董事、高级管理人员的重大不利变化。公司管理层因退休、调任等发生岗位变化的,不轻易认定为重大不利变化,但公司应当披露相关人员变动对公司生产经营的影响。

如果最近3年(2年)内公司的董事、高级管理人员变动人数比例较大,或董事、高级管理人员中的核心人员发生变化并且对公司的生产经营产生重大不利影响的,应视为发生重大不利变化。

十二、同一控制下业务重组对主营业务的影响判断

企业在主板上市,最近3年内主营业务应没有发生重大不利变化;企业在创业板、科创板上市,最近2年内主营业务应没有发生重大不利变化。如拟上市企业在申报期内进行同一控制下业务重组,判断其主营业务是否发生重大不利变化,可关注以下因素:

(1)发行人对同一公司控制权人下相同、类似或相关业务进行重组,多是企业集团为实现主营业务整体发行上市、降低管理成本、发挥业务协同优

势、提高企业规模经济效应而实施的市场行为。从资本市场角度看,发行人在发行上市前,对同一公司控制权人下与发行人相同、类似或者相关的业务进行重组整合,有利于避免同业竞争、减少关联交易、优化公司治理、确保规范运作,对于提高上市公司质量,发挥资本市场优化资源配置功能,保护投资者特别是中小投资者的合法权益,促进资本市场健康稳定发展,具有积极作用。

（2）发行人报告期内存在对同一公司控制权人下相同、类似或相关业务进行重组情况的,如同时符合下列条件,视为主营业务没有发生重大变化:

① 被重组方应当自报告期的期初起即与发行人受同一公司控制权人控制,如果被重组方是在报告期内新设立的,应当自成立之日起即与发行人受同一公司控制权人控制;

② 被重组进入发行人的业务与发行人重组前的业务具有相关性（相同、类似行业或同一产业链的上下游）。

重组方式遵循市场化原则,包括但不限于以下方式:

① 发行人收购被重组方股权;

② 发行人收购被重组方的经营性资产;

③ 公司控制权人以被重组方股权或经营性资产对发行人进行增资;

④ 发行人吸收合并被重组方。

（3）发行人报告期内存在对同一公司控制权人下相同、类似或相关业务进行重组的,应关注重组对发行人资产总额、营业收入或利润总额的影响情况。发行人应根据影响情况按照以下要求执行:

① 被重组方重组前1个会计年度末的资产总额或前1个会计年度的营业收入或利润总额达到或超过重组前发行人相应项目100%的,为便于投资者了解重组后的整体运营情况,发行人重组后运行1个会计年度后方可申请发行。

② 被重组方重组前1个会计年度末的资产总额或前1个会计年度的营业收入或利润总额达到或超过重组前发行人相应项目50%,但不超过

100%的,保荐机构和发行人律师应按照相关法律法规对首次公开发行主体的要求,将被重组方纳入尽职调查范围并发表相关意见。发行申请文件还应按照《公开发行证券的公司信息披露内容与格式准则第58号——首次公开发行股票并上市申请文件》要求,提交会计师关于被重组方的有关文件以及与财务会计资料相关的其他文件。

③ 被重组方重组前1个会计年度末的资产总额或前1个会计年度的营业收入或利润总额达到或超过重组前发行人相应项目20%的,申报财务报表至少须包含重组完成后的最近1期资产负债表。

④ 被重组方重组前1个会计年度与重组前发行人存在关联交易的,资产总额、营业收入或利润总额按照扣除该等交易后的口径计算。

⑤ 发行人提交首发申请文件前1个会计年度或1期内发生多次重组行为的,重组对发行人资产总额、营业收入或利润总额的影响应累计计算。

⑥ 重组属于《企业会计准则第20号——企业合并》中同一控制下的企业合并事项的,被重组方合并前的净损益应计入非经常性损益,并在申报财务报表中单独列示。

重组属于同一公司控制权人下的非企业合并事项,但被重组方重组前1个会计年度末的资产总额或前1个会计年度的营业收入或利润总额达到或超过重组前发行人相应项目20%的,在编制发行人最近3年及一期备考利润表时,应假定重组后的公司架构在申报报表的期初即已存在,并由申报会计师出具意见。

十三、非同一控制下业务重组对主营业务的影响判断

非同一控制下业务重组,通常包括收购被重组方股权或经营性资产、以被重组方股权或经营性资产对发行人进行增资、吸收合并被重组方等行为方式,如拟上市企业在申报期内进行非同一控制下业务重组,判断其主营业务是否发生重大不利变化,可关注以下因素:

(1)重组新增业务与发行人重组前的业务是否具有高度相关性,如同一行业、类似技术产品、上下游产业链等。

(2) 业务重组行为发生后,发行人实际控制人对公司控制权掌控能力的影响。

(3) 被合并方占发行人重组前资产总额、资产净额、营业收入或利润总额的比例,业务重组行为对发行人主营业务变化的影响程度等。

在实务中,通常按以下原则判断非同一控制下业务重组行为是否会引起发行人主营业务的重大变化:

(1) 对于重组新增业务与发行人重组前业务具有高度相关性的,被重组方重组前1个会计年度末的资产总额、资产净额或前1个会计年度的营业收入或利润总额,达到或超过重组前发行人相应项目100%,则视为发行人主营业务发生重大变化。

(2) 对于重组新增业务与发行人重组前业务不具有高度相关性的,被重组方重组前1个会计年度末的资产总额、资产净额或前1个会计年度的营业收入或利润总额,达到或超过重组前发行人相应项目50%,则视为发行人主营业务发生重大变化。

对主营业务发生重大变化的,应根据首发规则的规定,符合相关运行时间要求。

对于重组新增业务与发行人重组前业务具有高度相关性的,被重组方重组前1个会计年度末的资产总额、资产净额或前1个会计年度的营业收入或利润总额达到或超过重组前发行人相应项目50%,但不超过100%的,通常不视为发行人主营业务发生重大变化,但为了便于投资者了解重组后的整体运营情况,原则上发行人重组后运行满12个月后方可申请发行。

12个月内发生多次重组行为的,重组对发行人资产总额、资产净额、营业收入或利润总额的影响应累计计算。

十四、关于持续经营能力

根据首发注册管理办法规定,发行人业务完整,具有直接面向市场独立持续经营的能力,不得存在经营环境已经或者将要发生重大变化等对持续经营有重大不利影响的事项。

原则上发行人不得存在以下严重影响持续经营能力的情形：

（1）发行人因宏观环境因素影响存在重大不利变化风险，如法律法规、汇率税收、国际贸易条件、不可抗力事件等。

（2）发行人因行业因素影响存在重大不利变化风险。

① 发行人所处行业被列为行业监管政策中的限制类、淘汰类范围，或行业监管政策发生重大变化，导致发行人不满足监管要求；

② 发行人所处行业出现周期性衰退、产能过剩、市场容量骤减、增长停滞等情况；

③ 发行人所处行业准入门槛低、竞争激烈，导致市场占有率下滑；

④ 发行人所处行业上下游供求关系发生重大变化，导致原材料采购价格或产品售价出现重大不利变化。

（3）发行人因自身因素影响存在重大不利变化风险。

① 发行人重要客户或供应商发生重大不利变化，进而对发行人业务稳定性和持续性产生重大不利影响；

② 由于工艺过时、产品落后、技术更迭、研发失败等，发行人的市场占有率持续下降，主要资产价值大幅下跌、主要业务大幅萎缩；

③ 发行人多项业务数据和财务指标呈现恶化趋势，由盈利转为重大亏损，且短期内没有好转迹象；

④ 发行人营运资金不能覆盖持续经营期间，或营运资金不能够满足日常经营、偿还借款等需要；

⑤ 对发行人业务经营或收入实现有重大影响的商标、专利、专有技术以及特许经营权等重要资产或技术存在重大纠纷或诉讼，已经或者将对发行人财务状况或经营成果产生重大不利影响。

中介机构应详细分析和评估上述因素的具体情形、影响程度和预期结果，综合判断上述因素是否对发行人持续经营能力构成重大不利影响，审慎发表明确意见，并督促发行人充分披露可能影响持续经营的风险因素。如果影响重大，原则上构成上市障碍。

十五、尚未盈利或最近一期存在累计未弥补亏损的信息披露要求

在审核中，企业尚未盈利或最近一期存在累计未弥补亏损的情形，在信息披露方面有如下5个方面的特别要求：

1. 原因分析

发行人应结合行业特点和公司情况，针对性地量化分析披露尚未盈利或最近一期存在累计未弥补亏损的成因，是否符合投入产出规律，是否具有商业合理性，是否属于行业普遍现象。对行业共性因素，应结合所属行业情况、竞争状况、发展态势以及同行业可比公司经营情况等，具体分析披露行业因素对公司盈利的影响。对公司特有因素，应结合公司的投资、研发、生产、销售等情况，具体分析披露有关因素对公司盈利的影响，相关因素在报告期内的变化情况、发展趋势，相关因素与报告期内盈利变动的匹配关系。

2. 影响分析

发行人应充分披露尚未盈利或最近一期存在累计未弥补亏损对公司现金流、业务拓展、人才吸引、团队稳定性、研发投入、战略性投入、生产经营可持续性等方面的影响。

3. 趋势分析

尚未盈利的发行人应当披露未来是否可实现盈利的前瞻性信息，对其产品、服务或者业务的发展趋势、研发阶段以及达到盈亏平衡状态时主要经营要素需要达到的水平进行预测，并披露相关假设基础；存在累计未弥补亏损的发行人应当分析并披露在上市后的变动趋势。披露前瞻性信息时应当声明其假设的数据基础及相关预测具有重大的不确定性，提醒投资者进行投资决策时应谨慎使用。

4. 风险因素

尚未盈利或最近一期存在累计未弥补亏损的发行人，应充分披露相关风险因素，包括但不限于：未来一定期间内无法盈利或无法进行利润分配的风险，收入无法按计划增长的风险，研发失败的风险，产品或服务无法得到

客户认同的风险,资金状况、业务拓展、人才引进、团队稳定、研发投入等方面受到限制或影响的风险等。未盈利状态持续存在或累计未弥补亏损继续扩大的,应分析触发退市条件的可能性,并充分披露相关风险。

5. 投资者保护措施及承诺

尚未盈利或最近一期存在累计未弥补亏损的发行人,应当披露依法落实保护投资者合法权益规定的各项措施;还应披露本次发行前累计未弥补亏损是否由新老股东共同承担以及已履行的决策程序。尚未盈利企业还应披露其控股股东、实际控制人和董事、监事、高级管理人员按照相关规定做出的关于减持股份的特殊安排或承诺。

从科创板尚未盈利或最近一期存在累计未弥补亏损的上市企业案例看,这类企业通常产品研发周期较长,项目资金投入较大,属于资本密集型和技术密集型行业。对于传统的制造业企业来说,进行上市申报时的经营业绩和业务发展阶段一般应稳健,不应急功近利。

第五节　经　营　规　范

首发注册管理办法明确规定,发行人生产经营符合法律、行政法规的规定,这是涉及面非常广的要求,本节将就企业日常经营中涉及的主要规范事项逐一进行分析说明。

一、关于企业不得存在违规担保

《公司法》第十六条规定:"公司向其他企业投资或者为他人提供担保,依照公司章程的规定,由董事会或者股东会、股东大会决议;公司章程对担保的总额及单项担保的数额有限额规定的,不得超过规定的限额。公司为公司股东或者实际控制人提供担保的,必须经股东会或者股东大会决议。"

首发注册管理办法站在规范运行的角度,要求企业不存在涉及主要资产、核心技术、商标等方面的重大担保,不存在对持续经营有重大不利影响的担保。

《保荐人尽职调查工作准则》对拟上市企业可能存在的担保事项，从组织结构与内部控制调查、财务与会计调查、风险因素及其他重要事项调查等方面进行了明确，要求保荐人在尽职调查工作中对拟上市企业的担保情况（包括被担保方的偿债能力、反担保情况）、关联担保的独立性、公司章程和相关议事规则规定程序的履行情况等进行审慎调查，重点判断担保事项是否会对企业的经营产生重大不利影响。

二、关于资金管理制度的要求

发行人应建立严格的资金管理制度，不得有资金被控股股东、实际控制人及其控制的其他企业以借款、代偿债务、代垫款项或者其他方式占用的情形。

发行人应建立严格的资金管理制度并有效执行，不得存在违反内部资金管理规定对外支付大额款项、大额现金借支和还款、挪用资金等重大不规范情形；不得以经营性资金往来的形式变相为董事、监事、高级管理人员、控股股东、实际控制人及其关联人提供资金等财务资助。不得存在对内控制度有效性造成重大不利影响，甚至构成重大违法违规、造成上市障碍的关联方占用资金情形。

关联方占用资金的情形包括但不限于以下方面：①要求发行人为其垫付、承担工资、福利、保险、广告等费用、成本和其他支出；②要求发行人代其偿还债务；③要求发行人有偿或者无偿、直接或者间接拆借资金给其使用；④要求发行人通过银行或者非银行金融机构向其提供委托贷款；⑤要求发行人委托其进行投资活动；⑥要求发行人为其开具没有真实交易背景的商业承兑汇票；⑦要求发行人在没有商品和劳务对价情况下以其他方式向其提供资金；⑧不及时偿还发行人承担对其担保责任而形成的债务；⑨要求发行人通过无商业实质的往来款向其提供资金。

三、社会保险费的缴纳问题

《社会保险费征缴暂行条例》对社会保险的征缴范围、缴纳时间和缴费比例做出了规定，各省、直辖市和自治区政府针对社会保险制定了具体的征缴政策。按照上述条例及相关政策依法缴纳社会保险是企业规范经营的基本要求。2018年7月，中共中央办公厅、国务院办公厅印发了《国税地税征管体制改革方案》，明确社会保险费和非税收入征管由税务代收，征管制度更为严格。

拟上市公司作为准公众公司，应该带头履行社会责任，规范办理社会保险费缴存手续。对于历史上存在欠缴问题的企业，应对相关风险提出妥善解决措施。目前按以下标准处理：

（1）拟上市公司在申报前必须为符合条件的全体员工按规定办理社会保险费缴纳手续。

（2）对于此前欠缴的社会保险费的处理：①需要披露欠缴具体情况及其形成原因，如补缴对发行人的持续经营可能造成的影响，揭示相关风险，并披露应对方案；②中介机构须对该问题进行核查，并就是否构成重大违法行为及对发行构成的法律障碍出具明确意见；③拟上市公司需提出明确的处理措施并予以披露，比如由股东承诺承担因拟上市公司未按规定缴纳社会保险费可能被相关主管部门要求补缴的义务或被处以罚款的相关经济责任等。

（3）若劳动保障行政部门经调查后确认拟上市公司属于有缴费能力但不按规定缴费的企业，且通知证监会的，则在欠缴问题规范前，证监会不予批准企业上市。根据原劳动和社会保障部、原国家经贸委、财政部于1999年发布的《关于清理收回企业欠缴社会保险费有关问题的通知》第六条的规定，对经调查确认有缴费能力但不按规定缴费的企业，除按征缴条例的规定予以处罚外，可采取以下行政措施：劳动保障行政部门通过新闻媒体向社会公布；证券监督管理机构不予批准企业上市。

（4）欠缴社会保险费对发行人财务指标的影响，若按照规定缴纳欠缴或由他方代缴社会保险费后，拟上市公司相关财务指标不符合发行条件的，将会构成上市障碍。

四、住房公积金的缴纳问题

《住房公积金管理条例》对住房公积金的征缴范围、缴纳时间和缴费比例做出了规定,各省、直辖市和自治区政府对住房公积金制定了具体的征缴政策。按照上述条例及相关政策依法缴纳住房公积金是企业规范经营的基本要求。

拟上市公司作为准公众公司,应该带头履行社会责任,规范办理住房公积金缴存手续。对于历史上存在欠缴问题的企业,应对相关风险提出妥善解决措施。

根据相关规定,单位不办理住房公积金缴存登记或者不为本单位员工办理住房公积金账户设立手续的,由住房公积金管理中心责令限期办理;逾期不办理的,处 1 万元以上 5 万元以下的罚款。因此,公司未按照相关法规缴纳住房公积金存在违法违规风险,住房公积金相关规定中没有像社会保险费一样,欠缴就不予批准发行上市的要求,但仍建议对欠缴住房公积金的企业参照社会保险费的上述要求进行处理。

五、关于劳务派遣

根据《劳务派遣暂行规定》第三条、第四条规定:"用工单位只能在临时性、辅助性或者替代性的工作岗位上使用被派遣劳动者。""用工单位应当严格控制劳务派遣用工数量,使用的被派遣劳动者数量不得超过其用工总量的 10%。"根据《中华人民共和国劳动合同法》第九十二条规定:"劳务派遣单位、用工单位违反本法有关劳务派遣规定的,由劳动行政部门责令限期改正;逾期不改正的,以每人五千元以上一万元以下的标准处以罚款,对劳务派遣单位,吊销其劳务派遣业务经营许可证。用工单位给被派遣劳动者造成损害的,劳务派遣单位与用工单位承担连带赔偿责任。"

在审核中,交易所通常要求发行人补充说明报告期内发行人劳务派遣用工的人数、占发行人员工总数的比例、岗位分布、薪酬情况及发行人与其员工之间是否存在劳动合同纠纷的情况,是否符合《劳动合同法》关于临时性、辅助性、替代性特征的内容,用工比例是否符合《劳务派遣暂行规定》的相关规定,是否构成重大违法行为,是否存在被相关主管部门处罚的风险;劳务派遣单位情况、是否拥有相应业务资质;劳务派遣单位的股权结构及实际控制人、劳务派遣单位与发行人及其关联方是否存在关联关系。补充披露劳务派遣缴纳社会保险、住房公积金的情况。

六、关于特许经营权

法律、法规、规章规定公司经营某项业务必须办理相关的经营许可证、批准或备案手续的,公司应办妥。下列是常见的几类公司应办理的相关手续:

(1) 医药企业。医药企业必须取得药品监督管理部门颁发的药品(医疗器械)生产许可证和药品经营许可证,同时要取得由国家医药监督管理局药品认证管理中心实施的 GMP 认证;药品(医疗器械)在生产前应取得药品监督管理部门颁发的药品(医疗器械)注册证。从事医药流通的企业还需要取得 GSP 认证。

(2) 矿产企业。矿产企业涉及的经营许可主要是采矿权和探矿权,根据《中华人民共和国矿产资源法》等规定,取得采矿权、探矿权必须经过国家矿产资源(现为国土资源部)部批准,经批准的采矿权、探矿权可以转让、出租。

(3) 互联网企业。根据《电信业务经营许可管理办法》《互联网文化管理暂行规定》等法规规定,企业利用自有网站平台从事移动营销业务,需取得《中华人民共和国增值电信业务经营许可证》等经营资质。

(4) 公共领域行业。一些承担着国计民生等重要社会职能领域的行业,比如金融企业、公路行业、电力行业等均需要取得相应的经营资质。银行、保险、证券企业必须取得银保监会、证监会颁发的相应经营业务许可证;公路企业的主营业务收入主要是车辆通行费,其须拥有所经营开发的收费公路(已建成通车)的公路经营权;供电企业在批准的供电营业区内向用户供电,根据供电营业区需要取得省级或国家电力管理部门审批的《供电营业许可证》。

七、关于诉讼、仲裁

首发注册管理办法规定,发行人不得存在诉讼、仲裁等对持续经营有重大不利影响的或有事项。对于发行人的诉讼或仲裁事项,审核中主要关注以下几个方面:

(1) 充分披露对股权结构、生产经营、财务状况、未来发展等可能产生较大影响的诉讼或仲裁事项,包括案件受理情况和基本案情,诉讼或仲裁请求,判决、裁决结果及执行情况,诉讼或仲裁事项对发行人的影响等。如诉讼或仲裁事项可能对发行人产生重大影响,应当充分披露发行人涉及诉讼或仲裁的有关风险。

(2) 中介机构应当全面核查报告期内发生或虽在报告期外发生但仍对发行人产生较大影响的诉讼或仲裁的相关情况,包括案件受理情况和基本案情,诉讼或仲裁请求,判决、裁决结果及执行情况,诉讼或仲裁事项对发行人的影响等。

发行人提交首发申请至上市期间,中介机构应当持续关注发行人诉讼或仲裁的进展情况、发行人是否新发生诉讼或仲裁事项。发行人诉讼或仲裁的重大进展情况以及新发生的对股权结构、生产经营、财务状况、未来发展等可能产生较大影响的诉讼或仲裁事项,应当及时补充披露。

(3) 发行人控股股东、实际控制人、控股子公司、董事、监事、高级管理人员和核心技术人员涉及的重大诉讼或仲裁事项比照上述标准执行。

(4) 涉及主要产品、核心商标、专利、技术等方面的诉讼或仲裁可能对发行人生产经营造成重大影响,或者诉讼、仲裁有可能导致发行人实际控制人变更,或者其他可能导致发行人不符合发行条件的情形,中介机构应在提出明确依据的基础上,充分论证该等诉讼、仲裁事项是否构成本次发行的法律障碍并审慎发表意见。

八、关于土地使用权

土地使用权是企业赖以生产发展的物质基础,对于生产型企业尤其重

要。在审核中,重点关注以下几个方面:

(1) 发行人存在使用或租赁使用集体建设用地、划拨地、农用地、耕地、基本农田及其上建造的房产等情形的,中介机构应对其取得和使用是否符合《土地管理法》等法律法规的规定,是否依法办理了必要的审批或租赁备案手续,有关房产是否为合法建筑,是否可能被行政处罚,是否构成重大违法行为出具明确意见,说明具体理由和依据。

(2) 上述土地为发行人自有或虽为租赁但房产为自建的,如存在不规范情形且短期内无法整改,中介机构应结合该土地或房产的面积占发行人全部土地或房产面积的比例、使用上述土地或房产产生的收入、毛利、利润情况,评估其对于发行人的重要性。如面积占比较低、对生产经营影响不大,应披露将来如因土地问题被处罚的责任承担主体、搬迁的费用及承担主体、有无下一步解决措施等,并对该等事项做重大风险提示。

(3) 发行人生产经营用的主要房产系租赁上述土地上所建房产的,如存在不规范情形,原则上不构成发行上市障碍。中介机构应就其是否对发行人持续经营构成重大影响发表明确意见。发行人应披露如因土地问题被处罚的责任承担主体、搬迁的费用及承担主体、有无下一步解决措施等,并对该等事项做重大风险提示。

(4) 发行人募投用地尚未取得的,需披露募投用地的计划,取得土地的具体安排、进度等。中介机构需对募投用地是否符合土地政策、城市规划,募投用地落实的风险等进行核查并发表明确意见。

九、关于环境保护

环保方面的规范性一直是发行审核关注的重点。近年来,中共中央、国务院公布《关于加快推进生态文明建设的意见》,"一行三会"、财政部、发改委、环保部联合出台《关于构建绿色金融体系的指导意见》,对环境保护提出更高的监管要求。为贯彻落实上述文件精神,践行绿色发展理念,在审核中对环保问题主要关注以下几个方面:

(1) 拟上市公司应当在招股说明书中披露:公司生产经营中涉及环境

污染的具体环节、主要污染物名称及排放量、主要处理设施及处理能力；报告期内公司环保投资和相关费用成本支出情况，环保设施实际运行情况，报告期内环保投入、环保相关成本费用是否与处理公司生产经营所产生的污染相匹配；募投项目所采取的环保措施及相应的资金来源和金额等；公司生产经营与募集资金投资项目是否符合国家和地方环保要求。公司若发生环保事故或受到行政处罚的，应披露原因、经过等具体情况，公司是否构成重大违法行为，整改措施及整改后是否符合环保法律法规的有关规定。

(2) 中介机构应对发行人的环保情况进行核查，包括：是否符合国家和地方环保要求，已建项目和已经开工的在建项目是否履行环评手续，公司排污达标检测情况和环保部门现场检查情况，公司是否发生过环保事故或重大群体性的环保事件，有关公司环保的媒体报道。在对拟上市公司进行全面系统的核查的基础上，中介机构应对公司生产经营总体是否符合国家和地方环保法规和要求发表明确意见。公司曾发生环保事故或因环保问题受到处罚的，中介机构应对是否构成重大违法行为发表意见。

十、关于安全生产

党和国家始终重视安全生产工作，《中共中央、国务院关于推进安全生产领域改革发展的意见》对安全生产工作的指导思想、基本原则、制度措施等做出了新的重大部署。2021年9月1日起，修订后的《安全生产法》正式施行，新法增加了重大事故隐患排查治理情况报告、高危行业领域强制实施安全生产责任保险、安全生产公益诉讼等重要制度。

(1) 拟上市公司应当在招股说明书中披露：公司是否属于高危行业；公司生产经营过程中，存在的主要安全生产风险，安全生产的内控制度有效性和执行情况；报告期内安全生产的相关费用支出和未来支出情况，应当计提安全生产费的特殊行业的安全生产费的计提和使用情况；公司是否存在安全生产违法行为，是否发生过重大安全生产事故，是否因安全生产受到过行政处罚，公司是否构成重大违法行为，其整改措施及整改后是否符合安全生产法律法规的有关规定。

（2）中介机构应对发行人的安全生产情况进行核查，包括：安全生产是否符合国家法律法规要求，公司安全生产支付的执行情况和案件部门现场检查情况，公司是否存在安全隐患或发生过安全生产事故，有关公司安全生产的媒体报道。在对拟上市公司进行全面系统的核查的基础上，中介机构应对公司安全生产总体上是否符合国家和地方安全生产法规和要求发表明确意见。公司曾发生安全生产事故或因安全生产问题受到处罚的，中介机构应对是否构成重大违法行为发表意见。

十一、关于不存在重大违法行为的认定

根据首发注册管理办法规定，最近3年内，发行人及其控股股东、实际控制人不存在贪污、贿赂、侵占财产、挪用财产或者破坏社会主义市场经济秩序的刑事犯罪，不存在欺诈发行、重大信息披露违法行为。

所谓重大违法行为是指发行人及其控股股东、实际控制人违反国家法律、行政法规，受到刑事处罚或情节严重行政处罚的行为。但具体如何认定违法违规行为是否构成"重大"，是一个实质判断问题。

根据监管部门的要求，认定重大违法行为应考虑以下因素：

（1）存在贪污、贿赂、侵占财产、挪用财产或者破坏社会主义市场经济秩序等刑事犯罪，原则上应认定为重大违法行为。

（2）被处以罚款以上行政处罚的违法行为，如有以下情形之一且中介机构出具明确核查结论的，可以不认定为重大违法：一是违法行为显著轻微、罚款数额较小；二是相关处罚依据未认定该行为属于情节严重；三是有权机关证明该行为不属于重大违法。

（3）存在被处以罚款以上行政处罚的行为，且其违法行为导致严重污染环境、重大人员伤亡、社会影响恶劣的，不论是否有实施机关认定，均认定为重大违法行为。

（4）上述行政处罚主要是指工商、税务、土地、环保、海关、财政、审计等部门实施的，涉及公司经营活动的行政处罚决定。被其他有权部门实施行政处罚的行为，涉及明显有违诚信，对公司有重大影响的，也属于重大违法

行为。

关于近3年重大违法行为的起算时点,法律、行政法规和规章有明确规定的,从其规定,没有规定的,从刑罚执行完毕或行政处罚执行完毕之日起计算。

3年前的违法违规行为对上市的影响,需要结合违法违规行为的性质及其重要程度进行综合判断。比如因违法违规受到海关、税收、环保等部门的行政处罚,3年之后一般不会构成上市障碍。但是如果在国有企业改制过程中存在侵吞国有资产行为,或重大出资不实或虚假出资并对公司现状仍有重大影响的违法行为,即使3年之后也会对上市构成障碍。

十二、关于其他涉及国家安全、公共安全、生态安全、生产安全、公众健康安全等领域的重大违法行为的认定

根据首行注册管理办法的规定,最近3年内,发行人及其控股股东、实际控制人不存在其他涉及国家安全、公共安全、生态安全、生产安全、公众健康安全等领域的重大违法行为。适用意见如下:

(1)涉及国家安全、公共安全、生态安全、生产安全、公众健康安全等领域的重大违法行为是指发行人及其控股股东、实际控制人违反相关领域法律、行政法规或者规章,受到刑事处罚或者情节严重行政处罚的行为。

有以下情形之一且中介机构出具明确核查结论的,可以不认定为重大违法行为:

① 违法行为轻微、罚款数额较小;
② 相关处罚依据未认定该行为属于情节严重的情形;
③ 有权机关证明该行为不属于重大违法。

违法行为导致严重环境污染、重大人员伤亡或者社会影响恶劣等并被处罚的,不适用上述规定。

(2)发行人合并报表范围内的各级子公司,如对发行人主营业务收入或者净利润不具有重要影响(占比不超过5%),其违法行为可不视为发行人本身存在重大违法行为,但相关违法行为导致严重环境污染、重大人员伤亡或者社会影响恶劣等的除外。

如被处罚主体为发行人收购而来，且相关处罚于发行人收购完成之前已执行完毕，原则上不视为发行人存在重大违法行为。

但发行人主营业务收入和净利润主要来源于被处罚主体或者相关违法行为导致严重环境污染、重大人员伤亡或者社会影响恶劣等的除外。

（3）最近3年是从刑罚执行完毕或者行政处罚执行完毕之日起计算36个月。

（4）保荐机构和发行人律师应当对发行人及其控股股东、实际控制人是否存在上述事项进行核查，并对是否构成重大违法行为及发行上市的法律障碍发表明确意见。

十三、关于特殊目的公司及返程投资

根据国家外汇管理局发布的《关于境内居民通过特殊目的公司境外投融资及返程投资外汇管理有关问题的通知》（汇发〔2014〕37号）（以下简称"37号文"），"特殊目的公司"是指境内居民（含境内机构和境内居民个人）以投融资为目的，以其合法持有的境内企业资产或权益，或者以其合法持有的境外资产或权益，在境外直接设立或间接控制的境外企业。"返程投资"是指境内居民直接或间接通过特殊目的公司对境内开展的直接投资活动，即通过新设、并购等方式在境内设立外商投资企业或项目（以下简称"外商投资企业"），并取得所有权、控制权、经营管理权等权益的行为。37号文就境内居民通过特殊目的公司境外投融资及返程投资外汇管理有关问题的主要规定如下：

（1）需办理外汇登记的对象。境内居民以境内外合法资产或权益向特殊目的公司出资前，应向外汇局申请办理境外投资外汇登记手续。境内居民以境内外合法资产或权益已向特殊目的公司出资但未按规定办理境外投资外汇登记的，境内居民应向外汇局出具说明函说明理由。外汇局根据合法性、合理性等原则办理补登记。

（2）办理外汇登记的时间。境内居民以境内外合法资产或权益向特殊

目的公司出资前,应向外汇局申请办理境外投资外汇登记手续。

该"出资"不能以我们惯常所理解的出资概念来理解,在实操中:①必须在境外投资方向特殊目的公司实际出资/持有其股份之前;②通常在搭建可变利益实体(协议控制)/红筹架构的过程中,外商投资企业设立(或境内运营实体被收购成为外商投资企业)完成之时(以营业执照颁发日期为准),境内外架构即连接完毕,视为出资完成。

(3) 办理外汇登记的申报地点。境内居民以境内合法资产或权益出资的,应向注册地外汇局或者境内企业资产或权益所在地外汇局申请办理登记;境内居民以境外合法资产或权益出资的,应向注册地外汇局或者户籍所在地外汇局申请办理登记。

自2015年6月1日起,外汇局不再负责境外投资外汇登记事项,只是通过银行对直接投资外汇登记实施间接监管。直接投资外汇登记指客户到银行办理相关直接投资外汇登记手续,并领取业务登记凭证,作为账户开立和资金汇兑等后续业务的依据。

(4) 需办理外汇变更登记与注销登记的情形。

① 已登记境外特殊目的公司发生境内居民个人股东、名称、经营期限等基本信息变更,或发生境内居民个人增资、减资、股权转让或置换、合并或分立等重要事项变更后,应及时到外汇局办理境外投资外汇变更登记手续。境内居民的境外投资外汇变更登记完成后,方可办理后续业务(含利润、红利汇回)。

② 转股、破产、解散、清算、经营期满、身份变更等造成境内居民不再持有已登记的特殊目的公司权益的,或者不再属于需要办理特殊目的公司登记的,应提交相关真实性证明材料及时到外汇局办理变更或注销登记手续。

(5) 未按规定办理外汇登记的法律责任。根据37号文规定,境内居民或其直接、间接控制的境内企业通过虚假或构造交易汇出资金用于特殊目的公司,在境内居民未按规定办理相关外汇登记、未如实披露返程投资企业实际控制人信息或虚假承诺的情况下,若发生资金流出,由外汇管理机关责令限期调回外汇,处逃汇金额30%以下的罚款;情节严重的,处逃汇金额

30%以上等值以下的罚款;构成犯罪的,依法追究刑事责任。若发生资金流入或结汇,由外汇管理机关责令改正,处违法金额30%以下的罚款;情节严重的,处违法金额30%以上等值以下的罚款。

（6）关于外汇补登记。37号文规定:"本通知实施前,境内居民以境内外合法资产或权益已向特殊目的公司出资但未按规定办理境外投资外汇登记的,境内居民应向外汇局出具说明函说明理由。外汇局根据合法性、合理性等原则办理补登记,对涉嫌违反外汇管理规定的,依法进行行政处罚。"

在实务中,外汇补登记办理仍然存在较大难度,各地外汇管理部门按照个案业务集体审议制度审核办理补登记,其执行标准不统一。如果企业无法办理外汇补登记手续,应优先考虑通过股权转让的方式将外资架构实际控制人的全部股权转移到境内,设计适当的交易方案,规避股权转让款发生境外汇出,转让完毕后将境外特殊目的公司注销,此外在上市过程中,应尽可能寻求当地外管部门的配合。

第六节　业务与行业

首发注册管理办法规定,发行人应当以投资者需求为导向,基于板块定位,结合所属行业及发展趋势,充分披露业务模式、发展战略、经营政策等相关信息。

一、关于业务模式

公司业务模式主要包括采购模式、生产模式、销售模式等,根据主要产品的生产和销售情况,可进一步拓展至主要供应商、原材料价格水平、生产工艺、生产成本构成、主要资源消耗情况、主要客户、产品价格变化、结算模式、产能、产销率等。披露上述相关信息,有助于投资者理解公司上下游情况,对公司产供销模式、业务流程有所掌握,并了解公司主要业务状况及运营趋势。

首次公开发行股票并在主板上市的,还应充分披露业务发展过程和模式成熟度,披露经营稳定性和行业地位;首次公开发行股票并在科创板上市的,还应充分披露科研水平、科研人员、科研资金投入等相关信息;首次公开发行股票并在创业板上市的,还应充分披露自身的创新、创造、创意特征,针对性披露科技创新、模式创新或者业态创新情况。

审核中主要关注企业是否具备以下几个方面的特点:

(1) 盈利模式是否具备充足的市场空间,细分市场定位是否准确和有前途。经营模式是否具备适应市场环境以及是否具备扩张的能力。

(2) 盈利模式是否符合行业的发展趋势,主要关注以下几个方面:战略发展方向与行业前景是否一致;技术研发方向与行业发展方向是否一致;产品更新是否具有前瞻性,交易模式和方法是否符合行业趋势。

(3) 盈利模式是否具备可复制性,包括地域可复制性,可不可以快速异地建厂、异地经营。产品可复制性,提供标准化的产品,快速适应不同客户,打入一个客户之后,可以不断开拓同行业客户。

(4) 盈利模式是否具备对抗各种不利外部因素的适应能力,即抗风险能力;主要包括:对抗政策变动能力、对抗客户转移供应商的能力、对抗原材料涨价的能力、对抗汇率波动的能力等。

(5) 是否具备良好的发展战略。这些战略与行业趋势、行业竞争状况是不是相适应。

二、关于行业信息

发行人要披露所处行业基本情况、发展态势,行业方面主要包括产业政策变化、未来影响行业发展的政策走向、技术发展情况、行业市场状况、发展方向、生命周期、供需关系、竞争优势、定价能力、成本控制能力分析、风险因素等。通过以上信息了解所处行业情况及市场地位、竞争格局、发展趋势等。

上市过程中审核关注的重点一般有:发行人与同行业可比公司在经营情况、市场地位、技术实力、核心竞争力等关键业务数据、指标的比较情况,行业法律法规、行业政策的变动影响,行业市场规模、发展趋势以及竞争情况等。

(1) 主板。发行人应披露其所处行业的基本情况,应充分披露业务发展过程和模式成熟度,披露经营稳定性和行业地位,包括但不限于:

① 行业主管部门、行业监管体制、行业主要法律法规及政策等;

② 行业竞争格局和市场化程度、行业内的主要企业和主要企业的市场份额、进入本行业的主要障碍、市场供求状况及变动原因、行业利润水平的变动趋势及变动原因等;

③ 影响行业发展的有利和不利因素,如产业政策、技术替代、行业发展瓶颈、国际市场冲击等;

④ 行业技术水平及技术特点、行业特有的经营模式、行业的周期性、区域性或季节性特征等;

⑤ 发行人所处行业与上下游行业之间的关联性,上下游行业发展状况对本行业及其发展前景的有利和不利影响;

⑥ 出口业务比例较大的发行人,还应披露产品进口国的有关进口政策、贸易摩擦对产品进口的影响,以及进口国同类产品的竞争格局等情况。

发行人应披露其在行业中的竞争地位,包括发行人的市场占有率、近3年的变化情况及未来变化趋势、主要竞争对手的简要情况等。

(2) 创业板。发行人应结合所处行业基本情况披露其竞争状况,主要包括:

① 所属行业及确定所属行业的依据;

② 简要披露所属行业的行业主管部门、行业监管体制、行业主要法律法规政策;重点结合报告期初以来新制定或修订、预期近期出台的与发行人生产经营密切相关的法律法规、行业政策,披露对发行人经营资质、准入门槛、运营模式、所在行业竞争格局等方面的具体影响;

③ 所属行业的特点和发展趋势;结合行业情况充分披露自身的创新、创造、创意特征;科技创新、模式创新、业态创新和新旧产业融合情况;

④ 发行人产品或服务的市场地位、技术水平及特点、行业内的主要企

业、竞争优势与劣势、行业发展态势、面临的机遇与挑战,以及上述情况在报告期内的变化及未来可预见的变化趋势;

⑤ 发行人与同行业可比公司在经营情况、市场地位、技术实力、衡量核心竞争力的关键业务数据、指标等方面的比较情况。

(3)科创板。发行人应结合所处行业基本情况披露其竞争状况,主要包括:

① 所属行业及确定所属行业的依据;

② 所属行业的行业主管部门、行业监管体制、行业主要法律法规政策及对发行人经营发展的影响;

③ 所属行业在新技术、新产业、新业态、新模式等方面近3年的发展情况和未来发展趋势,发行人取得的科技成果与产业深度融合的具体情况;

④ 发行人产品或服务的市场地位、技术水平及特点、行业内的主要企业、竞争优势与劣势、行业发展态势、面临的机遇与挑战,以及上述情况在报告期内的变化及未来可预见的变化趋势;

⑤ 发行人与同行业可比公司在经营情况、市场地位、技术实力、衡量核心竞争力的关键业务数据、指标等方面的比较情况。

三、关于销售业务

1. 客户集中度较高的影响

发行人来自单一大客户主营业务收入或毛利贡献占比超过50%的,表明发行人对该单一大客户存在重大依赖,但是否构成重大不利影响,应重点关注客户的稳定性和业务持续性,是否存在重大不确定性风险,在此基础上合理判断。

对于非因行业特殊性、行业普遍性导致客户集中度偏高的,保荐机构应充分考虑该单一大客户是否为关联方或者存在重大不确定性客户,是否为异常新增客户;客户高度集中是否可能导致对其未来持续盈利能力存在重大不确定性的重大疑虑,进而影响是否符合发行条件的判断。

对于发行人由于下游客户的行业分布集中而导致的客户集中具备合理

性的特殊行业(如电力、电网、电信、石油、银行、军工等行业),发行人应与同行业可比上市公司进行比较,充分说明客户集中是否符合行业特性,发行人与客户的合作关系是否具有一定的历史基础,有充分的证据表明发行人采用公开、公平的手段或方式独立获取业务,相关的业务具有稳定性以及可持续性,并予以充分的信息披露。

针对因上述特殊行业分布或行业产业链关系导致发行人客户集中的情况,中介机构应当综合分析考量以下因素的影响:一是发行人客户集中的原因,与行业经营特点是否一致,是否存在下游行业较为分散而发行人自身客户较为集中的情况及其合理性。二是发行人客户在其行业中的地位、透明度与经营状况,是否存在重大不确定性风险。三是发行人与客户合作的历史、业务稳定性及可持续性,相关交易的定价原则及公允性。四是发行人与重大客户是否存在关联关系,发行人的业务获取方式是否影响独立性,发行人是否具备独立面向市场获取业务的能力。

同时,保荐机构应当提供充分的依据说明上述客户本身不存在重大不确定性,发行人已与其建立长期稳定的合作关系,客户集中具有行业普遍性,发行人在客户稳定性与业务持续性方面没有重大风险。发行人应在招股说明书中披露上述情况,充分揭示客户集中度较高可能带来的风险。符合上述要求,一般不认为对发行条件构成重大不利影响。

2. 经销商模式

拟上市企业采取经销商销售模式的,审核中重点关注其收入实现的真实性。中介机构应按风险导向和重要性原则,对于报告期任意一期经销收入或毛利占比超过30%的发行人,原则上应进行详细核查并出具专项说明。审核中主要从以下几个方面进行重点关注:

(1) 关于经销商模式的商业合理性。结合发行人的行业特点、产品特性、发展历程、下游客户分布、同行业可比公司情况,分析发行人的经销商模式的分类和定义,不同类别、不同层级经销商的划分标准,以及采用经销商模式的必要性和商业合理性。

(2) 关于经销商模式内控制度的合理性及运行有效性。经销商模式内控制度包括但不限于：经销商选取标准和批准程序，对不同类别经销商、多层级经销商管理制度，终端销售管理、新增及退出管理方法，定价考核机制（包括营销、运输费用承担和补贴、折扣和返利等），退换货机制，物流管理模式（是否直接发货给终端客户），信用及收款管理，结算机制，库存管理机制，对账制度，信息管理系统设计与执行情况，说明相关内控制度设计的合理性及运行的有效性。

（3）关于经销收入确认、计量原则。经销收入确认、计量原则，对销售补贴或返利、费用承担、经销商保证金的会计处理，对附有退货条件、给予购销信用、前期铺货借货、经销商作为居间人参与销售等特别方式下经销收入确认、计量原则，是否符合《企业会计准则》规定，是否与同行业可比公司存在显著差异。

（4）关于经销商构成及稳定性。①不同类别、不同层级经销商数量、销售收入及毛利占比变动原因及合理性。②新增、退出经销商数量，销售收入及毛利占比，新增、退出经销商销售收入及毛利占比合理性，新设即成为发行人主要经销商的原因及合理性。③主要经销商销售收入及毛利占比，变动原因及合理性，经销商向发行人采购规模是否与其自身业务规模不匹配。④经销商是否存在个人等非法人实体，该类经销商数量、销售收入及毛利占比，与同行业可比公司是否存在显著差异。

（5）关于经销商与发行人关联关系及其他业务合作。①主要经销商基本情况，包括但不限于：注册资本、注册地址、成立时间、经营范围、股东、核心管理人员、员工人数、与发行人合作历史等。②发行人及其控股股东、实际控制人、董事、监事、高管、关键岗位人员及其他关联方与经销商、经销商的终端客户是否存在关联关系或其他利益安排，是否存在其他特殊关系或业务合作（如是否存在前员工、近亲属设立的经销商，是否存在经销商使用发行人名称或商标），是否存在非经营性资金往来，包括对经销商或客户提供的借款、担保等资金支持等。③经销商持股的原因，入股价格是否公允，资金来源，发行人及其关联方是否提供资助。④经销商是否专门销售发行人产品。⑤关联经销商销售收入、毛利及占比，销售价格和毛利率与非关联经销商是否存在显著差异。

(6) 关于经销商模式经营情况分析。①经销商模式销售收入及占比、毛利率,与同行业可比公司是否存在显著差异。②不同销售模式(直销、经销等)、不同区域(境内、境外等)和不同类别经销商销售的产品数量、销售价格、销售收入及占比、毛利及占比、毛利率情况;不同模式、不同区域、不同类别经销商销售价格、毛利率存在显著差异的原因及合理性。③经销商返利政策及其变化情况,返利占经销收入比例,返利计提是否充分,是否通过调整返利政策来调节经营业绩。④经销商采购频率及单次采购量分布是否合理,与期后销售周期是否匹配。⑤经销商一般备货周期,经销商进销存、退换货情况,备货周期是否与经销商进销存情况匹配,是否存在经销商压货,退换货率是否合理。⑥经销商信用政策及变化,给予经销商的信用政策是否显著宽松于其他销售模式或对部分经销商信用政策显著宽松于其他经销商,是否通过放宽信用政策来调节收入。⑦经销商回款方式、应收账款规模合理性,是否存在大量现金回款或第三方回款情况。⑧终端客户构成情况,各层级经销商定价政策、期末库存及期后销售情况,各层级经销商是否压货以及大额异常退换货,各层级经销商回款情况;直销客户与经销商终端客户重合的,同时对终端客户采用两种销售模式的原因及合理性。

3. 境外销售

关于境外销售,审核中应关注发行人是否存在境外销售占比较高的情形,如境外销售收入占比超过10%;如是,发行人应当披露外部市场环境等影响因素及其变化趋势,对发行人未来经营能力或财务状况可能产生的具体影响或风险。

拟上市企业境外销售占比较高的,审核中重点关注其收入实现的真实性,主要从以下几个方面进行重点关注:

(1) 外销客户的基本情况,如前五名客户的销售内容、销售金额及占比、成立时间、行业地位、资质情况、订单获取方式和销售金额及占比,是否为发行人关联方,境外客户为经销商的,主要最终客户的情况。

(2) 发行人海关出口数据、出口退税金额、境外客户应收账款函证情况与发行人境外销售收入是否匹配；对境外销售所采取的具体核查措施、比例和结果，应确保核查比例足以支持核查结论。

（3）发行人外销产品销售价格、毛利率是否存在明显高于内销的相同或同类产品的情形，如存在，核查是否具有合理性和商业逻辑。

（4）发行人境外销售的主要地区与发行人出口产品相关的贸易政策是否发生重大不利变化，如发生，对发行人未来业绩是否会造成重大不利影响。发行人出口主要结算货币的汇率报告期内是否稳定，汇兑损益对发行人的业绩影响是否较大，发行人是否采取了应对外汇波动风险的具体措施。发行人关于贸易政策、汇率影响的风险提示是否充分。

（5）发行人境外销售模式和占比与同行业可比公司是否存在显著差异，是否符合行业特征。

4. 对于 OEM、ODM 经营模式

审核中应关注两种模式下发行人与客户的权利义务划分约定及发行人对客户的保密责任，是否存在泄密引起的诉讼风险；关注 ODM 模式下对生产、设计等环节的权利义务的要求，生产中是否存在与客户共同研发或受托研发情况，是否约定了形成的专利和非专利技术的归属情况；发行人是否利用 ODM 客户知识产权或专利进行生产，客户是否知晓发行人拥有的知识产权和专利，是否存在研发技术或权利归属问题引起的纠纷争议。

四、关于采购业务

关于采购业务，审核中应重点关注的问题一般包括：

1. 外协加工业务

对于公司的外部加工业务，公司及中介机构首先应该判断其实质是定制化生产，还是外协加工业务。公司存在外协生产或加工时，审核一般会关注以下方面：

（1）主要外协厂商交易的具体内容、金额及占比情况，通过与市场公允价格对比或比较自产成本和外协成本说明定价的合理性，有无利益输送。

（2）说明主要外协厂商的基本情况（如注册时间、注册资本、注册地、股权结构、实际控制人或主要股东）、合作历史、合作背景、发行人外协金额占外协厂商总收入的比重，并说明报告期内外协厂商变化的原因及合理性；外协厂商与发行人股东及董监高的关联关系。

（3）外协加工的原材料供应来源，是否存在原材料购销的情况；外协涉及的具体工序是否为发行人生产中的核心工序或关键工序，对外协厂商是否存在重大依赖。

（4）外协比例较高的，说明公司在生产过程中从原材料采购、生产过程控制、控制外协产品质量的具体措施及公司与外协方关于产品质量责任分摊的具体安排、库存管理等各个环节采取的质量控制措施。

（5）公司募投项目实施后，外协模式是否发生变化。如变化的，应披露公司自主生产有无技术瓶颈，在人员、技术等方面的准备情况；存在不确定性的，应做重大事项提示。

（6）外协加工生产工序环节是否属于重污染，如是，说明上述工序外协加工供应商及采购成本的稳定性及对发行人生产成本的具体影响，转嫁环保风险是否合规。

2. 劳务外包业务

实务中存在部分拟上市企业将较多的劳务活动交由专门劳务外包公司实施的情况的，审核中应主要关注以下几个方面：

（1）该等劳务公司的经营合法合规性等情况，比如是否为独立经营的主体，是否具备必要的专业资质，业务实施及人员管理是否符合相关法律法规规定，发行人与其发生业务交易的背景及是否存在重大风险；说明劳务外包是否仅为辅助性、阶段性工作；外包人员社保、公积金缴纳情况，是否存在故意采用劳务外包规避缴纳社保公积金，或其他用工风险情形；公司高比例的外包用工模式是否存在法律风险。

（2）劳务公司是否专门或主要为公司服务，如存在主要为公司服务的情形的，关注其合理性及必要性、关联关系的认定及披露是否真实、准确、完整。中介机构对于该类情形应当从实质重于形式角度按关联方的相关要求进行核查，并特别考虑其按规范运行的经营成果对公司财务数据的影响，以及对公司是否符合发行条件的影响。

（3）劳务公司的构成及变动情况,劳务外包合同的主要内容,劳务数量及费用变动是否与公司经营业绩相匹配,劳务费用定价是否公允,是否存在跨期核算情形。

（4）劳务外包的非核心工序内容,劳务外包与自有工序间如何衔接的内部控制问题,如何保证外包工作质量;发行人将部分工序进行劳务外包是否需经发行人客户同意,是否涉嫌违反与发行人客户的商务合同的约定。

五、关于企业重要资产

1. 固定资产

审核中对于固定资产的关注要点,主要包括以下几个方面:

（1）固定资产构成与公司所处行业、生产模式的匹配性,如传统制造业企业在一般情况下,机器设备类固定资产比重较高,而服务业或软件类企业则以房屋建筑物、电子设备等为主。

（2）固定资产规模与公司产能、产销量变动的匹配性。尤其是制造型企业,产能和产销量变化与固定资产投入规模直接相关。

（3）成新率情况。公司固定资产的成新率与其披露的技术水平、行业地位、发展阶段要相符,成新率对公司未来盈利能力有一定的影响。

2. 无形资产

实务中常见的知识产权主要包括商标和专利权等,审核中对商标和专利权的主要关注包括如下几点:

发行人应当在招股说明书中披露所拥有或使用的主要专利、商标的详细情况,包括专利或商标的来源、取得或使用方式、是否有效及有效期、最近1期期末账面价值、对发行人生产经营的重要程度等。如存在专利、商标纠纷的,应当披露纠纷的详细情况及对发行人持续经营的影响。发行人正在申请的专利、商标因其取得存在不确定性,原则上不得在招股说明书中披露。

中介机构应当全面核查发行人拥有或使用专利、商标的来源,取得或使用的方式,是否有效及有效期限,拥有专利、商标权属是否存在瑕疵,使用专利、商标是否合法合规,是否存在争议、纠纷或潜在纠纷。尤其应当重点核查对发行人生产经营或本次募集资金投资项目产生重大影响的专利、商标的有关情况,如存在重大风险或风险隐患的,应当充分披露该项风险并进行重大事项提示。

发行人向证监会提交首发申请至上市期间,中介机构应当持续关注发行人拥有或使用专利、商标的有关情况,如发生专利、商标纠纷或者存在到期无法续期、逾期失效风险的,应当及时向审核部门报告并履行信息披露义务。

审核部门会重点关注对发行人生产经营或本次募集资金投资项目有重大影响的专利、商标的来源,取得或使用的方式,是否有效及有效期限,是否存在争议或潜在纠纷,专利、商标权属存在的瑕疵是否影响发行人资产完整性等,并提醒保荐机构和发行人律师做好专利和商标的尽职调查工作。如发行人专利、商标涉及的诉讼、仲裁或纠纷并对发行人生产经营或本次募集资金项目可能产生重大不利影响、重大潜在风险的,要求发行人予以解决或提请上市委员会关注。

3. 重大资产重组

报告期内发行人重大资产重组包括股权收购或转让子公司股权等。例如,重大购买、出售、置换资产、公司合并或分立、重大增资或减资以及其他重大资产重组行为,有可能导致发行人主营业务发生重大变化。

重大资产重组对运行时间的要求:发行人报告期内同一控制下和非同一控制下重大资产重组对运行时间的要求,详见本章第四节的"十二、同一控制下业务重组对主营业务的影响判断"及"十三、非同一控制下业务重组对主营业务的影响判断"的阐述。

重大资产重组信息披露内容:对于发行人报告期内发生的业务重组行为,应在招股说明书中披露发行人业务重组的原因、合理性以及重组后的整合情况,并披露被收购企业收购前1年的财务报表。保荐机构应当充分关注发行人业务重组的合理性、资产的交付和过户情况、交易当事人的承诺情况、盈利预测或业绩对赌情况、人员整合、公司治理运行情况、重组业务的最新发展状况等。

资产重组审核及反馈问询的主要关注点如下：(1)报告期内收购的子公司前1个会计年度末的资产总额和资产净额、前一个会计年度的营业收入和利润总额以及占收购前发行人相应项目的比例情况，所收购的业务是否与发行人的业务为相同、类似或相关业务、收购是否导致主营业务发生重大变化；(2)报告期内收购子公司的原因、合作背景、商业合理性；(3)报告期内收购子公司的定价原则和定价公允性、收购价款的交易资金来源、实际支付情况，是否存在利益输送或其他利益安排；(4)报告期内收购子公司是否履行核准、备案等相关程序，是否存在受到行政处罚的风险；(5)并购重组后对子公司的主要安排、整合情况及未来规划；(6)如涉及收购境外子公司的，是否符合境内外税务、外汇、外资管理等相关法律法规的规定。

4. 资产来源于控股股东或实际控制人的情形

发行人应满足"五独立"要求，即资产、人员、财务、机构、业务的独立，应当具有完整的业务体系和直接面向市场独立经营的能力。其中，在资产完整方面，生产型企业具备与生产经营有关的主要生产系统、辅助生产系统和配套设施，合法拥有与生产经营有关的主要土地、厂房、机器设备以及商标、专利、非专利技术的所有权或者使用权，具有独立的原料采购和产品销售系统；非生产型企业具备与经营有关的业务体系及主要相关资产。

发行人租赁控股股东、实际控制人房产或者商标、专利、主要技术来自控股股东、实际控制人的授权使用，审核中应重点关注：(1)相关资产的具体用途、对发行人的重要程度、未投入发行人的原因、租赁或授权使用费用的公允性、是否能确保发行人长期使用、今后的处置方案等，该等情况是否对发行人资产完整性和独立性构成重大不利影响；(2)下列两种情形，需要保荐人及发行人律师充分核查论证并发表意见：一是生产型企业的发行人，其生产经营所必需的主要厂房、机器设备等固定资产系向控股股东、实际控制人租赁使用；二是发行人的核心商标、专利、主要技术等无形资产是由控股股东、实际控制人授权使用。

在不影响发行人独立性的情况下,发行人租赁控股股东、实际控制人房产或者商标、专利来自控股股东、实际控制人的授权使用并不构成IPO的实质性障碍,甚至该等资产并不强制要求纳入发行人体系内。

但如果发行人存在:(1)企业生产经营所必需的主要厂房、机器设备等固定资产系向控股股东、实际控制人租赁使用;(2)企业核心商标、专利、主要技术等无形资产是由控股股东、实际控制人授权使用。为保障发行人资产的完整性,应当优先考虑将有关资产纳入发行人体系中。

六、关于人力资源

对职工薪酬的关注,实际上是审核机构关注IPO企业的经营业绩质量问题。员工人数、结构、薪酬变动应与公司业务发展、业绩变动趋势相匹配;相关人均薪酬方面的成本费用计提应充分,应付职工薪酬期后支付无异常;与同行业可比公司、同地区平均水平对比,具有合理性。公司薪酬制度及水平变化趋势合理,不应存在压低人工薪酬、账外代发薪酬的情形。

七、信息系统专项核查

按照监管规则指引5号的审核要求,中介机构应当对如下两类企业进行信息系统专项核查并发表明确核查意见:

1. 通过互联网开展业务的企业

部分发行人,如电商、互联网信息服务、互联网营销企业等,其业务主要通过互联网开展。对于此类企业,报告期任意一期通过互联网取得的营业收入占比或毛利占比超过30%,就原则上而言,保荐机构及申报会计师应对该类企业通过互联网开展业务的信息系统可靠性分别进行专项核查并发表明确核查意见。

2. 日常经营活动高度依赖信息系统的企业

发行人日常经营活动高度依赖信息系统的,如业务运营、终端销售环节通过信息系统线上管理,相关业务运营数据由信息系统记录并存储,且发行人相关业务营业收入或成本占比、毛利占比或相关费用占期间费用的比例超过30％的，就原则上而言，保荐机构及申报会计师应对开展相关业务的信息系统可靠性进行专项核查并发表明确核查意见。

第七节　募集资金

首发注册管理办法规定，发行人应当披露募集资金的投向和使用管理制度，披露募集资金对发行人主营业务发展的贡献、未来经营战略的影响。

募投项目会反映发行人募集资金的用途，有利于审核监管层和投资者通过了解公司募集资金用途，更深入地了解公司未来的发展方向。募投项目会反映企业未来的布局，对企业的盈利预测和战略方向有很大的影响，也是审核的重要区域。募投项目审核集中在环保情况、土地与场地情况、募投项目的合理性、新增产能的市场分析、盈利预测分析和募投项目经营所需要的各项资质及文件的有效性等问题。

一、募集资金使用符合产业政策

发行人应当在募集说明书中披露募投项目的审批、核准或备案情况。原则上，募集资金投资后不得新增过剩产能或投资于限制类、淘汰类项目，具体把握原则如下：

发行人原则上不得使用募集资金投资于产能过剩行业（过剩行业的认定以国务院主管部门的规定为准）或投资于《产业结构调整指导目录》中规定的限制类、淘汰类行业。如涉及特殊政策允许投资上述行业的，应当提供有权机关的核准或备案文件，以及有权机关对相关项目是否符合特殊政策的说明。

另外，鉴于过剩产能相关文件的精神为控制总量、淘汰落后产能、防止重复建设、推动结构调整，对偿还银行贷款或补充流动资金、境外实施、境内收购等不涉及新增境内过剩产能的项目，以及投资其他转型发展的项目，不受上述限制。

二、首发企业募投资金用途

首次公开发行股票的募集资金除可用于固定资产投资项目外，还可用于公司的一般用途，如补充流动资金、偿还银行贷款等。募集资金的数额和投资方向应当与发行人现有生产经营规模、财务状况、技术水平和管理能力、未来资本支出规划等相适应。

募集资金用于固定资产投资项目的，发行人应按照招股说明书信息披露准则的要求披露项目的建设情况、市场前景及相关风险等。募集资金用于补充流动资金等一般用途的，发行人应在招股说明书中分析披露募集资金用于上述一般用途的合理性和必要性。其中，用于补充流动资金的，应结合公司行业特点、现有规模及成长性、资金周转速度等合理确定相应规模；用于偿还银行贷款的，应结合银行信贷及债权融资环境、公司偿债风险控制目标等说明偿还银行贷款后公司负债结构合理性等。

募集资金投向科技创新领域的，发行人应当披露其具体安排及与发行人现有主要业务、核心技术之间的关系、发行人为实施募投项目所储备的研发基础。保荐机构应当对募集资金用途是否符合科创领域、是否与发行人现有业务与技术水平相匹配、发行人是否具备实施本次募投项目的科研能力发表核查意见。

已通过上市委员会审议的，发行人原则上不得调整募集资金投资项目，但可根据募投项目实际投资情况、成本变化等因素合理调整募集资金的需求量，并可以将部分募集资金用于公司一般用途，但需在招股说明书中说明调整的原因。已通过上市委员会审议的发行人如提出增加新股发行数量的，属于发行上市审核规则规定的影响发行上市及投资者判断的重大事项，需重新提交上市委员会审议。

三、首发企业募投项目的披露要求

发行人应披露募集资金的投向和使用管理制度，披露募集资金对发行人主营业务发展的贡献、未来经营战略的影响。发行人应结合公司主营业务、生产经营规模、财务状况、技术条件、管理能力、发展目标等情况,披露募集资金投资项目的确定依据,披露相关项目实施后是否新增构成重大不利影响的同业竞争,是否对发行人的独立性产生不利影响。

发行人应按照重要性原则披露募集资金运用情况,主要包括:

(1) 募集资金的具体用途,简要分析可行性及与发行人主要业务、核心技术之间的关系。

(2) 募集资金的运用和管理安排,所筹资金不能满足预计资金使用需求的,应披露缺口部分的资金来源及落实情况。

(3) 募集资金运用涉及审批、核准或备案程序的,应披露相关程序履行情况。

(4) 募集资金运用涉及与他人合作的,应披露合作方基本情况、合作方式、各方权利义务关系。

(5) 募集资金拟用于收购资产的,应披露拟收购资产的内容、定价情况及与发行人主营业务的关系;向实际控制人、控股股东及其关联方收购资产,对被收购资产有效益承诺的,应披露承诺效益无法完成时的补偿责任。

(6) 募集资金拟用于向其他企业增资或收购其他企业股份的,应披露拟增资或收购企业的基本情况、主要经营情况及财务情况,增资资金折合股份或收购股份定价情况,增资或收购前后持股比例及控制情况,增资或收购行为与发行人业务发展规划的关系。

(7) 募集资金用于偿还债务的,应披露该项债务的金额、利率、到期日、产生原因及用途,对发行人偿债能力、财务状况和财务费用的具体影响。

首次公开发行股票并在科创板上市的,还应当披露募集资金重点投向科技创新领域的具体安排。首次公开发行股票并在创业板上市的,还应当披露募集资金对发行人业务创新、创造、创意性的支持作用。

四、企业在规划募投项目时需考虑的因素

募集资金应当有明确的用途,企业在设计募投项目时,应注意以下几个方面：

1. 募集资金投向符合国家的产业政策

企业应了解当前国家重点鼓励发展的产业、产品和技术，所在行业的发展导向，以及国家明确限制或禁止的领域、产品和技术工艺等。原则上，募集资金投资后不得新增过剩产能或投资于限制类、淘汰类项目。

募投项目优先用于主业，要注意募集资金投向是否与企业的主营业务和长期发展目标一致。募集资金用途首选主营业务的产能扩张和产业链延伸，避免投资到全新业务、全新产品。

2. 侧重资本性投资

除轻资产行业之外，一般制造企业的募投资金用途首选土地、房产、设备等资本性投资，配置适当的研发中心项目、服务或技术平台开发、营销网络等。不鼓励将募集资金用于收购实际控制人、控股股东及其关联方资产，包括通过此手段解决同业竞争。募集资金投资项目不应产生同业竞争，也不应对公司独立性产生影响。

3. 项目具体考虑事项

（1）应在申报前完成项目的审批、核准或备案，所需要的批准文件已办理完毕或有完毕的合理预期。

（2）一般应在申报前取得募投项目土地。

（3）应在申报前取得环保批文。

（4）募投项目产品应取得必要的市场进入资质，如生产许可证、产品认证证书等。

（5）要注意募投项目合理的建设期和达产期，还要注意长期投资项目与中短期投资项目的匹配。

（6）在实务操作中，募投项目用途通常可划分为三大类：产能扩充类项目：如项目新建、技术改造、扩产扩建等；业务能力提升类项目：如研发中心、建设营销中心、信息化等项目的建设；资金性项目：用于补充流动资金和偿还贷款等。

五、关于募投项目的核准与备案

1. 境内募投项目核准与备案

根据国务院颁布的《企业投资项目核准和备案管理条例》（中华人民共和国国务院令第 673 号）、国家发展改革委颁布的《企业投资项目核准和备案管理办法》规定，企业投资项目是指企业在中国境内投资建设的固定资产投资项目，包括企业使用自筹资金的项目，以及使用自筹资金并申请使用政府投资补助或贷款贴息等的项目。

对关系国家安全、涉及全国重大生产力布局、战略性资源开发和重大公共利益等方面的项目，实行核准管理。其他项目实行备案管理。实行核准管理的具体项目范围以及核准机关、核准权限，由国务院颁布的《政府核准的投资项目目录》确定。

属于《政府核准的投资项目目录》中的企业的投资项目适用于核准制，不属于《政府核准的投资项目目录》中的项目适用于备案制。全国备案遵循属地原则，各地备案要求略有差别，关于具体细节，企业需咨询当地备案机关。

对于首发企业来说，大部分募投项目是属于备案管理的项目。

2. 境外募投项目核准与备案

募投项目涉及境外投资的，发行人应当根据《企业境外投资管理办法》（中华人民共和国国家发展和改革委员会令第 11 号）等相关规定取得发改部门的核准或备案文件，完成商务部门核准或备案，并取得其颁发的企业境外投资证书。

实行备案管理的项目中，投资主体是中央管理企业的，备案机关是国家发展改革委；投资主体是地方企业，且中方投资额为 3 亿美元及以上的，备案机关是国家发展改革委；投资主体是地方企业，且中方投资额为 3 亿美元以下的，备案机关是投资主体注册地的省级政府发展改革部门。

根据《企业境外投资管理办法》，商务部和省级商务主管部门按照企业境外投资的不同情形，分别实行备案和核准管理。企业境外投资涉及敏感国家和地区、敏感行业的,实行核准管理。企业其他情形的境外投资,实行备案管理。

境外募投项目需要根据相关国家的政策和法律条例去相关部门办理审核批准,取得相关的境外许可。

3. 首发企业募投项目备案的注意事项

备案地的选择:除国务院另有规定的,实行备案管理的项目按照属地原则备案,备案机关及其权限由省、自治区、直辖市和计划单列市人民政府规定。省内跨地区项目需向上一级主管单位进行备案。

备案机关的选择:企业可根据募投项目金额的大小及性质到不同层级的企业投资项目主管机关进行备案。一般来说,涉及固定资产投资的新建项目到发改委备案,技术改造项目到经信委备案,企业境外投资需到商务部备案。由于各地备案略有不同,企业可提前到当地发改委进行详细咨询。

无需备案的募投项目:一般补充流动资金项目(或偿还银行借款、补充营运资金)无需到发改委备案,部分不属于固定资产投资性质的募投项目无需备案,例如涉及营销网络项目、品牌推广项目、研发中心建设与升级、技术体系升级项目及连锁零售项目等。但该类项目企业应向备案机关进行咨询或取得备案机关指导意见。

六、关于募投项目的环评

根据《中华人民共和国环境影响评价法》第十六条规定,国家根据建设项目对环境的影响程度,对建设项目的环境影响评价实行分类管理。建设单位应当按照下列规定组织编制环境影响报告书、环境影响报告表或者填报环境影响登记表(以下统称"环境影响评价文件"):(1)可能造成重大环境影响的,应当编制环境影响报告书[1],对产生的环境影响进行全面评价;

---

[1] 建设项目需要编制环境影响报告书的,建设单位应当在报批建设项目环境影响报告书前,举行论证会、听证会,或者采取其他形式,征求有关单位、专家和公众的意见,其中,专家评审周期较长,是环评周期较长的主要原因。

(2)可能造成轻度环境影响的,应当编制环境影响报告表,对产生的环境影响进行分析或者专项评价;(3)对环境影响很小、不需要进行环境影响评价的,应当填报环境影响登记表。建设项目的环境影响评价分类管理名录,由国务院生态环境主管部门制定并公布。

三类环评等级对比具体如下:

环评等级	分类标准	评价内容	行政许可方式	环评周期
环境影响报告书	建设项目对环境可能造成重大影响的	对建设项目产生的污染和对环境的影响进行全面、详细的评价	审批	3—6个月
环境影响报告表	建设项目对环境可能造成轻度影响的	对建设项目产生的污染和对环境的影响进行分析或者专项评价	审批	1—2个月
环境影响登记表	建设项目对环境影响很小	不需要进行环境影响评价	备案	1—2天

对于实行备案制的建设项目,企业应当在办理备案手续后和项目开工前完成环境影响评价文件报批手续。因此,一般而言,募投项目、项目备案与环评存在对应关系,但也会存在多募投项目共用同一备案、同一环评的情况。或者一个募投项目、一个备案对应多个环评。

企业募投项目是否需要进行环境影响评价需要根据《中华人民共和国环境影响评价法》《建设项目环境保护管理条例》《建设项目环境影响评价分类管理名录》以及企业所在地的具体规定判断,对于未列入分类管理名录的其他项目,原则上无需履行环评手续。

一般情况下软件开发类募投项目、营销网络建设项目、服务网点建设项目、研发中心升级项目、新药研发项目、补充流动资金项目等不涉及土建及产生工业废水的,无须进行环境影响评价审批。

原则上,IPO企业应在申报前取得环评批复,避免影响上市进程。在实务中也存在申报前尚未取得环评批复文件的情况,但需要在上市委会议前取得。总体来看,这属于极个别的特殊情况,因此,基于谨慎性考虑,拟 IPO 或计划再融资的企业申报前应尽可能解决环评问题,避免影响上市进程。

建设项目环境影响报告书、环境影响报告表经批准后,建设项目的性质、规模、地点、采用的生产工艺或者防治污染、防止生态破坏的措施发生重大变动的,建设单位应当重新报批建设项目环境影响报告书、环境影响报告表。

建设项目的环境影响评价文件自批准之日起超过 5 年,方决定该项目开工建设的,其环境影响评价文件应当报原审批部门重新审核;原审批部门应当自收到建设项目环境影响评价文件之日起 10 日内,将审核意见以书面形式通知建设单位;逾期未通知的,视为审核同意。

第八节 审核期间信息披露

企业上市审核是一个系统复杂的过程,企业申报后的实际审核时间会受申报板块、申报时已申报与当期申报企业数量、审核政策以及企业的规范程度等多个因素影响。从审核实践看,企业应当预期到申报至发行上市会有相当长的一段时间,并充分重视审核期间的相关要求。本节将重点介绍审核期间信息披露的注意事项。

一、首发企业应及时提交经审阅的季度报告

发行人财务报告审计截止日至招股说明书签署日之间超过 1 个月的,应在招股说明书重大事项提示中披露审计截止日后的主要经营状况。

发行人财务报告审计截止日至招股说明书签署日之间超过 4 个月的,应补充提供经会计师事务所审阅的期间 1 个季度的财务报表;超过 7 个月的,应补充提供经会计师事务所审阅的期间 2 个季度的财务报表。

发行人应在招股说明书重大事项提示中补充披露下一报告期业绩的预告信息,主要包括年初至下一报告期末营业收入、扣除非经常性损益前后净

利润的预计情况、同比变化趋势及原因等;较上年同期可能发生重大变化的,应分析披露其性质、程度及对持续经营的影响。若审计截止日后发行人经营状况发生较大不利变化,或经营业绩呈下降趋势,应在风险因素及重大事项提示中披露相关风险。

二、企业发行前滚存利润的处理

公司首次公开发行前的未分配利润可由公司股东大会决定是否由新老股东共享。企业发行前历年滚存的利润可以采取以下方式处理:

1. 约定新老股东共享

首发企业基本都采用该种方式。虽然没有明确的"首次公开发行前滚存未分配利润必须由新老股东共享"的相关法律法规规定,但从实际情况来看,现在的一般拟上市企业在上市时的滚存利润分配方案均披露为由新老股东共享。审核部门原则上要求滚存利润分配方案必须明确,不宜附加时间等条件,否则可能会被质疑滚存利润分配方案的合理性以及是否存在其他利益安排等。

2. 由老股东单独享有或有其他附加条件的形式

在实务中,采用该处理方式的拟上市企业占比较少,参考案例为工商银行(601398)、美凯龙(601828)。

首发企业在发行前必须做出分配决议,并在发行申请材料中充分披露分配方案;发行前的滚存利润必须是经审计确定的已实现利润数,分配方式要在招股说明书中做重大事项提示。

三、在审企业利润分配的处理方式

企业在审期间现金分红、分派股票股利或资本公积转增股本的,应依据公司章程和相关监管要求,充分论证必要性和恰当性,并履行相应决策程序,相关分红方案应在发行上市前实施完毕。发行人应重点披露以下内容:

(1)发行人大额分红的,应充分披露分红的必要性和恰当性,以及对财务状况和新老股东利益可能产生的影响。

（2）发行人分派股票股利或资本公积转增股本①的,应披露股本变化后最近一期经审计的财务报告。

四、首发企业报告期内经营业绩指标大幅下滑信息披露要求②

首发企业在报告期内出现营业收入、净利润等经营业绩指标大幅下滑的情形,存在最近1年(期)经营业绩较上1年(期)下滑幅度较大情形的,公司及中介机构应全面分析经营业绩下滑幅度较大的具体原因,是否存在可能对企业持续盈利能力和投资者利益有重大不利影响的事项,充分核查经营业绩下滑的程度、性质、持续时间等,审慎核查该情形及相关原因对持续盈利能力是否构成重大不利影响,如无充分相反证据或其他特殊原因能够说明公司仍能保持持续盈利能力,一般还应重点关注并考虑该情形的影响程度。

五、关于审核期间中止的情形

根据首发注册管理办法第三十条规定:"存在下列情形之一的,发行人、保荐人应当及时书面报告交易所或者中国证监会,交易所或者中国证监会应当中止相应发行上市审核程序或者发行注册程序:

（一）相关主体涉嫌违反本办法第十三条第二款③规定,被立案调查或者被司法机关侦查,尚未结案;

（二）发行人的保荐人以及律师事务所、会计师事务所等证券服务机构

---

① 关于在审企业分派股票股利或资本公积转增股本审核标准演变,主要经历了从审核要求窗口指导基本不允许,到《首发业务若干问题解答》明确原则上不应提出,再到当前监管规则指引5号的明确放开三个阶段。在审期间的转增股本案为旭升股份(代码:603305),2016年12月,其在审期间以资本公积和未分配利润转增股本19 400万元。
② 原《首发业务若干问题解答》针对在审企业报告期业绩大幅下滑(超过50%)有相应的信息披露要求,虽然现行的监管规则适用指引——发行类4号及5号均未再提及,但考虑到审核实操情况,仍作为披露要点进行阐述。
③ 首发注册管理办法第十三条第二款规定,董事、监事和高级管理人员不存在最近三年内受到中国证监会行政处罚,或者因涉嫌犯罪正在被司法机关立案侦查或者涉嫌违法违规正在被中国证监会立案调查且尚未有明确结论意见等情形。

被中国证监会依法采取限制业务活动、责令停业整顿、指定其他机构托管、接管等措施,或者被证券交易所、国务院批准的其他全国性证券交易场所实施一定期限内不接受其出具的相关文件的纪律处分,尚未解除;

(三)发行人的签字保荐代表人、签字律师、签字会计师等中介机构签字人员被中国证监会依法采取认定为不适当人选等监管措施或者证券市场禁入的措施,被证券交易所、国务院批准的其他全国性证券交易场所实施一定期限内不接受其出具的相关文件的纪律处分,或者被证券业协会采取认定不适合从事相关业务的纪律处分,尚未解除;

(四)发行人及保荐人主动要求中止发行上市审核程序或者发行注册程序,理由正当且经交易所或者中国证监会同意;

(五)发行人注册申请文件中记载的财务资料已过有效期,需要补充提交;

(六)中国证监会规定的其他情形。

前款所列情形消失后,发行人可以提交恢复申请。交易所或者中国证监会按照规定恢复发行上市审核程序或者发行注册程序。"

六、关于审核期间终止的情形

根据首发注册管理办法第三十一条规定:"存在下列情形之一的,交易所或者中国证监会应当终止相应发行上市审核程序或者发行注册程序,并向发行人说明理由:

(一)发行人撤回注册申请或者保荐人撤销保荐;

(二)发行人未在要求的期限内对注册申请文件作出解释说明或者补充、修改;

(三)注册申请文件存在虚假记载、误导性陈述或者重大遗漏;

(四)发行人阻碍或者拒绝中国证监会、交易所依法对发行人实施检查、核查;

(五)发行人及其关联方以不正当手段严重干扰发行上市审核或者发行注册工作;

（六）发行人法人资格终止；

（七）注册申请文件内容存在重大缺陷，严重影响投资者理解和发行上市审核或者发行注册工作；

（八）发行人注册申请文件中记载的财务资料已过有效期且逾期三个月未更新；

（九）发行人发行上市审核程序中止超过交易所规定的时限或者发行注册程序中止超过三个月仍未恢复；

（十）交易所认为发行人不符合发行条件或者信息披露要求；

（十一）中国证监会规定的其他情形。"

七、关于审核终止的其他情形

根据证监会《证券期货法律适用意见第17号》中关于《首次公开发行股票注册管理办法》第三十一条"中国证监会规定的其他情形"的理解与适用规定：

"《首次公开发行股票注册管理办法》第三十一条规定，存在相关情形之一的，交易所或者中国证监会应当终止相应发行上市审核程序或者发行注册程序。除了列举的十种情形外，还有'中国证监会规定的其他情形'。现提出如下适用意见：

发行人申报后，通过增资或者股权转让产生新股东的，原则上应当终止发行上市审核程序或者发行注册程序，但股权变动未造成实际控制人变更，未对发行人股权结构的稳定性和持续经营能力造成不利影响，且符合下列情形的除外：新股东产生系因继承、离婚、执行法院判决、执行仲裁裁决、执行国家法规政策要求或者由省级及以上人民政府主导，且新股东承诺其所持股份上市后三十六个月之内不转让、不上市交易（继承、离婚原因除外）。

在核查和信息披露方面，发行人申报后产生新股东且符合上述要求无需重新申报的，应当比照申报前十二个月新增股东的核查和信息披露要求执行。除此之外，保荐机构和发行人律师还应当对股权转让事项是否造成发行人实际控制人变更，是否对发行人股权结构的稳定性和持续经营能力造成不利影响进行核查并发表意见。"

第六章
股份公司的设立与出资

《公司法》对股份公司的设立与规范运作做了详细的规定,对股份公司股份的发行与转让以及上市公司的组织机构做了专门规定,实质上,这与《证券法》、首发注册管理办法等法规共同构成了企业发行上市的条件。

根据首发注册管理办法规定,企业上市主体应是依法设立且持续经营三年以上的股份有限公司,具备健全且运行良好的组织机构,相关机构和人员能够依法履行职责。股份公司的股东和出资是股份公司存续的基础,因此,主体资格的合规性是上市审核的重要关注领域。本章将分为以下四个方面进行介绍:股份公司的设立、股份公司的股东、历次出资、股权激励。

第一节 股份有限公司的设立

企业在申报上市前,基本都会经历从有限责任公司整体变更为股份有限公司这个过程,大量的上市筹备工作是在股份公司设立前完成的。第二章中强调过,股份有限公司创立大会是非常重要的里程碑,企业应高度重视。本节将介绍与股份有限公司设立相关的知识要点,包括设立股份有限公司应具备的条件、程序、注意事项及其他常见的重要问题。

一、设立股份有限公司应具备的条件

企业申请公开发行股票并上市的主体应当是股份有限公司,所以申请

上市必须先设立股份有限公司。在实务中，申请上市的股份有限公司一般都是由有限责任公司变更而来。根据《公司法》第九条的规定，有限责任公司变更为股份有限公司，应当符合本法规定的股份有限公司的条件，具体如下：

（1）发起人符合法定人数。发起人数量应当有2人以上200人以下，其中须有半数以上的发起人在中国境内有住所。

（2）有符合公司章程规定的全体发起人认购的股本总额或者募集的实收股本总额。股份有限公司采取发起设立方式设立的，注册资本为在公司登记机关登记的全体发起人认购的股本总额。在发起人认购的股份缴足前，不得向他人募集股份。股份有限公司采取募集方式设立的，注册资本为在公司登记机关登记的实收股本总额。法律、行政法规以及国务院决定对股份有限公司注册资本实缴、注册资本最低限额另有规定的，从其规定。

（3）股份发行、筹办事项符合法律规定。股份有限公司发起人承担公司筹办事务。发起人应当签订发起人协议，明确各自在公司设立过程中的权利和义务。

（4）发起人制定公司章程，采用募集方式设立的经创立大会通过。发起人应根据《公司法》和《上市公司章程指引》的要求制订章程草案。

（5）有公司名称，建立符合股份有限公司要求的组织机构。拟设立的股份有限公司应当依照工商登记的要求确定公司名称，并建立股东大会、董事会、监事会和经理等组织机构。

（6）有公司住所。

二、设立股份有限公司的方式

股份有限公司的设立，可以采取发起设立或者募集设立的方式。

发起设立是指由发起人认购公司应发行的全部股份而设立公司。主要为以下两种情况：一是新设设立，即2个以上200个以下发起人出资新设立一个公司；二是变更设立，即有限责任公司按原账面净资产值折股整体变更为股份有限公司。

募集设立是指由发起人认购公司应发行股份的一部分,其余股份向社会公开募集或者向特定对象募集而设立公司。经国务院批准,有限责任公司在依法变更为股份有限公司时,可以采取募集设立方式公开发行股票。以募集方式设立股份有限公司的,发起人认购的股份不得少于公司股份总数的35%,必须公告招股说明书,且须报经国务院证券监督管理机构核准。目前已经基本不再采用该种设立方式,实践中基本都是发起设立(以下关于股份公司设立出资等内容的描述,如无特别说明,均指发起设立)。

三、如何选择股份公司设立时点

以上市为目的设立股份公司,尤其是有限公司整体变更为股份公司的,选择设立时点时,要充分考虑公司财务核算和内部控制的规范程度。一般要在财务核算规范与内部控制管理规范达到一定要求的基础上,再结合申报计划,确定股份公司的设立时点。

重组也会对设立时点的选择有一定的影响,能在股份公司设立之前完成全部重组的,建议在股份公司设立前完成。

四、设立股份有限公司的程序

以发起方式设立股份有限公司的主要程序如下:

(1)主发起人拟订设立股份有限公司的方案,确定设立方式、发起人数量、注册资本和股本规模、业务范围、邀请发起人等。

(2)对拟出资资产进行审计和资产评估。

(3)签订发起人协议书,明确各自在公司设立过程中的权利和义务。

(4)发起人制定公司章程。

(5)由全体发起人指定的代表或者共同委托的代理人向公司登记机关申请名称预先核准。

(6)法律、行政法规规定设立公司必须报经批准的,或者公司经营范围中属于法律、行政法规或者国务院决定规定在登记前须经批准的项目的,以公司登记机关核准的公司名称报送批准,履行有关报批手续。

（7）发起人按照公司章程规定缴纳出资，聘请会计师事务所验资并取得验资报告。

（8）发起人应当自股款缴足之日起30日内主持召开公司创立大会。

发起人应当在创立大会召开15日前将会议日期通知各认股人或者予以公告。创立大会应有代表股份总数过半数的发起人、认股人出席，这样方可举行。创立大会行使下列职权：①审议发起人关于公司筹办情况的报告；②通过公司章程；③选举董事会成员；④选举监事会成员；⑤对公司的设立费用进行审核；⑥对发起人用于抵作股款的财产的作价进行审核；⑦发生不可抗力或者经营条件发生重大变化直接影响公司设立的，可以做出不设立公司的决议。

创立大会对前款所列事项做出决议，必须经出席会议的认股人所持表决权过半数通过。

（9）董事会应于创立大会结束后30日内，向公司登记机关报送公司章程以及法律、行政法规规定的其他文件，申请设立登记。

向公司登记机关申请设立登记并报送下列文件：申请书，申请人资格文件、自然人身份证明，住所或者主要经营场所相关文件，公司章程，其他材料等。国务院市场监督管理部门应当制定登记材料清单和文书格式样本，通过政府网站、登记机关服务窗口等向社会公开。

五、设计股本规模时应考虑的因素

（1）根据企业拟定的上市板块，按照上市条件确定股本的下限。根据交易所规定的上市条件，拟在主板上市的公司，公开发行前股本总额不低于3 000万元，发行后不低于5 000万元；拟在科创板、创业板和北交所上市的公司，公开发行后的股本总额不低于3 000万元。

（2）根据企业未来拟发行规模确定股本规模。根据各上市板块上市规则的规定，股份公司发行后股本超过4亿股，公开发行股份的比例为10%以上；发行后股本在4亿股以下，则公开发行股份的比例为25%以上。如果企业盈利规模较大、未来前景较好，企业拟选择首次公开发行股份低于25%，可以根据拟定的发行规模设计股本规模。

(3) 适当考虑股本规模与企业净利润规模相匹配。在盈利规模既定的条件下,股本规模决定了每股收益的数额,可以参考同行业已上市公司的平均每股收益来确定申报前的股本规模,尽量不过大或者过小。

(4) 根据税负成本确定股本规模。在发起人有自然人或其他非有限法人时,应在满足(1)、(2)条的基础上尽量降低税负。在不影响申报时间的前提下,也可以考虑分次增加股本规模,一般要涉及税收成本的合理筹划。

六、有限责任公司整体变更为股份有限公司应注意的事项

根据《公司法》第九条的规定:"有限责任公司变更为股份有限公司,应当符合本法规定的股份有限公司的条件。""公司变更前的债权、债务由变更后的公司承继。"

有限责任公司整体变更设立股份有限公司仅仅是公司法律形态上的变化,因此,公司变更前的债权、债务由变更后的公司承继,并且不进行资产剥离。

根据《公司法》第九十五条的规定:"有限责任公司变更为股份有限公司时,折合的实收股本总额不得高于公司净资产额。有限责任公司变更为股份有限公司,为增加资本发行股份时,应当依法办理。"但在实务中一般不建议整体变更时增加发起人(股东),也不建议整体变更的同时转让出资份额变更发起人。

七、企业整体变更为股份有限公司时净资产折股的问题

首发注册管理办法规定,发行人自股份有限公司成立后,持续经营时间应当在3年以上,有限责任公司按原账面净资产值折股整体变更为股份有限公司的,持续经营时间可以从有限责任公司成立之日起计算。基于上述规定,多数拟上市企业在股改时选择以原账面净资产值折股的整体变更方式。

部分企业在有限责任公司整体变更为股份有限公司前,存在累计未弥

补亏损。此类发行人可以依照发起人协议,履行董事会、股东会等内部决策程序后,以不高于净资产金额折股,通过整体变更设立股份有限公司方式来解决以前累计的未弥补亏损,持续经营时间可以从有限责任公司成立之日起计算。整体变更存在累计未弥补亏损,或者因会计差错更正追溯调整报表而致使整体变更时存在累计未弥补亏损的,发行人可以在完成整体变更的工商登记注册后提交发行上市申请文件,不受运行 36 个月的限制。发行人应在招股说明书中充分披露其由有限责任公司整体变更为股份有限公司的基准日未分配利润为负的形成原因,该情形是否已消除,整体变更后的变化情况和发展趋势,与报告期内盈利水平变动的匹配关系,对未来盈利能力的影响,整体变更的具体方案及相应的会计处理、整改措施(如有),并充分揭示相关风险。

在实务中,若企业整体变更时存在未弥补亏损,因整体变更是以净资产出资,变更前企业账面资本公积能够覆盖未弥补亏损的,变更后资本公积要相应减少未弥补亏损的金额;如果变更前企业资本公积尚不足以覆盖未弥补亏损的,如不考虑减资,企业可能需采取发起人股东以现金进行补足的处理方式,如东芯股份(688110)和炬芯科技(688049)的案例。同时,股改时的入账资产、负债计价要保证准确性,如股改后对以前会计期间进行会计政策调整、会计差错更正,导致股改时净资产账面价值发生变化,可能对设立股本的充足性产生影响,导致出资不实。在实务中,部分案例出现发起人按持股比例,通过现金来补足净资产等整改措施,如善水科技(301190)。

八、设立股份公司应当对出资净资产进行评估

根据《公司法》第二十七条规定:"股东可以用货币出资,也可以用实物、知识产权、土地使用权等可以用货币估价并可以依法转让的非货币财产作价出资;但是,法律、行政法规规定不得作为出资的财产除外。对作为出资的非货币财产应当评估作价,核实财产,不得高估或者低估作价。法律、行政法规对评估作价有规定的,从其规定。"因此,对于非货币性资产出资,应当进行评估,有限责任公司整体变更为股份公司,即以净资产出资,是一项

资产组合,应当视同非货币资产出资,应当进行资产评估,但并不一定非要按照评估结果来出资折股。

整体变更的目的是可以连续计算公司业绩。以评估值调账,则是结束了旧账,建立了新账,股份有限公司被视为新设,需要再持续经营3年才能申请公开发行。因此,如果要连续计算原有限责任公司的业绩,在变更为股份有限公司时应采用整体变更的方式,即以法定审计机构出具的审计报告作为验资的依据。如果没有连续计算业绩的需要,也可以评估结果进行验资。

九、企业涉及国有企业或集体企业改制的处理方式

对于发行人是国有企业、集体企业改制而来的或历史上存在挂靠集体组织经营的企业,审核关注点主要有以下几个方面:

(1) 对于发行人是国有企业改制而来的,若改制过程中的法律依据不明确、相关程序存在瑕疵或与有关法律法规存在明显冲突,就原则上而言,发行人应取得省级以上国资管理部门或省级以上人民政府就改制程序的合法性、是否造成国有资产流失出具的确认意见,并在招股说明书中披露相关文件的主要内容。

(2) 对于发行人是集体企业改制而来的,若改制过程中的法律依据不明确、相关程序存在瑕疵或与有关法律法规存在明显冲突,就原则上而言,应取得由省级人民政府就改制程序的合法性、是否造成集体资产流失等事项出具的确认意见,并在招股说明书中披露相关文件的主要内容。对历史上存在挂靠集体组织经营的企业,应取得相应有权部门的确认意见。

(3) 对于发行人是国有企业或集体企业改制而来的,改制过程不存在"依据不明确、相关程序存在瑕疵或与有关法律法规存在明显冲突"等情况的,中介机构应结合当时有效的法律法规等,分析说明有关改制行为是否由有权机关做出、法律依据是否充分、履行的程序是否合法以及对发行人的影响等。发行人应在招股说明书中披露相关中介机构的核查意见。

(4) 关于国企改制或集体企业改制过程中是否存在程序瑕疵,主要关注如下内容：①是否符合当时的法律、法规、规则要求；②是否存在程序瑕疵（国企要省级国资委出具意见，集体企业要省级人民政府或办公厅出具意见）；③是否取得有权部门的确认。

涉及国资或者集体资产政府确认的事项，均需要多层级的申请与确认，确认文件流程的链条较长，企业应该在决定启动上市后，尽早在专业团队的指导下安排专人与政府相关部门逐级沟通，尽早取得确认文件。

第二节　股份有限公司的股东

股份公司股东拥有股份公司的所有权，对公司负有出资义务，也依法享有资产收益权、参与重大决策权和遴选管理者权。股份公司股东应当遵守法律、行政法规和公司章程，依法行使股东权利，不得滥用股东权利损害公司或者其他股东的利益。本节将对股东资格以及股东的权利与义务等要点进行介绍。

一、股份有限公司发起人的权利和义务

最高人民法院的《关于适用〈中华人民共和国公司法〉若干问题的规定（三）》第一条规定："为设立公司而签署公司章程、向公司认购出资或者股份并履行公司设立职责的人，应当认定为公司的发起人，包括有限责任公司设立时的股东。"股份有限公司的发起人是以发起设立方式设立的股份有限公司在设立时的股东，或者是以募集设立方式设立的股份有限公司的发起股东。发起人享有股东的权利并承担股东的义务，同时还须承担发起人的义务。根据《公司法》的规定，股份有限公司发起人享有一定的权利，也需承担一定的义务。

（1）股份有限公司发起人具有以下权利：①参加公司筹委会；②推荐公司董事和监事候选人；③起草公司章程；④公司成立后，享受公司股东的权利；⑤公司不能成立时，在承担相应费用的基础上，可以收回投资款项和财

产产权。

（2）股份有限公司发起人应承担以下义务：①承担公司筹办事务；②股份有限公司成立后，发起人未按照公司章程的规定缴足出资的，应当补缴，其他发起人承担连带责任。股份有限公司成立后，发现作为设立公司出资的非货币财产的实际价额显著低于公司章程所定价额的，应当由交付该出资的发起人补足其差额，其他发起人承担连带责任；③公司不能成立时，对设立行为所产生的债务和费用负连带责任；④公司不能成立时，对认股人已缴纳的股款，负返还股款并加算银行同期存款利息的连带责任；⑤在公司设立过程中，由于发起人的过失致使公司利益受到损害的，应当对公司承担赔偿责任；⑥法律、行政法规及公司章程规定应当承担的其他义务。

二、可以作为股份有限公司发起人的条件

根据《公司法》《民法典》等法律、法规的规定，能够作为股份有限公司的发起人的情形：

（1）能独立地承担民事责任的自然人可以作为发起人，特殊公职身份的自然人除外。

（2）企业法人，包括外商投资企业。

（3）合伙企业。发行人股东存在私募投资基金的，应按《私募投资基金监督管理暂行办法》及《私募投资基金管理人登记和基金备案办法（试行）》等相关法律法规或规范性文件履行备案登记程序。

（4）除法律法规禁止其从事投资和经营活动之外，机关法人、社会团体法人和事业单位法人。

（5）具备法人条件并经依法登记为法人的农村集体经济组织（如合作社、经济联合社或代行集体经济管理职能的村民委员会）、具有投资能力的城市居民委员会。

三、不能作为股份有限公司发起人的单位与个人

（1）职工持股会与工会不得作为股份公司的股东。职工持股会属于单位内部团体,不再由民政部门登记管理,其股东构成、出资资金来源、管理机制等情况复杂。关于工会持股,无论是由工会真实持股,或是工会代职工持股,均不符合工会设立和活动的宗旨。

考虑到发行条件对发行人股权清晰、控制权稳定有所要求,发行人控股股东或实际控制人存在职工持股会或工会持股情形的,应当予以清理。对于间接股东存在职工持股会或工会持股情形的,如不涉及实际控制人控制的各级主体,不要求清理,但应当予以充分披露。

对于职工持股会或者工会持有发行人子公司股份,经保荐机构、发行人律师核查后认为不构成发行人重大违法行为的,发行人不需要清理,但应当予以充分披露。

(2) 基于特殊身份的自然人和组织受到限制,不得作为拟上市公司的股东。自然人股东的相关规定如下:①本人不能作为股东:在职公务员、离退休公务员(原系领导成员、县处级以上领导职务的公务员在离职3年内,其他公务员在离职2年内)、现役军人、行政事业单位工作人员、国有企业领导、党政干部等因自身履行职责涉及公共利益而受到限制;②配偶子女不能作为股东:省(部)、地(厅)级领导干部的配偶、子女,不准在该领导干部管辖的业务范围内个人从事可能与公共利益发生冲突的经商办企业活动。

国家党政机关、高校、事业单位及其附属机构等具有社会管理职能、公共属性的单位也不能作为拟上市公司的股东,不能独立承担民事责任的主体一般不能作为拟上市公司股东。

(3) 资产管理产品及契约型私募投资基金,不属于"持股较少"且不能进行穿透核查的原则上不能作为拟上市公司的股东。2021年6月,上交所科创板审核中心与深交所上市审核中心相继通过股票发行上市审核系统发布的《关于进一步规范股东穿透核查的通知》规定,原则上直接或间接持有发行人股份数量少于10万股或持股比例低于0.01%的,可认定为持股较少,中介机构实事求是地发表意见后,可不穿透核查。

(4) 会计师事务所、律师事务所和资产评估机构原则上不得作为投资主体向其他行业投资设立公司。

（5）就原则上而言，商业银行、保险公司不得作为投资主体向其他行业投资设立公司，国家另行规定的除外。

四、企业引进新股东时的注意事项

按照《监管规则适用指引——关于申请首发上市企业股东信息披露》、《监管规则适用指引——发行类第 2 号》（以下简称"监管规则指引 2 号"）的相关要求，对股东身份及入股过程提出了明确详细的信息披露和核查要求。企业引进新股东时，应主要关注以下几个方面：

1. 引进新股东的身份

关于股东身份，审核中通常重点关注发行人股东是否存在以下情形：

（1）法律法规规定禁止持股的主体直接或间接持有发行人股份；

（2）本次发行的中介机构或其负责人、高级管理人员、经办人员直接或间接持有发行人股份；

（3）以发行人股权进行不当利益输送。

发行人在提交申报材料时应当出具专项承诺，说明发行人股东不存在上述情形。中介机构通常对直接股东进行层层穿透，直至自然人、上市公司或国有企业。在进行股东核查时，中介机构还应当关注是否涉及离职人员入股的情况，并出具专项说明。

监管规则指引 2 号规定的离职人员，是指发行人申报时相关股东为离开证监会系统未满十年的工作人员，具体包括从证监会会机关、派出机构、沪深证券交易所、全国股转公司离职的工作人员，从证监会系统其他会管单位离职的会管干部，在发行部或公众公司部借调累计满 12 个月并在借调结束后 3 年内离职的证监会系统其他会管单位的非会管干部，从会机关、派出机构、沪深证券交易所、全国股转公司调动到证监会系统其他会管单位，并在调动后 3 年内离职的非会管干部。

拟上市企业在引进新股东时，建议参考本节内有关"可以作为股份有限公司发起人的条件"和"不能作为股份公司发起人的单位与个人"的阐述。其中有些法律法规虽未明确禁止，但如非必须，不建议将以下自然人或法人引入作为股东:①有破产失信记录,②有重大涉诉情况,③有大额未偿还到期债务,④未成年人,⑤监管规则指引2号规范的离职人员。

此外,拟上市企业应适当考虑引进的新股东是否能够切实履行股东配合核查的义务,但通过红筹企业拆除红筹架构、发行人的重要子公司的股权置换等方式成为发行人股东的可不视为新股东。

2. 入股背景及过程

引进新股东应当有适当的原因及商业合理性,拟上市企业应履行完整的内部决策程序。提交申请材料前12个月内新增股东的,应当在招股说明书中充分披露新增股东的基本情况、入股原因、入股价格及定价依据,新股东与发行人的其他股东、董事、监事、高级管理人员是否存在关联关系,新股东与本次发行的中介机构及其负责人、高级管理人员、经办人员是否存在关联关系,新增股东是否存在股份代持情形。

3. 入股价格

同一时点入股的新股东无论以现金还是实物出资,其折股比例应一致。确定入股价格应当有合理的定价依据,新增股份的认购价或折股价通常在参考同行业上市公司市盈率、市净率等指标或其他合理估值技术的基础上协商确定。存在利益输送导致的入股价格过低,需要考虑是否适用股份支付,没有合理理由的入股价格过低会对上市审核产生不利影响。此外,前后间隔时间不长的两次新股东引进,除非有合理的解释,否则入股价格差异通常不能太大。

4. 资金来源

引进的新股东自身具备出资实力,其出资路径清晰可验证。在审核中,通常通过资金来源核查重点关注是否存在代持问题,关注出资人是否有出资实力,是否为其真实出资。具体核查方面会关注其收入来源和体量、资金转账记录等。

5. 离职人员入股

需要确定是否存在不当入股,存在不当入股的应当予以清理。不存在不当入股的,需要对离职人员基本信息、入股原因、入股价格及定价依据、入股资金来源等进行核查;并取得离职人员关于不存在不当入股情形的承诺。不当入股情形包括但不限于:(1)利用原职务影响谋取投资机会;(2)入股过程存在利益输送;(3)在入股禁止期内入股[入股禁止期是指副处级(中层)及以上离职人员离职后3年内,其他离职人员离职后2年内];(4)作为不适合股东入股;(5)入股资金来源违法违规。除(3)禁止期与(4)不适合股东身份容易分析论证外,其他三项情形实际很难自证清白,并且若涉及重大媒体质疑等,更是难以自辩。因此,新引入穿透股东属于规范内的离职人员的,要慎之又慎。

五、关于申报基准日后股东变化

1. 申报前基准日后新增股东

根据《监管规则适用指引——发行类第4号》规定,最近一年末资产负债表日后增资扩股引入新股东的,申报前须增加一期审计。因此申报基准日后不得出现增资扩股引入新股东的情形。就谨慎原则而言,股权转让引进新股东也要在申报基准日前完成。

2. 申报后新增股东

申报后在审期间,通过增资或股权转让引入新股东的,原则上应当撤回发行申请,重新申报。但股权变动未造成实际控制人变更,未对发行人股权结构的稳定性和持续盈利能力造成不利影响,且符合下列情形的除外:引入新股东系因继承、离婚、执行法院判决或仲裁裁决、执行国家法规政策要求或由省级及以上人民政府主导,且新引入股东承诺其所持股份在上市后36个月之内不转让、不上市交易(继承、离婚原因除外)。

在核查和信息披露方面,在审期间引入新股东,且符合上述要求无需重新申报的,应比照申报前一年新引入股东的核查和信息披露要求处理。除此之外,中介机构还应对股权转让事项是否造成发行人实际控制人变更,是否对发行人股权结构的稳定性和持续盈利能力造成不利影响进行核查并发表意见。

六、与股东签订对赌协议的问题

1. 对赌协议的概念和内容

对赌协议（Valuation Adjustment Mechanism，VAM）即"估值调整机制"，是指投资方与融资方在达成投资协议时，针对未来不确定情况所做的一种约定。如果达到了约定的条件，投资方就可以行使某种权利；如果没有达到约定的条件，融资方则可以行使另外一种权利。

对赌协议是常见的投资协议的组成部分，是对企业估值的调整，是带有附加条件的价值评估方式。对赌协议产生的根源在于企业未来盈利能力的不确定性，目的是尽可能地实现投资交易的合理和公平。国内创投公司进行投资时设计的对赌条款主要涉及两个方面的内容：

（1）上市保障条款。投资方要求融资方保证或承诺被投资企业在一定时间内上市，以便投资方变现投资收益；如果到期未能上市，则融资方需要以适当方式予以补偿。

（2）业绩保障条款。投资方要求被投资企业达到某个经营目标，如果到期未达到标准，则融资方要给予一定补偿。补偿方式主要有现金补偿和股权补偿。

企业在签署有对赌条款的投资协议时，应非常慎重，我们一般不鼓励企业引进有严苛对赌条款的投资者。一方面，一旦对赌失败，企业家将不得不面临企业股权的重新调整，被迫把大量股权转给投资者，甚至可能丧失控制权，或者面临诸多法律问题。在实践中，有大量企业因为对赌协议问题而陷入困境，企业和投资者面临双输的局面。另一方面，在企业业绩没有实现预期目标时，有些企业家可能会迫于对赌协议产生的压力链而走险，进行业绩造假或粉饰业绩，进而持续陷入财务造假的泥潭，与最初通过融资来实现企业发展壮大的目标背道而驰。

另外，根据《公司法》第一百二十六条规定："股份的发行，实行公平、公正的原则，同种类的每一股份应当具有同等权利。"就严格意义上而言，股份公司设立后，除股份公司章程规定存在表决权差异外，同类股份应当具有同等权益。

2. 申报前不得存在的对赌协议情形

存在下述情形的对赌协议原则上应在申报前清理：

① 发行人作为对赌协议当事人；

② 对赌协议存在可能导致公司控制权变化的约定；

③ 对赌协议与市值挂钩；

④ 对赌协议存在严重影响发行人持续经营能力或者其他严重影响投资者权益的情形。

七、股东人数超过 200 人的解决方法

根据审核实践,股东人数已经超过 200 人的未上市股份有限公司(简称"200 人公司")申请上市通常有两种解决路径：一是依据《非上市公众公司监管指引第 4 号——股东人数超过二百人的未上市股份有限公司申请行政许可有关问题的审核指引》的要求完善后,直接进行申报；二是通过股份回购、股权转让等方式将股东人数整改至 200 人以下再行申报。

1. 通过全国股转系统挂牌解决

根据《非上市公众公司监管指引第 4 号——股东人数超过二百人的未上市股份有限公司申请行政许可有关问题的审核指引》规定,对符合指引规定的股东人数已经超过 200 人的未上市股份有限公司,可申请在证券交易所上市、在全国中小企业股份转让系统挂牌公开转让。200 人公司的合规性审核要求主要包括以下四项：

(1) 公司依法设立且合法存续,200 人公司的设立、增资等行为不违反当时法律明确的禁止性规定,目前处于合法存续状态。

(2) 股权清晰,股权形成真实、有效,权属清晰及股权结构清晰。

(3) 经营规范,不存在资不抵债或者明显缺乏清偿能力等破产风险的情形。

(4) 公司治理与信息披露制度健全,200 人公司按照中国证监会的相关规定,已经建立健全了公司治理机制和履行信息披露义务的各项制度。

2. 不通过全国股转系统挂牌解决

原来以定向募集方式设立的股份有限公司，由于超范围、超比例发行内部职工股，导致持股职工众多，成为发行上市的法律障碍。以定向募集方式设立股份公司的，应当由省级人民政府就发行人历史沿革的合规性、是否存在争议或潜在纠纷等事项出具确认意见。在实务中，解决职工持股导致的股东人数超过 200 人的问题主要有两种方案：一种是通过股权转让将股东人数减少到 200 人以下。在此过程中，转让的合法合规性是监管部门关注的重点，如转让是否出于真实意思表达、股权转让价格是否公平合理、转让协议是否合法有效、价款是否及时支付等。另一种是通过回购股权来减少股东人数。此种方法与股权转让类似，只是股权的受让方是公司本身。该方式在减少股东人数的同时，也相应减少了注册资本或股本，股权回购是否合法合规同样是监管部门关注的重点。

第三节　历　次　出　资

股东出资是保证股东地位的重要条件，也是股东应履行的基本义务，企业在申请上市时应保证股东的出资全部到位。本节将就股东出资的方式、各种非货币资产出资应满足的条件、审核中关于股东出资的关注要点、股东出资存在瑕疵时的解决方法等进行阐述。

一、股东出资的方式

《公司法》第二十七条规定："股东可以用货币出资，也可以用实物、知识产权、土地使用权等可以用货币估价并可以依法转让的非货币财产作价出资；但是，法律、行政法规规定不得作为出资的财产除外。"

因此，发起人可以以货币资产、实物资产、无形资产及债权、股权等方式出资。其中，实物资产指公司生产经营所需的物品，包括房产、机器设备、办公设备、交通工具、原材料等；无形资产主要指企业生产经营所需的土地使用权、水面养殖权、林权、采矿权以及知识产权等。

《市场主体登记管理条例》第十三条规定:"公司股东、非公司企业法人出资人、农民专业合作社(联合社)成员不得以劳务、信用、自然人姓名、商誉、特许经营权或者设定担保的财产等作价出资。"

二、非货币财产作为股东出资必须满足的条件

1. 可用货币估价

即可依法用货币评估、计量并确定其价值,无法估量其价值的,如人的信用、自然人姓名、商誉、思想、智慧等不宜作为出资,劳务、特许经营权等也不能单独作为出资。因此,对于以实物、知识产权、土地使用权等非货币财产出资的,应当评估作价,核实财产。以国有资产出资的,应当遵守有关国有资产评估的相关规定。

2. 可依法转让

用于出资的非货币性资产必须属于依法可以转让的,法律、行政法规规定禁止转让的财产及根据其性能不可转让的财产,不得用于出资。以非货币财产出资的,股东应当依法办理财产权的转移手续。具体包括:(1)以实物出资,属于动产的,应当移交实物;属于不动产的,应当办理所有权或使用权转让的登记手续;(2)以知识产权出资,应当向公司提交该项知识产权的技术文件资料和权属文件;(3)以土地使用权出资,应当办理土地使用权转让登记。

三、以专利权作为股东出资的条件

专利权作为有价财产可以进行出资,股东以专利权出资应注意以下几个前置条件及注意事项:

(1)必须是已由国家专利局颁发专利证书的专利权,正在申请过程中、实质审查期或公告期内的,不得作为出资。根据《中华人民共和国专利法》第十条规定:"专利申请权和专利权可以转让。"就严格意义上而言,正在申请的专利可以转让,应该属于可以出资的知识产权。但是由于专利申请的审批程序包括受理、初审、公布、实审以及授权等多个阶段,存在申请被驳回

的可能,所以,严格来说,正在申请专利的技术仅仅是一种期待权,虽然满足出资的基本条件,但由于存在较大不确定性,并且估值难以确定,因此,不建议将正在申请的专利作为出资。

(2) 只有专利的合法权利人能以专利权入股。专利存在被申请无效的可能性,一旦专利被认定为无效就不再具备财产权的属性,也就不再可以作为出资的财产。因此,作为出资的专利必须未被他人提出撤销请求或宣告无效请求,且不存在其他权利争议。

(3) 专利权作为一项可以给企业带来未来经济收益的知识产权,尚可保护年限对于专利权的价值影响较大。因此可以作为出资的专利权,其届满期限必须尚有足够长的时间,且不存在被提前终止的情形。

(4) 用于出资的专利技术资料实质性移交,并且该专利出资人已对公司进行了专业的技术培训与指导,专利能够为公司带来经济效益。

(5) 根据《公司法》规定:"以非货币财产出资的,应当依法办理其财产权的转移手续。"因此,用于出资的专利证书记载的专利权人必须已变更为公司。

四、以商标权作为股东出资的条件

股东以商标权作为出资,应注意以下几个前置条件及注意事项:

(1) 必须是已由国家工商行政管理局商标局颁发商标注册证的商标,正在申请过程中或公告期内的,不得作为出资。

(2) 未被他人提出异议或撤销请求,且不存在其他权利争议。

(3) 注册商标在有效期内且无被撤销的情形存在。

(4) 商标注册证记载的商标注册人已变更为公司。

(5) 未注册商标、商号、商誉不得作价折股。

五、以软件著作权作为股东出资的条件

股东以软件著作权作为出资,应注意以下几个前置条件及注意事项:

(1) 须是已由中国软件登记中心颁发计算机软件登记证书的软件著

作权。

（2）已取得省级信息产业主管部门核发的国产软件产品登记号和软件产品登记证书并报同级税务部门和信息产业部电子信息产品管理机构备案,或者由信息产业部核发的进口软件产品登记号和软件产品登记证书;并且该软件产品在软件产品登记的有效期内。

（3）不存在权属争议。

（4）著作权在有效期内。

（5）计算机软件登记证书记载的著作权人已变更为拟上市公司。

六、以股权作为股东出资的注意事项

股东以股权进行出资,用作出资的股权应当权属清楚、权能完整、依法可以转让。

根据最高人民法院《关于适用〈中华人民共和国公司法〉若干问题的规定(三)》第十一条第一款规定出资人以其他公司股权出资,符合下列条件的,人民法院应当认定出资人已履行出资义务:

（1）出资的股权由出资人合法持有并依法可以转让;

（2）出资的股权无权利瑕疵或者权利负担;

（3）出资人已履行关于股权转让的法定手续;

（4）出资的股权已依法进行了价值评估。

具有下列情形的股权不得用作出资。

（1）已被设立质权;

（2）股权所在公司章程约定不得转让;

（3）法律、行政法规或者国务院决定规定,股权所在公司股东转让股权应当报经批准而未经批准;

（4）法律、行政法规或者国务院决定规定不得转让的其他情形。

七、以债权作为股东出资的注意事项

根据《公司法》等相关规定,股东以债权进行出资,应当符合以下情形:

债权人可以将其依法享有的对在中国境内设立的公司的债权,转为公司股权。债权出资目前仅限于债权人对债务人实施"债转股"。转为公司股权的债权应当符合下列情形之一:

(1) 债权人已经履行债权所对应的合同义务,且不违反法律、行政法规、国务院决定或者公司章程的禁止性规定;

(2) 经人民法院生效裁判或者仲裁机构裁决确认;

(3) 公司破产重整或者和解期间,列入经人民法院批准的重整计划或者裁定认可的和解协议。用以转成公司股权的债权有两个以上债权人的,债权人对债权应当已经做出分割。

股东以债权出资,审核中通常注意以下几点:

(1) 股东不得单纯以其对第三人的债权对发行人出资;其他发起人或股东对主发起人的债权出资的,应关注该债权的形成与主发起人投入发行人资产间的关系,如果二者间没有直接关系的,不能作为出资。

(2) 应关注该债权的形成与股份公司资产间的关系,如果二者间没有直接关系的,不能作为出资。

(3) 股东以债权作为出资的,需说明债权的形成过程及其真实性,并提供银行对账单等相关凭证证据。

八、应如何准确理解"股东出资到位"

根据《公司法》的规定,股东或者发起人应当按期足额缴纳公司章程中规定的各自所认缴的出资额或者所认购的股份。依法足额缴纳其认缴的出资,不仅涉及股东权益问题,也涉及股东和公司的诚信问题。因此,发起人或股东应当做到以下几点:

(1) 及时足额缴纳出资。注册资本中以货币出资的,股东应当将其认缴的出资按照公司章程规定的出资期限足额存入公司的银行账户。对于注册资本中以非货币性资产出资的,公司章程应当就资产转移的方式、期限等做出规定,并按章程规定办理资产转移和产权过户手续。

(2) 不得虚假出资或抽逃出资。即公司成立后,不得非法抽逃其出资或转走其出资。包括抽回其股本、转走其作为股金存入银行的资金、将已经作价出资的房屋产权、土地使用权又转移于他人等。

九、股份公司设立前出资不规范的影响及解决方式

发行人的注册资本应依法足额缴纳。发起人或者股东用作出资的资产的财产权转移手续已办理完毕。发行人出资应实缴到位,来源合法,控制权权属清晰。

股份公司设立前出资不规范的常见情形包括:股东未全面履行出资义务、抽逃出资、出资方式存在瑕疵等,或者发行人在历史上涉及国有企业、集体企业改制存在瑕疵的情形。

(1)历史上存在出资瑕疵的,应当在申报前依法采取补救措施。在实务中,股份公司设立前的出资瑕疵经恰当处理后,通常不会构成首发上市的实质性障碍。相关情形的解决方式主要如下:

① 出资不实。应由相关股东予以补足,补足方式通常包括:以现金补足,以合法拥有的其他资产置换原出资的瑕疵资产、补充办理原出资资产(房屋、土地使用权或者需要办理权属登记的知识产权等)的财产权变更登记手续等。对于因出资不实导致验资报告存在形式瑕疵的,通常由申报会计师出具复核验资报告,确认已出资到位。

② 以非货币性资产出资未履行评估程序。需要聘请评估机构出具追溯评估报告,确认原出资的非货币资产的评估值不低于出资金额;如果评估值低于出资金额,相关股东可直接用现金进行补足。

对于发行人历史沿革中存在出资瑕疵的,通常由发行人全体股东出具承诺,确认发行人的股权权属不存在纠纷,实际控制人或相关股东出具兜底承诺,确认对发行人可能产生的其他损失影响无条件地承担连带赔偿责任。发行人通常还应取得工商等部门关于问题已经解决并免予处罚的确认意见。

(2)股东出资的来源及其合法性。尤其是关于股东以大量现金出资与多次频繁现金出资的资金来源与真实性,审核过程中会加以充分关注,公司应不存在下列情形：①以货币方式出资的自然人股东，出资资金不得直接或间接来自公司；②国企高管的出资入股情形下，不得存在国有企业以资助、借款、代垫款项等方式为股东提供资金的情形。

(3) 对于发行人是国有或集体企业改制而来，或发行人的主要资产来自国有或集体企业，或历史上存在挂靠集体组织经营的企业，若改制或取得资产过程中法律依据不明确、相关程序存在瑕疵或与有关法律法规存在明显冲突，原则上发行人应取得有权部门关于改制或取得资产程序的合法性、是否造成国有或集体资产流失的意见。

第四节 股权激励

部分企业在申请上市前都会进行员工股权激励，即公司设计一套规则并通过法定程序使员工获得股权，因此员工股权激励也是与股份公司股东相关的重要问题，股权激励的设计和实施本身也是非常专业的事项，值得企业家高度重视。本节将介绍股权激励的主要方式和设计要素、审核中对于股权激励的主要关注点、实施股权激励过程中其他需要注意的问题和解决方式等。

一、股权激励的主要方式

股权激励是一种通过让经营者获得公司股权的形式给予企业经营者一定的经济权利，使他们能够以股东的身份参与企业决策、分享利润、承担风险，从而勤勉尽责地为公司的长期发展服务的一种激励方法。股权激励方式在理论上包括：限制性股票计划、员工持股计划、股票期权计划、股票增值权计划等。

在实务中，拟上市企业采用最多的股权激励方式为限制性股票计划，该计划是指事先授予激励对象一定数量的公司股票，但对股票的来源、出售等有一些特殊限制，一般只有当激励对象完成特定目标后，激励对象才可抛售限制性股票并从中获益。部分企业在上市前实施员工持股计划,员工持股计划是指让激励对象持有一定数量的本公司的股票,这些股票是公司无偿赠与激励对象的,或者是公司补贴激励对象购买的,或者是激励对象自行出资购买的。激励对象在股票升值时可以受益,在股票贬值时会受到损失。

二、筹划股权激励时应考虑的几大要素

股权激励的目的和意义是激励本身,好的股权激励方案能够达到多重激励的目标,但如果股权激励方案从设计到实施均存在诸多问题,便会产生很多适得其反的负面效果,因此企业在筹划股权激励时要有章可循,可以重点从以下几个方面考虑:

1. 额度选择

要实施股权激励计划,就必须确定激励额度,包括激励的总额度和具体激励对象的额度。在制定股权激励的总额度时,可以从公司的规模和发展阶段、员工对公司发展的作用、公司整体的薪酬水平、股东的意愿、法律法规的强制性规定等方面进行考虑和分析。

如股权激励实施期在申报期内,企业应根据预期授予额度、授予价格,结合最近一期PE入股价格、同行业二级市场市盈率水平等,适当考虑股份支付对报告期财务数据的影响。

2. 激励对象

股权激励不是员工福利,在确定股权激励对象时要把握不可替代性原则、贡献原则、公平公正原则。

3. 定价原则

对于非上市公司,股权激励定价没有可参照的公开市场的市值标准,如果定价太高难以起到激励作用,定价太低又会影响公司整体利益,因此需要给股权确定一个合理的对价。对于公司IPO阶段的股权激励,建议遵循以下几个原则:

(1) 同股同价原则:同一批激励对象出资时必须同股同价,这样既符合法律法规的要求,又可以体现公平原则。

（2）不能免费赠与原则：免费赠予不利于股权清晰，容易影响实际控制人及授予对象的心态，容易产生法律纠纷，容易引发员工不平衡性矛盾，不利于激励效果。

（3）定价依据合理原则：一般遵循高于公司每股净资产、低于公允价值60%的原则，不宜过多考虑上市后的价值。

4. 持股方式

通常激励对象较多或分期激励时，一般建议成立一家由公司实际控制人控制的有限合伙企业（即持股平台），然后由持股平台通过增资扩股的方式持有公司的股权。股权激励对象作为有限合伙人进入持股平台，获取持股平台相应的财产份额，最终通过有限合伙企业间接持有公司股权。

5. 股权来源

激励股权来源的设计受现有股东的股权架构、公司现金流的充裕度等多方面的影响，来源渠道主要包括增资扩股、现有股东转让和股东回购股权等。

6. 资金来源

资金来源是指激励对象在获取公司股份时所需支付的资金从哪里来。如果激励对象的薪酬不高，而激励额度较大时，若不能有效解决资金来源，则可能导致激励对象无资金行权的局面。在激励的股权所需资金量比较大的情况下，除了自筹资金的渠道外，在律师的参与和见证下，可以通过大股东借款或提供担保的方式实现。

7. 激励额度的分配与计算

当公司进行股权激励所涉及的人数较多时，分配股权激励额度不宜采用主观分配的方式，而应依据一定的指标，计算出各个激励对象所享有的出资权限。该出资权限是每一个激励对象享有的认购股权的选择权，激励对象有权按照该出资权限认购股权。激励对象认购股权的数量可以低于该权限出资，也可以完全放弃出资，但不得高于该出资权限。在具体计算时，可以从岗位、部门、司龄、学历等历史贡献度指标和剩余服务期限、预期能力增长、忠诚度等预期贡献度指标等角度来综合判断。

三、申报前实施员工持股计划应当符合的要求

根据适用意见17号规定,发行人首发申报前实施员工持股计划的,原则上应当全部由公司员工构成,体现增强公司凝聚力、维护公司长期稳定发展的导向,建立健全激励约束长效机制,兼顾员工与公司长远利益,为公司持续发展夯实基础。员工持股计划应当符合下列要求:

(1)发行人应当严格按照法律、法规、规章及规范性文件要求履行决策程序,并遵循公司自主决定、员工自愿参加的原则,不得以摊派、强行分配等方式强制实施员工持股计划。

(2)参与持股计划的员工,与其他投资者权益平等,盈亏自负,风险自担,不得利用知悉公司相关信息的优势,侵害其他投资者的合法权益。员工入股应主要以货币出资,并按约定及时足额缴纳。按照国家有关法律法规,员工以科技成果出资入股的,应提供所有权属证明并依法评估作价,及时办理财产权转移手续。

(3)发行人实施员工持股计划,可以通过公司制企业、合伙制企业、资产管理计划等持股平台间接持股,并建立健全持股在平台内部的流转、退出机制,以及所持发行人股权的管理机制。参与持股计划的员工因离职、退休、死亡等离开公司的,其间接所持股份权益应当按照员工持股计划章程或协议约定的方式处置。

四、实施员工持股计划的企业如何计算股东人数

根据适用意见17号规定,依法以公司制企业、合伙制企业、资产管理计划等持股平台实施的员工持股计划,在计算公司股东人数时,员工人数不计算在内。参与员工持股计划时为公司员工,离职后按照员工持股计划章程或协议约定等仍持有员工持股计划权益的人员,可不视为外部人员。

新《证券法》施行之前(即2020年3月1日之前)设立的员工持股计划,参与人包括少量外部人员的,可不做清理。在计算公司股东人数时,公司员工人数不计算在内,外部人员按实际人数穿透计算。

五、申报前制订并在上市后实施的股票期权激励计划问题

发行人在首发申报前制订、在上市后实施的期权激励计划应当符合要求。发行人存在首发申报前制订、上市后实施的期权激励计划的,应体现增强公司凝聚力、维护公司长期稳定发展的导向。

期权激励计划应符合下列原则性要求:(1)激励对象应当符合相关上市板块的规定;(2)激励计划的必备内容与基本要求,激励工具的定义与权利限制,行权安排,回购或终止行权,实施程序等内容,应参考《上市公司股权激励管理办法》的相关规定予以执行;(3)期权的行权价格由股东自行商定确定,但原则上不应低于最近一年经审计的净资产或评估值;(4)发行人全部在有效期内的期权激励计划所对应股票数量占上市前总股本的比例原则上不得超过15%,且不得设置预留权益;(5)在审期间,发行人不应新增期权激励计划,相关激励对象不得行权;最近一期末资产负债表日后行权的,申报前须增加一期审计;(6)在制订期权激励计划时应充分考虑实际控制人的稳定,避免上市后期权行权导致实际控制人发生变化;(7)激励对象在发行人上市后行权认购的股票,应承诺自行权日起3年内不减持,同时承诺上述期限届满后比照董事、监事及高级管理人员的相关减持规定执行。

六、审核中对于股权激励的主要关注点

(1)股权激励方案的相关决议、文件等资料是否符合《公司法》、相关法律法规以及公司章程的规定,确保企业股权激励方案决策程序的合法性。

(2)是否存在代持股问题。员工持股平台的激励对象是否均为公司员工,是否存在不具有主体资格的被激励者参与股权激励的情形。

(3)管理层或员工用于购买企业股份的资金来源是否合法,是否由企业垫付资金购买股份。

(4)股权是否清晰,股权结构是否安全和稳定。

(5)对管理层进行股权激励时要求股权受让方签订的相关承诺书是否合法。

第七章
财务与会计(上)

会计是以货币为主要计量单位,运用专门的方法,对企业的经济活动进行连续、系统、全面的反映和监督的一项经济管理活动。财务管理是企业内部管理的一个重要组成部分,是根据财经法规制度以及企业的管理总目标,按照财务管理的原则,组织企业财务活动,处理财务关系的一项经济管理工作。

财务与会计管理是企业管理最重要的组成部分之一,其规范性是能否成功上市的一个关键性因素。国内民营中小企业的财务核算与管理多数不够规范,这是由我国经济发展阶段与企业发展历程所决定的,另一个重要原因是财务人员的专业素质不足,专业胜任能力不能够适应企业的发展。随着企业发展到一定阶段,无论是进一步健康发展壮大,还是实现登陆资本市场的阶段性战略目标,都存在着内在的财务规范需求。本章和下一章将围绕企业的财务和会计问题进行专题介绍。

第一节 会计政策及会计核算基础

根据首发注册管理办法规定,企业上市必须要满足的财务规范基本条件是:发行人会计基础工作规范与内部控制制度健全且被有效执行。本节重点介绍企业上市对会计基础规范及内部控制规范的要求,分析满足上述要求的要点,并介绍了内部控制的定义、会计政策、会计估计变更以及报告期内会计政策的理解等。

一、关于会计基础规范的要求

根据首发注册管理办法的要求,发行人会计基础工作规范,财务报表的编制和披露符合企业会计准则和相关信息披露规则的规定,在所有重大方面公允地反映了发行人的财务状况、经营成果和现金流量,最近3年财务会计报告由注册会计师出具了无保留意见的审计报告。审核规则没有具体明确的要求细节,最终落脚点是注册会计师出具无保留的审计报告。以生产型企业为例,要达到这个要求,企业会计基础、财务核算和经营管理方面应当至少满足以下5个方面(以下简称为"企业会计基础规范的5项特征"):

(1) 企业能够准确、及时、完整地核算其产品与服务的单位成本和总成本;

(2) 报表范围内的各主体能够较快地进行会计期末结账,报表出具不需要耗费大量的时间;

(3) 报表范围内的各主体的资产负债基本做到账实相符,不存在大量差异,尤其是存货、应收账款、应付账款等与账面不存在持续性的差异,各主体之间的内部交易清晰、不存在较大不明确的差异;

(4) 管理层对内部财务数据的可靠性有足够信心,不存在重大差异,管理活动中能够主动使用内部生成的财务数据;

(5) 会计师审计时,不存在大量连续性的审计调整,调整事项具备清晰明确可验证的依据。

会计基础工作涉及面非常深广,我们归纳为以上5点,以便企业负责人、中介机构等对企业会计基础的规范状况有更加全面、准确的自检判断。如果企业不能明确达到上述状态,应该加强持续规范,夯实会计工作的规范基础,否则即使审计报告勉强出具,项目能够勉强申报。但由于实际企业会计基础规范不到位,审计基础不牢,上市过程中将很难达到预期效果。

二、内部控制及财务报告内部控制的概念

内部控制是指由企业董事会、监事会、管理层和全体员工实施的旨在实现控制目标的过程。内部控制的目标是合理保证企业经营管理合法合规、资产安全、财务报告及相关信息真实完整,提高经济效率和效果,促进企业实现发展战略。

财务报告内部控制是指公司的董事会、监事会、管理层及全体员工实施的旨在合理保证财务报告及相关信息真实、完整而设计和运行的内部控制,以及用于保护资产安全的内部控制中与财务报告可靠性目标相关的控制。

三、关于内部控制有效性的规范要求

根据首发注册管理办法的要求,内部控制制度健全且被有效执行,能够合理保证公司的运行效率、合法合规和财务报告的可靠性,并由注册会计师出具无保留结论的内部控制鉴证报告。同会计核算基础规范一样,最终落脚点也是无保留结论的内部控制鉴证报告。根据审计准则规定及实践,会计师执行的内部控制审计还是限定在财务报告内部控制审计。具体而言,财务报告内部控制主要包括以下几方面的政策和程序:

(1) 保存充分、适当的记录,准确、公允地反映企业的交易和事项。

(2) 合理保证按照适用的财务报告来编制基础的规定编制财务报告。

(3) 合理保证收入和支出的发生以及资产的取得、使用或处置经过适当授权。

(4) 合理保证及时防止或发现并纠正未经授权的、对财务报表有重大影响的交易和事项。

财务报告内部控制以外的内部控制,属于非财务报告内部控制。财务报告内部控制的目标就是合理保证财务报告的可靠性,会计核算基础规范要求也是为了确保财务报表的可靠性,因此,内部控制鉴证报告要求的与会计核算基础规范要求的具有较强的一致性。

首发注册管理办法要求的内部控制范围实际上高于内部控制鉴证的要

求范围。企业的内部控制往往不会孤立看待,而是结合业务、财务等问题进行总体判断。企业应重点关注与业务、财务相关的内部控制制度的制定和执行。在审核实践中,对拟上市公司内部控制的关注点不限于内部控制鉴证的范围,其他例如票据融资、销售或采购等环节存在的现金交易、报告期内存在的会计政策、会计估计变更或会计差错更正、重要业务事项控制措施等,都有可能涉及监管层对内部控制有效性的判断。

四、内部控制不规范的部分情形

监管规则指引 5 号列举了部分内控不规范的情况。在财务报告内部控制方面,提交申报材料的审计截止日前不得存在如下不规范情形:

(1)为满足贷款银行受托支付要求,在无真实业务支持情况下,通过供应商等取得银行贷款或为客户提供银行贷款资金走账通道;

(2)向关联方或供应商开具无真实交易背景的商业票据,通过票据贴现后获取银行融资;

(3)与关联方或第三方直接进行资金拆借;

(4)频繁通过关联方或第三方代收货款,金额较大且缺乏商业合理性;

(5)利用个人账户对外收付款项;

(6)出借公司账户为他人收付款项;

(7)违反内部资金管理规定对外支付大额款项、大额现金收支、挪用资金;

(8)被关联方以借款、代偿债务、代垫款项或者其他方式占用资金;

(9)存在账外账;

(10)在销售、采购、研发、存货管理等重要业务循环中存在内控重大缺陷。

企业在报告期内存在上述情形的,在规范期间,应会同申报中介机构,严格按照现行法规、规则、制度要求对涉及问题进行整改或纠正。

按照监管规则指引 5 号规定,首次申报审计截止日后,发行人在原则上不能存在上述内部控制不规范和不能有效执行的情形(发行人确有特殊客观原因,认为不属于财务内部控制不规范的除外),在实务中应当在更早时期解决上述不规范,一般至少要在股份公司设立前规范。上述罗列事项除第(10)款仅仅是资金管理相关的内部控制不规范情形外,在实际上要符合首发注册管理办法,合理保证公司运行效率、合法合规和财务报告的可靠性,内控控制需要完善的方面远不止以上这些情形。

五、企业完善会计基础规范的方式

企业的财务规范是企业能否成功上市的一个关键性因素,但是如何定性定量财务规范程度却是一个非常难的事项。规范是一个逐步实现、持续努力的过程。企业要做好财务规范,达到前述企业会计基础规范的 5 项特征,需要主要从以下 3 个方面着手,逐步规范,持续完善:

1. 财务规范要基于企业业务流程规范

企业启动上市筹备工作,应当先对企业的业务流程进行深度梳理,确保业务流程与管理相对规范,为进一步财务规范打好基础。尤其是企业业务流程中最基础的销售、生产、采购和资金四个循环,财务规范提升依赖于企业业务流程规范和管理水平的提升。

2. 完善财务管理制度

财务管理制度是确保会计基础规范和内部控制制度规范的制度保障。企业梳理完毕业务流程后,在完善内部控制体系的同时,要建立健全财务管理制度,才能真正让财务规范工作有据可依。财务管理制度和财务管理细则也是公司整体管理制度的组成部分,为财务规范工作提供了重要的制度支持。财务制度整体可分为财务核算与财务管理两个方面。财务核算主要包括岗位职责和各业务流程的账务处理;财务管理主要包括资金管理、资产管理、收付款管理、预算制度、业绩预测以及财务分析等。

3. 完善财务部门的专业素养与专业人才配置

财务部门是指组织领导和具体从事财务管理工作的职能部门。财务部门职能主要包括:财务核算、资金管理、风险管理、信息输出、决策支持等。企业财务部门是企业管理机构中的一个专业管理单元,良好的制度制定与执行都需要合格的人才建设保障。在企业启动上市计划时，企业的财务管理部门通常需要增强专业人才的配置，并通过培训与学习不断提高财务团队的专业水平与素质。资本市场要求的财务专业性远高于普通企业，专业指导尤为重要，配备一位专业扎实、综合能力能够超越财务会计本职，具备跨领域、跨价值链管理能力的财务总监，才能使得财务规范与上市推进工作事半功倍。

六、关于会计政策的规范要求

企业编制财务报表应以实际发生的交易或者事项为依据；在进行会计确认、计量和报告时应当保持应有的谨慎；对相同或者相似的经济业务，应选用一致的会计政策，不得随意变更。

会计政策是指企业在会计确认、计量和报告中采取的原则、基础和会计处理方法，也就是企业在会计核算时所遵循的具体原则以及企业所采用的具体会计处理方法。由于经济业务的复杂性和多样性，会计准则要求企业选择的会计政策应当在会计准则规定的范围内具有可选择性。

企业会计政策的选择不是一个单纯的会计问题，它需要符合行业惯例与企业具体的经济业务实际。企业在制定申报期内会计政策时要充分考虑已上市同行业公司会计政策的可比性，再结合企业本身业务的实际情况，确定会计政策和会计估计，并经股东大会或董事会、经理会议或类似机构批准，按照法律、行政法规等的规定报送有关各方备案。企业的会计政策和会计估计一经确定，不得随意变更。

企业申报时需要提交三年一期的申报报表，三年一期是一个审计报告期，除报告期内会计准则发生变化，根据相关规定需要变更会计政策外，一般不应该在同一审计报告期内发生其他会计政策变化。

七、会计政策与会计估计变更的定义

1. 会计政策

会计政策是指企业在会计确认、计量和报告中所采用的原则、基础和会计处理方法。

原则、基础和会计处理方法构成了会计政策相互关联的有机整体，对会计政策的判断通常应当考虑从会计要素角度出发，根据各项资产、负债、所有者权益、收入、费用等会计确认条件、计量属性以及两者相关的处理方法、列报要求等确定相应的会计政策。

在资产方面，存货的取得、发出和期末计价的处理方法，长期投资的取得及后续计量，投资性房地产的确认及后续计量模式，固定资产、无形资产的确认条件及其减值政策，金融资产的分类等，属于资产要素的会计政策。

在负债方面，借款费用资本化的条件、债务重组的确认和计量、预计负债的确认条件、应付职工薪酬和股份支付的确认和计量、金融负债的分类等，属于负债要素的会计政策。

在所有者权益方面，权益工具的确认和计量、混合金融工具的分析等，属于所有者权益要素的会计政策。

在收入方面，商品销售收入、租赁合同、保险合同、贷款合同等合同收入的确认与计量方法，属于收入要素的会计政策。

在费用方面，商品销售成本及劳务成本的结转、期间费用的划分等，属于费用要素的会计政策。

除会计要素相关的会计政策外，财务报表列报方面所设计的编制现金流量表的直接法和间接法、合并财务报表合并范围的判断、分部报告中报告分部的确定，也属于会计政策。

2. 会计估计

会计估计是指企业对结果不确定的交易或者事项以最近可利用的信息为基础所做的判断。由于商业活动中内在的不确定因素影响，许多财务报表中的项目不能精确地计量，而只能加以估计。估计涉及的是以最近可利用的、可靠的信息为基础所做的判断。

会计估计的判断，应当考虑与会计估计相关项目的性质和金额，常见的会计估计包括：存货可变现净值的确定，采用公允价值模式下的投资性房地产公允价值的确定，固定资产的预计使用寿命、预计净残值和固定资产的折旧方法、弃置费用的确定,消耗性生物资产可变现净值的确定,生物资产的预计使用寿命、预计净残值和折旧方法,使用寿命有限的无形资产的预计使用寿命、残值、摊销方法,职工薪酬金额的确定,预计负债金额的确定,与股份支付相关的公允价值的确定,与债务重组相关的公允价值的确定,与政府补助相关的公允价值的确定,一般借款资本化金额的确定,应纳税暂时性差异和可抵扣暂时性差异的确定,与非同一控制下的企业合并相关的公允价值的确定等。

八、会计政策变更与会计估计变更

企业应当正确划分会计政策变更与会计估计变更,并按照不同的方法进行相关会计处理。

1. 会计政策变更与会计估计变更的划分基础

企业应当以变更事项的会计确认、计量基础和列报项目是否发生变更作为判断该变更是会计政策变更,还是会计估计变更的划分基础。

(1) 以会计确认是否发生变更作为判断基础。对会计确认的指定或选择是会计政策,其相应的变更是会计政策变更。会计确认、计量的变更一般会引起列报项目的变更。

(2) 以计量基础是否发生变更作为判断基础。对计量基础的指定或选择是会计政策,其相应的变更是会计政策变更。

(3) 以列报项目是否发生变更作为判断基础。对列报项目的指定或选择是会计政策,其相应的变更是会计政策变更。

(4) 根据会计确认、计量基础和列报项目所选择的、为取得与该项目有关的金额或数值所采用的处理方法,其相应的变更是会计估计变更。

2. 划分会计政策变更和会计估计变更的方法

企业可以采用以下具体方法来划分会计政策变更与会计估计变更:分析并判断该事项是否涉及会计确认、计量基础选择或列报项目的变更。当至少涉及其中一项划分基础变更时,该事项是会计政策变更;不涉及上述划分基础变更时,该事项可以判断为会计估计变更。

九、会计估计变更和差错更正的判断

企业在对财务报表项目进行计量时,往往需要进行会计估计,该估计应当以最近可以获得的可靠信息为基础。随着时间的推移,如果会计估计的基础发生变化,或者企业取得了新的信息、积累了更多的经验,导致需要对前期会计估计进行变更,属于会计估计变更。企业在进行会计估计时,如果没有恰当运用当时能够取得的可靠信息,则属于前期差错。会计估计变更应当采用未来适用法进行会计处理,而前期差错更正通常应当采用追溯重述法进行会计处理。

企业不应简单地将会计估计与实际结果对比,认定存在差错。如果企业前期做出会计估计时,未能合理使用报表编报时已经存在且能够取得的可靠信息,导致前期会计估计结果未恰当反映当时情况,则应属于前期差错,应当适用前期差错更正的会计处理方法;反之,如果企业前期的会计估计是以当时存在且预期能够取得的可靠信息为基础做出的,随后因资产和负债的当前状况及预期经济利益和义务发生了变化而变更会计估计的,则属于会计估计变更,应当适用会计估计变更的会计处理方法。

十、报告期内存在会计政策、会计估计变更或会计差错更正的情形

1. 申报期内会计政策应保持一致

企业在申报前的上市辅导和规范阶段,应按照本节第六个要点的要求制定会计政策,并保证提交首发申请时的申报财务报表能够公允地反映发行人的财务状况、经营成果和现金流量。在申报前进行审计调整的,申报会计师应按要求对发行人编制的申报财务报表与原始财务报表的差异比较表出具鉴证报告,并说明审计调整原因,保荐机构应核查审计调整的合理性与合规性。

在报告期内,发行人的会计政策和会计估计应保持一致,不得随意变更,若有变更应符合企业会计准则的规定,并履行必要的审批程序。除会计

准则规定变化外,企业变更会计政策或者会计估计时,应有充分的理由证明,变更会计政策或会计估计后,能够提供更可靠、更相关的会计信息;对会计政策、会计估计的变更,应履行必要的审批程序。否则,将被视为滥用会计政策或会计估计。

2. 申报后会计政策变更应谨慎

发行人申报后,非会计准则变化的会计政策变更应当慎之又慎。如存在会计政策、会计估计变更事项的,相关变更事项应符合专业审慎原则,与同行业上市公司不存在重大差异,不存在影响发行人会计基础工作规范性及内部控制有效性的情形。

保荐机构及申报会计师应重点核查会计政策变化的原因等及差错对会计报表的影响,并发表明确意见,分析说明不存在会计基础薄弱、内部控制重大缺陷、盈余操纵、未及时进行审计调整的重大会计核算疏漏、滥用会计政策或者会计估计以及恶意隐瞒或舞弊行为。在实务中,出现申报后会计政策非准则要求的变更是非常罕见的,也很难自圆其说地证明不属于会计基础工作薄弱或内部控制缺失。

第二节　生产成本的管理与核算

会计的核心职能就是反映与监督。成本会计作为会计的一个分支也不例外,其主要职能也是反映与监督。现代成本会计的七大职能,实际就是随着社会经济发展和管理要求的提高,发展与扩展的核心职能。反映职能也就是成本核算,即计算总成本与单位成本;监督职能包括成本预测、成本决策、成本计划、成本控制、成本分析与成本考核,也就是计划、执行与评价等。成本核算是成本会计最基本的职能,也是成本会计最重要的内容,离开成本核算,其他职能就根本无从谈起。成本核算是成本会计的核心,成本会计是财务会计与管理会计的重要桥梁。

对一个生产制造型企业来说,生产成本核算是会计基础工作最核心的内容,生产管理涉及的内部控制也是企业内部控制最重要的组成部分。做好成本核算工作,必须建立科学、合理的组织工作体系。成本会计的基础工作核心就是人和制度。要设置专门的成本会计机构,配备必需的成本会计人员,制定并严格执行适合企业管理需求的成本会计制度。制定并严格执行成本会计制度是落实会计核算基础规范与财务报告内部控制制度的重要环节,也是成本会计开展工作的前提。本节将主要对与成本核算有关的要点进行介绍。

一、成本与成本核算的概念

就广义上而言,成本是指为了达到特定目的而发生或者应发生的价值牺牲,它可以用货币单位加以计量。

就狭义上而言,成本一般是指产品的生产成本,也就是产品成本。产品成本是指企业在生产产品过程中所发生的材料费用、职工薪酬等,以及不能直接计入,而需要按照一定分配标准计入的各种间接费用。本节介绍的成本或者生产成本无特别说明,均为狭义上的成本,即生产成本。

成本核算是指将企业在生产经营过程中发生的各种耗费,按照一定的核算对象进行归集和分配,以计算总成本和单位成本的管理活动。

成本核算是成本会计最基本,也是最核心的职能与内容。

成本核算的方法是按照企业的生产工艺特点和生产组织方式及成本管理要求所确定的。成本核算是企业成本管理的重要组成部分,其主要任务是准确、及时地核算产品的实际总成本和单位成本,提供准确的成本数据,以记录企业成本执行情况与考核成本计划执行情况,综合反映企业的生产经营管理水平。

二、成本核算内容

按经济内容来看,成本核算项目可分为9个费用要素:

(1)外购材料,指企业为进行生产经营而耗用的一切从外单位购进的原料及主要材料、成品、辅助材料、包装物、修理用备件和低值易耗品等。

（2）外购燃料，指企业为进行生产经营而耗用的一切从外单位购进的各种固体、液体和气体燃料。

（3）外购动力，指企业为进行生产经营而耗用的一切从外单位购进的各种动力。

（4）工资薪酬，指企业应计入产品成本和期间费用的职工工资薪酬。

（5）社会保险及其他工资性支出，指企业根据规定按工资总额的一定比例计算的、应计入产品成本和期间费用的"五险一金"、非货币性福利、职工教育经费、工会经费等。

（6）折旧费，指企业按照规定的固定资产折旧方法来计算提取的折旧费用。

（7）利息支出，指企业应计入财务费用的借入款项的利息支出减利息收入后的余额。

（8）税金，指应计入企业管理费用的各种税金，如车船使用税、印花税、房产税等。

（9）其他支出，指不属于以上各要素但应计入产品成本或期间费用的费用支出，如差旅费、租赁费、外部加工费以及保险费等。

三、成本核算的成本项目设置

根据成本管理与核算的需求，可以按照一定标准对成本分类。按照经济职能分类：生产成本与非生产成本。非生产成本就是管理费用、销售费用、财务费用、研发费用。

生产成本就是狭义的成本，企业应当根据生产经营特点和管理要求，按照成本的经济用途和生产要素内容相结合的原则来设置成本项目。制造企业一般设置直接材料、燃料和动力、直接人工和制造费用等成本项目。

企业进行成本核算时可设置以下成本项目：

（1）直接原材料，指企业生产产品和提供劳务的过程中所消耗的、直接用于产品生产、构成产品实体的原料及主要材料、外购半成品以及有助于产品形成的辅助材料等。

（2）燃料和动力，指直接用于产品生产的各种燃料和动力费用。

（3）直接人工，也称生产工资及福利费，指直接从事产品生产的工人的职工薪酬，包括工人的工资、津贴、补贴和福利费等。

（4）制造费用，指企业为生产产品和提供劳务而产生的各项间接费用，包括企业生产部门（如生产车间）产生的水电费、固定资产折旧、无形资产摊销、管理人员的职工薪酬、劳动保护费、国家规定的有关环保费用、季节性和修理期间的停工损失等。

（5）废品损失，指企业在生产过程中产生了废品所造成的损失。废品较多，或者废品损失在产品成本中占比较大的，需要单独加以核算的企业，可以设此项目组织核算。

（6）停工损失，所谓停工是指企业因材料供应不足、电力中断、机器大修理、计划减产，或非常灾害等引起的停工。企业基本生产车间因停工而发生的各种费用造成的损失称之为停工损失。有停工损失的企业设"停工损失"项目进行核算。停工损失的费用一般都应计入产品成本。

常见的企业一般成本项目可简单分为直接材料、直接人工和制造费用三个，不设"废品损失"和"停工损失"项目。

不同行业与管理要求不同的企业，成本项目有所不同，企业应当根据生产特点和管理要求对成本项目与包含的成本要素进行适当调整。对于管理与核算上需要单独反映监督的费用项目以及在产品成本中占比较大的费用项目，应当单独设置成本项目核算；反之，为了简化核算，可以不单独设成本项目，合并成本项目核算。例如委外加工、季节性委外加工、工艺需要的委外加工，如果比较重要应当设置专门的项目核算，委外加工实质是外购，属于直接费用，一般不应直接简单地并入制造费用。

成本会计的目标是保证企业的生产经营活动按计划执行，成本核算的主要目的是满足生产经营与决策的信息需求。生产经营是一个持续演变的过程，同一个企业因不同的发展阶段及管理需求，成本核算方法的选择和具体操作会有所不同。

四、成本核算的基础工作

在成本会计的基础工作中,最主要的就是落实成本核算的基础工作,而不是成本计算本身。为了做好成本核算工作,必须建立科学、合理的组织工作体系。成本会计的基础工作核心就是人和制度。设置专门的成本会计机构,配备必需的成本会计人员,制定并严格执行适合企业管理需求的成本会计制度。这是成本会计工作开展的前提。

1. 成本会计机构与人员

根据企业的规模与成本管理的要求,生产企业应当成立从事成本会计的专门机构。成本会计机构是处理成本会计工作的职能部门,大中型企业应当设置专门的成本会计科室或者成本核算小组,小型的企业财务人员较少,应当设置专门的成本会计岗位。

设置了专门的成本会计部门或者岗位,就需要配备适量能够胜任成本会计工作的人员。成本核算是企业会计核算中最核心的工作,成本指标是企业管理工作质量的集中、综合体现,确保配备具有足够专业的胜任能力的人员是最根本的要求。

2. 成本会计制度

成本会计制度是指对进行成本会计工作所做的一系列规定。狭义的成本会计制度内容仅包括成本计算方法及其会计核算科目与账户体系的相关规定。现代企业的成本会计制度内容包括和成本预测、决策、计划、控制、核算、分析和考核等有关的规定,指导着成本会计工作的全过程,也被称作广义的成本会计制度。

成本会计制度是组织和处理成本会计工作所做的规范,是会计制度的组成部分,企业应根据会计基本准则、有关具体准则、成本核算制度、企业内部管理的需要和生产经营的特点来制定企业内部成本会计制度。

3. 落实、完善各项成本核算制度

产品成本包括企业在生产产品过程中所发生的材料费用、职工薪酬等,以及不能直接计入而按照一定标准分配计入的各种间接费用。成本核算是对产品生产过程中发生的各项费用进行汇集、分配和计算的过程。也就是说,成本核算是一个汇总、分配,甚至多次汇总再分配的复杂过程,那么,完整、准确的计算数据收集就是企业进行成本核算最主要的基础,该基础最根本的保障,就是严格执行与核算相关的成本会计制度及企业内部管理相关制度。因此,要正确核算产品成本,首先需要从完善成本核算的基础工作开始,在企业成本核算过程中,基础工作包括:健全的原始记录、健全的材料与成品的计量、收发、领退和盘点制度、健全的定额管理制度、完善内部结算制度、建立和健全企业内部的转移价格等。

五、成本会计人员应当具备的基本素质

成本会计人员是财务核算中相对综合的岗位,其基本素养要求包括:
(1) 要精通会计专业知识,对成本会计理论与实践有较好的基础。
(2) 对本企业的生产技术、生产工艺、生产流程与管理流程熟悉,能够主动深入生产经营的各个环节,勤奋好学吃苦耐劳,善于调查研究。
(3) 具有一定的生产经营管理与决策知识储备,具备发现问题、解决问题的能力,能够发现成本管理与经营决策中的一些问题,积极提出改进意见与建议。

此外也要具备优良的职业道德素养,成本会计人员必须有"一线"工作思维。应该能够积极主动与技术人员沟通,了解生产工艺,结合产品的功能来剖析价值与成本的关系;应该能够积极主动地深入生产经营的现场,了解实际生产加工工艺实施现状,根据生产特点与管理要求优化核算程序;应当能够积极主动地与管理层人员交流,深刻理解管理需求,为经营决策、预测提供准确及时的成本信息。将成本会计工作与经营管理紧密结合在一起,努力提高企业的成本管理工作,增加企业的经济效益。

六、正确划分各项费用边界

成本核算就是费用归集与分配的过程,因此,正确地核算产品成本必须建立在正确划分各项费用边界的基础上。做好成本核算必须从以下 5 个方

面正确划分费用边界：

1. 正确划分费用与非费用的界限

生产企业产生的各种支出，其用途不同，列支的项目也应该不同。对于企业在生产经营过程中发生的一些资本性支出，如购建固定资产、形成无形资产的支出，应列入资产价值。对于一些与生产经营无关的支出，如固定资产盘盈盘亏、固定资产报废清理、材料非正常损失等，不属于企业日常生产经营方面的支出，应该计入损失类科目，如营业外支出等。

2. 正确划分产品生产费用与非生产费用的界限

在生产企业的日常生产经营中，会产生各种耗费，其中用于产品生产的费用构成产品成本，并在产品销售后作为产品销售成本计入企业损益。属于管理费用、销售费用、研发费用、财务费用的支出，作为期间费用计入当期损益。

3. 正确划分各会计期间的生产费用界限

凡应由本期产品成本负担的费用，不论是否在本期发生，都应全部计入本期产品成本；不应由本期产品成本负担的费用，即使在本期支付，也不能计入本期产品成本。也就是权责发生制原则，即以本期会计期间发生的费用与收入是否应计入当期为标准。

4. 正确划分不同成本对象的费用界限

依据"谁受益、谁分摊"的原则，凡属于某种产品单独发生，能够直接计入该种产品的生产费用，均应直接计入该种产品的成本；凡属于几种产品共同发生，不能够直接计入该种产品的生产费用，则应采用适当的分配方法，分配计入这几种产品的成本。

5. 正确划分完工产品与在产品的成本界限

在生产经营中，于月末核算产品成本时，如果既有完工产品也有未完工产品，应该针对该产品累计发生的生产费用采用适当的标准进行分配。

总之，正确划分各种费用支出的界限，是正确确定产品与在产品分配方法与计算的重要条件。只有分清了各类费用支出，才能保证产品成本核算的正确性。

七、确定生产成本核算对象的原则

进行成本核算,必须首先确定成本核算对象。成本核算对象是指为核算产品成本而确定的生产费用归集和分配的范围,是被计算产品成本的客体,是生产费用的归属对象和生产耗费的承担者,是核算产品成本的前提。所以,正确确定成本核算对象,是保证成本核算质量的重要基础。

企业应当根据生产经营特点和管理要求,确定成本核算对象,归集成本费用,计算产品的生产成本。

制造企业一般按照产品品种、批次订单或生产步骤等确定产品成本核算对象。

（1）大量大批单步骤生产产品或管理上不要求提供有关生产步骤成本信息的,一般按照产品品种来确定成本核算对象。

（2）小批单件生产产品的,一般按照每批或每件产品来确定成本核算对象。

（3）多步骤连续加工产品且管理上要求提供有关生产步骤成本信息的,一般按照每种(批)产品及各生产步骤确定成本核算对象。

产品规格繁多的,可以将产品结构、耗用原材料和工艺过程基本相同的产品,适当合并作为成本核算对象。

八、确定成本核算周期

对于产品核算周期,从核算对象——产品的角度说,理论上的产品成本核算周期应该与产品的生产周期相一致。但在现实实践的情况下,真正以生产周期作为产品核算周期的情况很少。大量的企业是以批量、流水化的生产为主要运营模式。不断投产,不断完工,绵延不断,生产运营根本无法按照产品生产周期核算,所以除个别企业的特殊情况外,一般以月度为核算周期核算,这是我们常见的核算周期情形,只有在少数情况下,产品的核算周期与生产周期才会一致。

成本核算期与会计核算期是不同的概念,不论成本核算是否定期,会计核算周期总是按月进行的。也就是说,在任何情况下,各月发生的生产费用必须按月进行归集,但生产成本不一定。

九、成本分配原则

企业的产品成本归集、分配和结转,既存在共同的规律和原则,也表现出一定差异。共同规律即企业所发生的费用,能确定由某一个成本核算对象负担的,都应当按照所对应的产品成本项目类别,直接计入产品成本核算对象的生产成本;由几个成本核算对象共同负担的,应当选择合理的分配标准分配计入。

制造企业发生的直接材料和直接人工,能够直接计入成本核算对象的,应当直接计入成本核算对象的生产成本,否则应当按照合理的分配标准分配计入。

主要的原则是受益性原则,谁受益谁承担。另外兼顾及时性原则、管理性原则、基础性原则和成本效益性原则。

十、成本分配标准的确定

生产过程是一个比较复杂的过程,针对既定的核算对象,有直接成本,也有间接成本。

1. 直接成本分配

直接成本根据受益原则一般都可以直接计入核算对象或者项目,如直接材料、直接人工等。但产品生产中也会涉及多个产品分配对象共同耗用直接材料的情形,需要根据"谁受益、谁分摊"的原则进行分配,其分配方法主要包括:重量比例分配法、定额消耗比例分配法和定额成本比例分配法等。直接人工属于比较清晰的按照产品对象计件工资,可以将对应的人工费用直接计入各种产品成本。但现在企业一般不是纯粹的计件工资,或者涉及同时生产多种产品,人工成本需要在多个分配对象之间分配的,也需要按照一定的方法来进行分配。主要的方法包括:实际工时分配法、定额工时分配法、产品产量分配法等。

2. 间接费用分配

间接费用是按照相关项目进行归集，一般月末按照一定的方法进行分配。一项费用的用途往往不止一个，涉及的受益产品也不止一种，成本核算的对象会出现一对多、多对多的情形。这样一来，间接费用产生后，就不能直接、全部地计入反映某一个对象的明细账户，而需要先将间接费用在特定账户归集，然后再根据一定的规则在几个对象之间进行分配。生产企业最重要的间接费用就是制造费用。

比较常用的合理间接费用的分配标准主要包括：产品产量、重量、生产工时、生产工人工时、机器工时、原材料消耗量、原材料价值量，或者定额消耗量、定额费用等。分配间接费用的计算公式如下：

费用分配率＝待分配费用合计数/分配标准总额

分配对象应分配的费用＝该分配对象的分配标准总额×费用分配率

3. 核算制度的相关规定

《企业产品成本核算制度（试行）》（以下简称"《制度》"）第三十四条规定："企业所发生的费用，能确定由某一成本核算对象负担的，应当按照所对应的产品成本项目类别，直接计入产品成本核算对象的生产成本；由几个成本核算对象共同负担的，应当选择合理的分配标准分配计入。

企业应当根据生产经营特点，以正常生产能力水平为基础，按照资源耗费方式确定合理的分配标准。

企业应当按照权责发生制的原则，根据产品的生产特点和管理要求结转成本。"

4. 关于分配的理解补充

无论直接费用还是间接费用，存在需要在多个对象之间分配的情形时，首先，需要明白的是，要对费用在多个对象之间进行完全精确的分配是不现实，也是没必要的，不能为了所谓"精准"，无限地增加核算难度。所以成本核算是采用一定的规则相对准确地在各受益对象之间进行分配。其次，间接费用分配需要根据企业管理的具体情况，不能脱离实际来空谈分配的合理性。要根据企业管理的具体情况及管理要求来确定一定的分配规则、标准，也就是适当的、合理的分配标准。所谓的适当的、合理的，就是分配所依据的标准与所分配的费用有比较密切的联系，依据是合理的，并且从操作层面上是可行的。

十一、正确选择成本核算的方法

企业行业、产品千差万别，即使同一行业，生产同一种产品，相同发展阶段，但由于生产工艺、管理流程与管理要求不同，成本具体核算方法也会不同。企业成本的具体核算方法不可能有一个统一的模式，必须结合企业自身的实际情况，对生产工艺流程、生产组织方式与管理流程等方面进行全面细致的了解，确定成本控制管理的关键点，确定适合自身的产品成本核算方法。

生产企业比较常用的几种成本核算方法包括品种法、分批法和分步法等。企业根据产品生产的特点、生产组织方式、产品种类的繁简程度和成本管理的要求等因素，确定的产品成本核算的对象分别为产品品种、生产批次和生产步骤。

企业的情况错综复杂，要全面考虑具体企业的生产特点和生产步骤，根据企业的规模和水平，还要兼顾重要性与成本经济效益原则，科学合理地设计成本核算程序和选择成本核算方法。有时一种成本核算方法并不一定能满足该企业成本核算和成本管理的全部需要，需要把多种成本核算方法结合运用，以达到最佳的产品成本核算和最优的成本控制。

总体上说，企业选择的具体成本核算方法是由产品的生产工艺和生产组织及管理要求所决定的，具体方法的选择不能脱离管理的实际，不能机械地选择和使用成本核算方法。

十二、联产品和副产品的成本计算

由于各个行业、各个企业的生产工艺流程、生产类型和生产组织的不同，成本计算还会出现许多特殊问题，联产品和副产品就属于特殊问题。还有的行业在不同的质量与检测标准下,会出现产生不同等级产品的情形。

《制度》规定,制造企业应当根据生产经营特点和联产品、副产品的工艺要求,选择系数分配法、实物量分配法、相对销售价格分配法等合理的方法来分配联合生产成本。

1. 联产品的成本计算

联产品是指企业在生产过程中,利用同一种原材料,经过同一个生产过程,同时生产出几种产品,并且这些产品都是企业的主要产品。

联产品从原料投入到产品销售要经过三个阶段:分离前、分离时和分离后。分离前在联合生产过程中产生的费用经汇总后确定为联合成本。联产品分离时的分离点或分裂点是最关键的,它是联合生产过程的结束。在分离点就必须采用可行的分配方法,将联合成本分配于各联产品。产品分离后,不需进一步加工即可销售或结转的,其成本就是各联产品的成本。分离后需要进一步加工的,继续加工费为直接费用的可直接计入,为间接费用的应在相关的产品间分配计入。

联产品成本涉及联合成本与继续加工成本,重点是联合成本的分配问题。联合成本的分配法包括系数分配法、实物量分配法、相对销售价格分配法等。

尽管联产品有明显的特点,但它与副产品的区分实际上并不固定。

2. 副产品的成本计算

副产品是在生产主要产品过程中附带生产出的非主要产品。它是企业的次要产品,不是企业生产活动的主要目标,一般价格较低,在销售收入中的占比与主产品相比较低。

副产品是次要产品,对企业的收入和利润都影响甚微,通常按照确定的副产品成本从联合成本中扣除,所以副产品成本计算的关键是副产品的计价。副产品的计价方法包括副产品不计成本法、副产品承担材料成本、副产品只承担后续加工成本、副产品实行定额成本等。

但是,如果副产品价值较高,其实就相当于联产品,副产品分离点之前的成本可以采用联产品的分配方法。

十三、在完工产品与在产品之间正确地分配成本

成本核算就是通过一定的规则先确定了每一种产品的总成本,然后再确定单位成本。通常情况下,企业生产过程中既有产成品,又有在产品,这就需要把总的产品成本在产成品和在产品之间进行分配。

在月末,如果既有完工产品又有在产品,产品成本明细账中归集的生产费用之和应在完工产品与月末在产品之间进行分配,以核算出完工产品成本与月末在产品成本。

《制度》第三十九条规定:"制造企业应当根据产品的生产特点和管理要求,按成本计算期结转成本。制造企业可以选择原材料消耗量、约当产量法、定额比例法、原材料扣除法、完工百分比法等方法,恰当地确定完工产品和在产品的实际成本,并将完工入库产品的产品成本结转至库存商品科目;在产品数量、金额不重要或在产品期初期末数量变动不大的,可以不计算在产品成本。

制造企业产成品和在产品的成本核算,除季节性生产企业等以外,应当以月为成本计算期。"

生产费用在完工产品与在产品之间分配,实际操作主要有两种类型:一种类型属于倒扎成本法,另一种类型属于分配的方法。

(1)倒扎成本法,是指在计算完工产品成本时,用生产费用总合计减去期末在产品成本的差额,以此作为完工产品的成本。倒扎成本法具体包括不计算期末在产品成本、在产品成本按年初固定成本计算、在产品成本按定额计算以及在产品成本按所耗材料费用计算4种。

(2)分配法,是指在计算完工产品成本时,用期初在产品的成本加上本期生产费用,计算出生产费用合计,然后采用适当的分配标准,将生产费用合计在完工产品与在产品之间进行分配,以分别确定完工产品与期末在产品成本。分配的方法包括约当产量法、定额比例法和在产品按完工产品成本计算法3种。

十四、生产制造类企业的废料问题

生产制造类企业在生产过程中会存在不良品和废料（金属尾料或边角料、废渣等）。比如，以金属为原材料的制造加工企业，主要是在冲压、铸造、挤压等工序中产生金属头尾料、边角料以及精加工过程中产生不良品、金属废渣等。企业应制定与废料处置相关的内部控制，具体明确入库登记、销售询价、出库等环节。

根据不同的企业、不同的废料（尾料、边角料或废渣）价值，废料涉及的内部控制制度与核算方式存在较大的差距。

（1）废料与边角料的成本核算方法可以参照本节的"十二、联产品和副产品的成本计算"。关于边角料与废料的成本计算，价值较高的可以参照联产品成本计算方法，价值较低的可以参照副产品的计算方法。废料回用与销售按照存货领用正常结转。

（2）废料的审核关注事项。在上市审核过程中，有关废料的重点关注点主要包括：

① 废料销售的内部控制流程是否健全有效，废料定价是否公允。

② 废料收入和成本的核算方法和依据是否符合行业惯例。

③ 量化分析报告期内，废料数量与原材料投料数量和产品产销量的匹配关系。

④ 各类废料的产生环节，各期损耗率是否波动较大，是否在一定的比例范围，是否具有合理性。

⑤ 结合原材料投入产出比、废料管理制度和计量方式、废料主要回收商等，说明生产、研发活动等形成的废料处置情况，特别是研发产生的废料相关的会计处理是否符合《企业会计准则》规定。

⑥ 结合实际控制人、董监高等关键人员的资金流水核查情况，边角废料相关的收入、成本是否已完整反映在财务报表中。

十五、关于成本核算的几点提醒

1. 成本核算涉及企业的所有部门

成本核算不只是财务部门、财务人员的事情,更不应该仅仅是成本核算会计人员的事,而是需要企业所有相关部门、所有相关人员共同参与的事情。成本核算需要仓储物流、生产车间、技术部门、采购部门、销售部门等多部门的配合。成本核算是否合理、准确,对各个部门的工作而言是一个重要的评价依据,对企业的成本管理与经营决策也至关重要。

2. 做好成本核算需要健全的内控制度支撑

成本核算涉及企业方方面面的支持,要做好成本核算工作,首先要建立健全内部相关的内控制度,确保与生产核算相关的活动的原始记录完整、准确。尤其是实物流转过程的制度,要确保生产经营过程中严格记录材料的入库、计量、检验、领用料、盘点等。建立健全原材料、燃料、动力、工时等消耗定额与实际执行的记录制度。严格遵守各项制度规定,并根据具体情况确定成本核算的组织方式。

3. 成本核算的实质

成本核算的实质是一种对生产经营数据信息进行处理加工的转换过程,即将日常已发生的各种资源的耗费,按一定方法和程序,按照确定的成本核算对象或使用范围进行费用的汇集和分配的过程。具体包括:(1)完整地归集与核算成本核算对象所发生的各种耗费。(2)正确核算生产资料转移价值和应计入本期成本的费用额。(3)科学地确定成本核算的对象、项目、期间以及成本核算方法和费用分配方法,保证各种产品成本的准确、及时。

4. 成本核算不拘于具体方法

成本核算实务必须在成本会计理论的指引下开展,但更重要的是符合企业的实际情况,实现成本核算的目标。在实际操作中,要在成本核算理论的指导下,跳出具体成本核算方法的束缚,不要局限在具体操作的框框中无法自拔。

好的成本会计核算和管理体系一定是符合企业生产流程实际、与企业管理相匹配的核算体系。应当按照企业实际的工艺流程、生产流程等控制关键点来确定企业具体采用的成本核算方法,但不完全拘于具体的成本核算方法。每一个企业的生产特点都有其特殊性,管理流程与水平也各不相同,对于具体成本核算方法的运用也不完全一致,这样才能反映本公司的生产管理特点。

成本核算的核心不在于"算",简单地理解为财务人员对于成本的"算",既不能满足审核的要求,更不可能达到管理的需求。

十六、一般制造企业的成本系统的现状

对于一个制造业企业来说,成本管理核算系统的首要功能:把每一会计期间发生的生产成本分配到产品与服务上去,使得生产服务成本可以在已售产品的成本与库存产品的成本中得到合理、准确的分摊。但是,目前仍然存在大量的中小民营企业无法满足这项最根本的功能。

美国管理会计与成本管理学者罗伯特·S.卡普兰和罗宾·库柏的《成本管理系统设计:理论与案例》一书将成本和业绩衡量系统演进归纳为四个阶段①,其中第一阶段为不完善的财务报告阶段,其归纳特点如下:

(1)协调企业里不同的报告主体、进行会计期末结账需要大量的时间和资源。

(2)一些产品和服务没有被分摊成本。

(3)会计期末进行实际存货和账面存货对账时,往往会发现大量的差异。

(4)经过内部和外部审计后,审计师总是要求下调存货价值。

---

① 这四个阶段可以概括如下:(1)不完善的财务报告阶段,数据错误多、波动大,不能形成财务报告,不能准确核算产品或服务成本;(2)以财务报告为导向的阶段,基础数据符合审计要求,但尚不能精准、全面地反映成本和利润,只能提供滞后的财务性反馈;(3)形成个性化、独立运行的财务报告体系阶段,能够准确核算产品及服务的成本,并进行及时的非财务性反馈;(4)系统全面整合互联阶段,数据库系统、财务报告系统、作业成本管理系统以及业绩衡量系统及时准确、有机互联。

(5) 会计师需要进行很多的事后调账。

(6) 管理者对财务系统的可靠性和可审计性缺乏信心。

这些特点比较符合国内部分企业启动上市前的状况，其财务管理系统实际上失去了对外提供报表的功能，最主要的问题就是成本管理与核算系统功能不健全，内部控制薄弱，有些经济活动没有记录，或者记录不清晰、不完整，甚至记录有误。出现类似情形就不再单单是财务核算的问题了，最先解决的应该是先建立起一个符合企业现阶段需求的成本管理与核算系统，满足企业财务的对外报表提供功能。

上述情形与前一节提到的企业会计基础规范的 5 项特征恰恰相违，因此，会计核算基础规范与成本核算基础规范紧密相关，成本核算基础不到位，谈不上会计基础规范与内部控制规范，也就是达不到首发注册管理办法规定的条件。必须对以成本核算为核心的财务核算体系进行系统的规范，否则贸然启动申报必然事倍功半。

十七、成本核算基础与规则要求的会计基础工作规范、内部控制健全有效的关系

会计的职能就是反映与监督，反映是会计的最基本、最重要的职能。会计的反映职能主要是利用会计本身特有的方法，将复杂的经济活动通过归集、整理、反映，从而形成一系列有效的数据，为管理者提供财务信息。对制造企业来说，成本系统是把生产成本分配到产品上去，使得生产成本可以在已销售的产品与库存产品之间得到分摊。对于一个制造企业而言，成本核算是财务核算系统中最重要的一环。

成本管理是企业管理水平最集中的表现，成本核算不规范导致的整个财务核算与企业管理不规范，是一个普遍现象，已经成了许多企业内部控制建设的绊脚石。以财务控制为核心的内部控制是企业内部控制发展的初始点，没有以规范的财务核算为基础，内部控制制度建设不可能完善，这就是国内诸多企业花费巨资，不停地进行各类内部控制制度咨询或建设，却屡战屡败的根源之一。并且长期的财务规范缺位，一定会滋生徇私舞弊，侵蚀整

个管理体系。

企业完善成本核算体系,建立成本核算的组织机构与制度,提高企业整体的成本管理工作,进而完善各个环节的内部控制制度,并有效地监督其执行,可以提高企业的核心竞争力。

内部控制是为保证企业业务活动有效进行,保护资产的安全和完整,防止、发现、纠正错误与舞弊,保证会计资料的真实、合法、完整而制定和实施的政策与程序。完善企业内部控制制度的主要目标就是保证会计信息质量,内部控制制度的设计也是以会计控制为核心的。所以,成本核算基础规范、会计核算基础规范和内部控制基础规范是相辅相成的。

对于一个生产制造企业而言,没有规范的成本核算基础建设,会计核算基础与内部控制基础规范就是空谈。

第三节 研发投入的管理与核算

科学技术已经成为企业发展的重要推动力,研发已经成为企业不可或缺、长期持续的一项重要工作。在国家全面支持和鼓励科技创新的时代背景下,研发投入对于企业未来竞争实力的提升发挥着重大的作用,所以国家在税收优惠政策、企业上市条件中都设定了一些引导性的措施,鼓励企业加大研发投入。

企业研发投入的项目、性质及金额等信息对于外部的报表预期使用者评估和比较目标公司价值、做出投资等决策非常重要,同时在科创板的科创属性、创业板的"三创四新"、高新技术企业的评定以及企业所得税加计扣除优惠政策等综合因素影响下,研发投入对企业的重要性日益突出,因此企业应在研发投入内部控制制度建设、研发投入归集与核算、高新技术企业认定与持续符合等方面不断加强管理。

从财务核算角度看,研发投入核算基本类似于成本核算,原则与方法也接近。本节将重点介绍研发投入核算过程中的要点。

一、研发活动与研发投入的相关概念

1. 研发活动

研发活动是指为获得科学与技术新知识,创造性地运用科学技术新知识,或实质性地改进技术、产品(服务)、工艺而持续进行的具有明确目标的活动。不包括企业对产品(服务)的常规性升级或对某项科研成果直接应用等活动(如直接采用新的材料、装置、产品、服务、工艺或知识等)。

2. 研发投入

研发投入(或者研发支出)是指企业在产品、技术、材料、工艺、标准的研究、开发过程中发生的各项费用,也就是企业为研发活动而形成的总支出。

二、研发支出核算的基础工作

研发活动是一项具有相对明确的结果导向的探索活动,企业为了获取新知识、新技术、新材料、新产品等以研发项目的形式,在一定期限内投入人、财、物,以期获取一定的研发结果,但该结果具有很大的不确定性。由于目标的独特性、过程与结果的不确定性,因此企业开展研发活动应该制定严格的组织形式以及立项、预算和评价体系。

1. 设立专职的研发机构

研发机构的设立是企业系统性开展研发活动的起始点,是企业研发支出核算中确定研发支出与生产成本、期间费用的边界的重要依据。企业应当根据实际情况及时建立企业的研发中心(或者研发部),并按照部门职责与公司下达的研发任务开展工作。

2. 建立项目立项、预算、知识产权申请、结项评价等制度

由于研发活动的不确定性和难评价的特点,研发项目必须建立严格的立项与预算制度。研发立项是一项非常严肃的工作,企业必须经过充分的前期调研与论证,并在分管领导批准后持续从事相关的研发活动。研发项目是财务部门归集与分配各项研发费用的依据,预算是研发费用支出过程控制的重要依据,也是最终评价项目经济效果时的重要依据。研发投

入评价应结合相关知识产权申请情况,引导研发部门加强知识产权保护的意识。

3. 研发设备管理

设立研发机构的同时,应当对研发部门使用的专用固定资产专门造册,加强研发设备的管理工作,包括研发使用的建筑物、办公室设备、实验与检测设备等,并同时建立研发与其他部门公用设备的管理办法。

4. 完善和落实研发相关的各项制度,做好基础统计工作

研发项目的费用核算实际就是按项目的成本核算,也一样遵循"谁受益、谁分摊"的原则,按照研发项目明细,直接费用直接计入,间接费用以先归集再分配的方式分别计入各个研发项目明细。所以,较为健全的原始记录,完备的材料物料领料记录,人工、机器工时统计等基础工作与成本核算要求是一致的。

三、研发项目内控制度核心内容

1. 研发项目管理制度

研发项目管理制度应对研发人员的职责、研发活动的组织以及研发项目的立项、过程管理及验收等事项进行规定:(1)在项目立项阶段,研发部门对项目名称、项目整体预算、项目主要负责人、项目预计周期等以项目计划书的形式提出立项申请后,由研发负责人或总经理等适当人员审批同意项目的立项决议后,交由研发项目管理者和业务团队进行研发。其中,研发项目预算包括项目整体预算及当年研发项目投入预算,均由研发项目管理者根据研发项目计划书和公司资金预算情况拟定,经公司总经理、研发负责人审批同意后执行;(2)在项目执行阶段,由研发项目管理者根据项目目标与时间进度进行细化项目节点的控制、合理合规安排经费开支,并定期将项目进展情况以项目进展报告的形式做书面报告;若项目进展或计划出现重大变更,相关调整需要重新经研发部负责人进行审批;(3)在项目验收阶段,研发项目管理者负责对项目信息进行收集与整理,并以项目结题报告的形式做书面报告。

2. 研发项目核算管理制度

研发项目核算管理制度应对研发费用的确认依据、支出范围和标准、归集和分摊方法、核算方法等进行规定。财务部门在研发项目立项后根据立项要求来明确研发项目的开支范围和标准，在系统中设置研发支出科目并就各研发项目分别设置辅助明细，分别核算各研发项目相关的人工费用，材料费、动力费等直接投入，折旧及摊销费用，与研发活动有关的设计及试验费，以及其他费用等。

其中，研发支出分为费用化支出和资本化支出，用来分别核算研发项目在研究阶段和开发阶段的支出。

3. 研发人员考核制度

（1）研发人员的考核制度

企业应制定相关的考核制度，定期对研发人员进行考核，研发部门负责人组织实施对本部门员工的绩效评价并编制项目奖励分配表，上报公司管理层审批。

（2）研发人员工时记录及薪酬相关内控制度

研发部门人员应定期填制研发项目工时情况，每月将研发人员填写的工时情况汇总，形成项目工时进度表，提交至人力资源部，人力资源部门将考勤记录与汇总项目工时进度表进行核对，并核算研发人员薪酬费用，财务部按照研发项目核算管理要求进行会计处理。

四、研发支出的成本项目设置

研发支出作为一个会计科目，主要核算企业为研发活动投入的支出。企业应该根据自身研发活动的特点及管理要求，按照研发投入的费用要素结合税法及高新技术企业认证规定来设置研发支出明细项目。研发支出可按研究开发项目，分为"费用化支出""资本化支出"进行明细核算。每个研究开发项目的科目设置应当能够满足企业对其研发活动进行分项目管理的要求，也要有助于企业享受研发费用加计扣除与高新技术企业认证与审核。企业研发支出一般设置人员人工费用、直接投入、折旧费用与长期待摊费用、无形资产摊销、设计费、装备调试费用与试验费用、委托外部研究开发费用、其他费用等研发支出明细项目。

企业进行研发支出核算时可设置以下研发支出项目：

（1）直接投入。直接投入包括研发活动直接消耗的材料、燃料和动力费用；用于中间试验和产品试制的模具、工艺装备开发及制造费，不构成固定资产的样品、样机及一般测试手段购置费，试制产品的检验费；用于研发活动的仪器、设备的运行维护、调整、检验、维修等费用，以及通过经营租赁方式租入的用于研发活动的仪器、设备租赁费。

（2）人工费用。人工费用主要包括研发人员的工资、奖金、员工福利、社会保险和住房公积金等，以及外聘科技人员的劳务费用。

（3）折旧费用与长期待摊费用。折旧费用是指用于研究开发活动的仪器、设备和在用建筑物的折旧费。长期待摊费用是指研发设施的改建、改装、装修和修理过程中产生的长期待摊费用。

（4）无形资产摊销。无形资产摊销主要包括用于研发活动的软件、专利权、非专利技术等无形资产的摊销费用。

（5）设计费用。设计费用是指为新产品和新工艺进行构思、开发和制造，进行工序、技术规范、规程制定、操作特性方面的设计等产生的费用，包括为获得创新性、创意性、突破性产品进行的创意设计活动产生的相关费用。

（6）装备调试费用与试验费用。装备调试费用是指工装准备过程中用于研究开发活动所产生的费用，包括研制特殊、专用的生产机器，改变生产和质量控制程序，或形成新方法及标准等活动所产生的费用。试验费用包括新药研制的临床试验费、勘探开发技术的现场试验费、田间试验费等。

（7）委托外部研究开发费用。委托外部研究开发费用是指企业委托境内外其他机构或个人进行研究开发活动所产生的费用（研究开发活动成果为委托方企业拥有，且与该企业的主要经营业务紧密相关）。

（8）其他费用。其他费用是指上述费用之外与研究开发活动直接相关的其他费用，包括技术图书资料费，资料翻译费，专家咨询费，高新科技研发保险费、研发成果的检索、论证、评审、鉴定、验收费用，知识产权的申请费、注册费、代理费，会议费，差旅费，通信费等。

与生产成本核算科目设置同理，设置科目的目的是符合企业研发项目的特点及项目管理的需求，并兼顾税务的申报便利。因此，不同的企业可能会在科目设置上存在一定差异。对于管理与核算上需要单独反映监督的费用项目以及在研发项目支出中占比较大的费用项目，应当单独设置成本项目核算；否则，可以简化核算。

五、研发投入核算要求

研发投入核算首先要清晰地界定研发活动的核算范围，区分研发活动与生产活动的边界，也要区分研发活动支出与期间费用的边界。明确研发投入核算的范围与内容。

根据《企业会计准则第 6 号——无形资产》的规定，企业内部研究开发项目的支出，应当区分研究阶段支出与开发阶段支出。企业内部研究开发项目研究阶段的支出，应当于发生时计入当期损益；企业内部研究开发项目开发阶段的支出，满足准则规定的严格的特殊资产确认条件的，才能确认为无形资产。

研发投入应当按照既定的研发项目分项目归集直接计入项目的费用，并按照一定的规则归集与分配间接费用。因此，研发投入核算方法实际上与按照项目核算的生产成本核算方法是一致的。

确定的分配方法是指可以按照研发项目的工时、生产和研发人员工时、用于生产和研发的物料消耗数量、研发产品和生产产品价值等合理方法进行分摊，且分摊方法一旦选定，不得随意变更。

同时，因为该准则要求区分研究阶段支出与开发阶段支出，企业应当严格按照准则要求，确定企业内部研发活动是否为准则规定的开发阶段，并满足无形资产确认的标准，不能完全满足准则规定条件的，也应当计入当期损益。一般企业的研发投入多属于研究阶段的支出，即使部分符合开发阶段支出，但能同时满足该准则规定，确认无形资产条件的较少，因此，大部分研发投入均计入了当期损益。如存在资本化的研发支出，企业必须建立完善的相关内部控制制度，并确保逐条满足会计准则规定的条件。确认的无形资产预计使用寿命和摊销方法应符合会计准则规定，按规定进行减值测试，并足额计提减值准备。

六、研发投入资本化的条件

根据《企业会计准则第6号——无形资产》的规定，企业内部研究开发项目开发阶段的支出，同时满足下列条件的，才能确认为无形资产：

（1）完成该无形资产以使其能够使用或出售在技术上具有可行性；

（2）具有完成该无形资产并使用或出售的意图；

（3）无形资产产生经济利益的方式，包括能够证明运用该无形资产生产的产品存在市场或无形资产自身存在市场，无形资产将在内部使用的，应当证明其有用性；

（4）有足够的技术、财务资源和其他资源支持，以完成该无形资产的开发，并有能力使用或出售该无形资产；

（5）归属于该无形资产开发阶段的支出能够可靠地计量。

七、研发后形成的样机、样品的处理

1. 有关企业会计准则解释

根据财政部发布的《企业会计准则解释第15号》规定，企业将固定资产达到预定可使用状态前或者研发过程中产出的产品或副产品对外销售的（以下统称"试运行销售"），应当按照《企业会计准则第14号——收入》《企业会计准则第1号——存货》等规定，对试运行销售相关的收入和成本分别进行会计处理，计入当期损益，不应将试运行销售相关收入抵销相关成本后的净额冲减固定资产成本或者研发支出。

2. 关于研发费用加计扣除的规定

根据《国家税务总局关于研发费用税前加计扣除归集范围有关问题的公告》（国家税务总局公告〔2017〕40号）规定：企业研发活动直接形成产品

或作为组成部分形成的产品对外销售的,研发费用中对应的材料费用不得加计扣除。

3. 实务处理

研发活动中产生的样品、研发成品等,按照成本核算的原则,实际相当于生产产品过程中的副产品或者联产品,企业可以参照生成成本核算的联产品、副产品的核算原则来确定该等产品的成本。对于能够明确划分原材料费用的,兼顾研发费用加计扣除的规定,对于样品样机或者研发成品按照原材料费用计价。

4. 样品样机试用或者销售处理

已经入库的样品样机,未来根据企业实际经营活动,形成对外销售的,按照收入确认原则来确认收入并结转成本。其他用途的,按照准则规定计入相关资产或者费用科目。

八、研发领料后形成的废料

1. 研发过程中的合理损耗

公司研发部门根据样品内部验证结果及客户对产品性能测试的反馈,不断对新产品的各项参数进行调试修正和测试、存在未知因素较多。因此,在新产品、新工艺的研发过程中,合格研发产品产出较少,产出率明显低于正常产品,原材料单位耗用量更高,属于研发过程正常、合理损耗。研发过程合理损耗计入研发费用。

2. 形成研发废料

对于研发废料,要建立台账,进行登记管理。在公司研发过程中产生的部分试制品由于不符合预期性能标准,无法对外销售的,对其进行报废处理。预期能够对外销售的,按照样品样机成本核算原则确定废料等成本,单独建立台账登记。

九、小试、中试等环节产生的支出

一般情况下,小试研发是企业基础研发成果向具体产品转化的第一个步骤。针对基础研发结果,企业研发团队对预期应用产品、预期生产工艺等进行初步判断,并进行初步的验证试验。

中试研发是企业经小试初步验证后将潜在产品进行成果转化的重要步骤。在此阶段,企业与客户进行持续性技术交流。企业中试阶段的研发成果会对在研产品进行工艺放大研究,进行设备自主研发设计、工艺流程优化改造,推动下一代产品生产效率和产品品质的提升。

企业小试、中试等环节产生的支出,主要包括材料投入、职工薪酬、折旧摊销、水电动力和其他费用,属于对新产品、新工艺的研究阶段的支出,按照《企业会计准则第6号——无形资产》及应用指南的规定,应在发生时计入研发费用。

十、定制化产品的研发的处理

企业与客户签订合同,为客户研发、生产定制化产品。客户向企业提出产品研发需求,企业按照客户需求进行产品设计与研发。产品研发成功后,企业按合同约定采购量为客户生产定制化产品。对于履行前述定制化产品客户合同过程中发生的研发支出,若企业无法控制相关研发成果,如研发成果仅可用于该合同、无法用于其他合同,企业应按照收入准则中合同履约成本的规定进行处理,最终计入营业成本。若综合考虑历史经验、行业惯例、法律法规等因素后,企业有充分证据表明能够控制相关研发成果,并且预期能够带来经济利益流入,企业应按照无形资产准则的相关规定将符合条件的研发支出予以资本化。

在实务中,判断依据如下:

(1) 计入存货的判断,需要考虑以下条件是否满足:

① 签订合同后发生的费用,属于履行合同过程中发生的支出;

② 企业无法控制相关研究成果,如研发成果仅可用于该合同、无法用于其他合同;

③ 相关研发成果未来预期能带来的经济利益流入不确定(未来可签订的和该产品有关的合同数量和金额不确定)。

满足以上条件时，企业应当将与定制化产品相关的研发支出计入"存货"项目，并在销售实现时结转至营业成本。

企业如果有充分证据表明能够控制相关研发成果，并且预期能够带来经济利益流入，应按照无形资产准则的相关规定将符合条件的研发支出予以资本化。

（2）计入研发费用的判断，不满足上述条件的，针对与客户签订的定制化产品销售合同，识别出以下特征时：

企业能够控制相关研发成果，所形成的知识产权和非专利技术归公司所有，但是预期不确定能否带来经济利益的流入。

针对客户需求产品进行的研发活动能够形成通用性、前瞻性的技术、知识产权成果库，能够运用于其他客户的合同或产品中，企业能够控制相关研发成果，但是预期不确定能否带来经济利益的流入，发行人在会计处理中对其进行费用化处理，计入"研发费用"项目。

企业应当建立和完善相关内部控制，合理识别并归集研发费用与合同履约成本，恰当地确认计入无形资产的研发支出。

十一、高新技术企业认定的研发费用口径理解

企业应当明确研发费用的开支范围和标准，严格审批程序，并按照研发项目或者承担研发任务的单位，设立台账归集核算研发费用。企业研发机构发生的各项开支纳入研发费用管理，但同时承担生产任务的，要合理划分研发与生产费用。

企业的研究开发费用是以单个研发活动为基本单位分别进行测度并加总计算的。企业应设置高新技术企业认定专用研究开发费用辅助核算账目。

只要是申报企业实际发生的开发新产品活动，符合高新认定指引规定的研究开发活动定义，且该开发新产品活动所发生的料、工、费属于高新认定指引规定的研究开发费用归集范围，不论申报企业的该开发新产品活动是否成功，均属于高新技术企业认定的研究开发费用归集范围。

新技术企业认定的研究费用总额,为企业年度费用化核算的研发费用与资本化核算的研发费用之和。高新技术企业认定专项审计报告应在编制说明中予以披露。

高新技术企业认定的研发费用应该严格按照高新认定指引规定的标准建立研发费用辅助账。企业会计核算的研发投入属于全口径的研发投入,而高新技术企业认定与加计扣除研发费用口径,均属于税法规定,根据税收法定的原则,归集的范围与金额不同于会计核算口径。

十二、研发费用加计扣除金额、高新技术研发投入与财务报表研发费用的差异比较

财政部、国家税务总局、科技部等部门就研发费用的会计核算、加计扣除范围、高新技术认定等方面出台了多个政策性文件。研发费用的范围从大的方面来讲,是基本一致的,但在细节又有区别。上交所在科创板审核时,会关注研发费用核算内容与高新技术企业研发费用核算标准,以及计算研发费用加计扣除税收优惠的计算标准的异同,要求申报企业分析不同维度下研发支出的核算标准及金额匹配性。

研发费用归集的三个口径:

(1) 会计核算口径。政策依据包括:《企业会计准则》、《财政部关于企业加强研发费用财务管理的若干意见》(财企〔2007〕194号)。

(2) 高新技术企业认定口径。政策依据包括:《科技部 财政部 国家税务总局关于修订印发〈高新技术企业认定管理工作指引〉的通知》(国科发火〔2016〕195号)。

(3) 加计扣除税收规定口径。政策依据包括:《财政部、国家税务总局、科技部关于完善研究开发费用税前加计扣除政策的通知》(财税〔2015〕119号)《国家税务总局关于研发费用税前加计扣除归集范围有关问题的公告》(国家税务总局公告〔2017〕40号)。

研发费用的上述三个归集口径形成差异的主要原因如下:

(1) 会计核算口径的研发费用是为了准确核算研发活动支出,而企业

研发活动是企业根据自身生产经营情况来确定的,凡是属于研发活动产生的费用支出均应在研发费用科目核算。

(2) 高新技术企业认定口径的研发费用是为了判断企业研发投入强度、科技实力是否达到高新技术企业标准,因此对人员费用、其他费用等方面有一定的限制。企业应当按照相关政策规定来进行备查账的核算与归集,不符合规定的支出或者核算不清晰的,不得认定为高新技术企业认定的研发费用。

(3) 加计扣除政策口径的研发费用是为了细化哪些研发费用可以享受加计扣除政策,引导企业加大核心研发投入。可加计范围针对的是企业核心研发投入,主要包括研发直接投入和相关性较高的费用,对其他费用有一定的比例限制。应关注的是,允许扣除的研发费用范围采取的是正列举方式,即政策规定中没有列举的加计扣除项目,不可以享受加计扣除优惠。

会计口径属于核算的全口径,高新技术企业认定及加计扣除属于税法口径,必须严格按照法规规定执行。

十三、高新技术企业认定关于研发费用的要求

研发费用是高新技术企业申请的标准之一,根据科技部、财政部、国家税务总局 2016 年 3 月联合发布的《高新技术企业认定管理办法》(国科发火〔2016〕32 号)、《高新技术企业认定管理工作指引》,企业必须同时满足以下条件,才能被认定为高新技术企业:

(1) 企业申请认定时须注册成立一年以上;

(2) 企业通过自主研发、受让、受赠、并购等方式,获得对其主要产品(服务)在技术上发挥核心支持作用的知识产权的所有权;

(3) 对企业主要产品(服务)发挥核心支持作用的技术属于《国家重点支持的高新技术领域》规定的范围;

(4) 企业从事研发和相关技术创新活动的科技人员占企业当年职工总数的比例不低于 10%;

(5) 企业近三个会计年度(实际经营期不满三年的按实际经营时间计

算,下同)的研究开发费用总额占同期销售收入总额的比例符合如下要求：①最近一年销售收入小于5 000万元(含)的企业,比例不低于5%；②最近一年销售收入在5 000万元至2亿元(含)的企业,比例不低于4%；③最近一年销售收入在2亿元以上的企业,比例不低于3%；其中,企业在中国境内产生的研究开发费用总额占全部研究开发费用总额的比例不低于60%；

(6) 近一年高新技术产品(服务)收入占企业同期总收入的比例不低于60%；

(7) 企业创新能力评价应达到相应要求；

(8) 企业申请认定前一年内未发生重大安全、重大质量事故或严重环境违法行为。

企业获得高新技术企业资格后,可以减按15%的税率征收企业所得税,能够享受10%的企业所得税优惠,自高新技术企业证书注明的发证时间所在年度起申报享受税收优惠,并按规定向主管税务机关办理备案手续。

企业的高新技术企业资格期满当年,在通过重新认定前,其企业所得税暂按15%的税率预缴,在年底前仍未取得高新技术企业资格的,应按规定补缴相应期间的税款。

十四、各上市板块对研发费用的要求

在主板、科创板、创业板、北交所上市审核中,审核机构对研发能力及研发支出的关注,就是对企业竞争力、未来发展潜力的关注,关注方面主要涉及发行人研发支出的真实性、完整性以及研发支出费用化、研发支出归集和内控等相关问题。

1. 科创板

(1) 上市标准

科创板上市条件目前设有5套上市标准,其中涉及研发的为第2套标准：预计市值不低于人民币15亿元,最近一年营业收入不低于人民币2亿元,且最近三年累计研发投入占最近三年累计营业收入的比例不低于15%。与其他板块相比,研发投入首次成为企业上市的发行条件之一。

(2) 科创属性评价

符合科创属性的企业需要同时满足下列 4 项指标：

① 最近三年研发投入占营业收入比例 5% 以上，或最近三年研发投入金额累计在 6 000 万元以上；

② 研发人员占当年员工总数的比例不低于 10%；

③ 形成主营业务收入的发明专利 5 项以上（软件行业不适用该专利指标要求，但研发投入占比应在 10% 以上）；

④ 最近三年营业收入的复合增长率达到 20%，或最近一年营业收入金额达到 3 亿元。

从科创属性标准中可以看出，评价体系对企业研发投入的金额及比例的规定非常明确，研发投入在很大程度上影响了企业科创属性的评价结果，科创属性涉及科创板首发上市条件，因此，在交易所问询阶段至注册问询阶段，研发投入一直是关注的重点。

2. 创业板

创业板定位强调支持"三创四新"，根据首发注册管理办法规定，首次公开发行股票并在创业板上市的，还应充分披露自身的创新、创造、创意特征，针对性披露科技创新、模式创新或者业态创新情况。

根据创业板推荐暂行规定，深交所支持和鼓励符合下列标准之一的成长型创新创业企业申报在创业板发行上市：

(1) 最近三年研发投入复合增长率不低于 15%，最近一年研发投入金额不低于 1 000 万元，且最近三年营业收入复合增长率不低于 20%；

(2) 最近三年累计研发投入金额不低于 5 000 万元，且最近三年营业收入复合增长率不低于 20%；

(3) 属于制造业优化升级、现代服务业或者数字经济等现代产业体系领域，且最近三年营业收入复合增长率不低于 30%。

最近一年营业收入金额达到 3 亿元的企业，或者按照《关于开展创新企业境内发行股票或存托凭证试点的若干意见》等相关规则申报创业板的已境外上市的红筹企业，不适用前款规定的营业收入复合增长率要求。

3. 北交所

在北交所的上市条件中，第三和第四套市值标准对研发投入有具体要求。

发行人申请公开发行并上市，市值及财务指标应当至少符合下列标准中的一项：……(3)预计市值不低于8亿元，最近一年营业收入不低于2亿元，最近两年研发投入合计占最近两年营业收入合计比例不低于8%；(4)预计市值不低于15亿元，最近两年研发投入合计不低于5 000万元。

十五、研发投入上市审核重点问题

研发投入为企业研究开发活动形成的总支出。研发投入通常包括研发人员工资费用、直接投入费用、折旧费用与长期待摊费用、设计费用、装备调试费、无形资产摊销费用、委托外部研究开发费用、其他费用等。研发投入为费用化的研发费用与资本化的开发支出之和。

发行人应制定并严格执行研发相关内控制度，明确研发支出的开支范围、标准、审批程序以及研发支出资本化的起始时点、依据、内部控制流程。同时，应按照研发项目来设立台账归集、核算研发支出。发行人应审慎制定研发支出资本化的标准，并在报告期内保持一致。

研发投入作为企业上市条件或申报及推荐量化指标，在上市审核过程中通常关注以下几个方面：

(1) 研发投入的确认依据、核算方法，研发费用的支出范围和归集方法是否符合企业会计准则的规定；各项研发支出的归集方式及归集的准确性，研发人员是否从事非研发活动及相关支出划分的准确性；相关内部控制制度是否健全有效。

(2) 最近三年研发投入的金额、明细构成、最近三年累计研发投入占最近三年累计营业收入的比例及其与同行业可比上市公司的对比情况。

(3) 研发材料费支出的主要内容，领用材料数量情况，与各研发项目的对应情况，领用材料后最终耗用的去向，材料投入与产出是否匹配；是否形成样机，样机的管理与销售情况及相关会计处理。

（4）研发人员增减变动情况，研发人员人数是否匹配研发费用增长，是否具有合理性；研发人员人均薪酬变化情况及变化原因，是否合理，人均薪酬与同行业可比公司及当地同类型公司差异情况。

（5）申报税务部门研发加计扣除金额与披露的研发费用的差异情况、差异原因及合理性；公司与同行业可比公司研发费用率、研发费用构成对比的差异分析。

（6）对照高新技术企业认定条件逐项分析并披露是否符合认定条件，研发费用占营业收入比例较低，是否影响发行人高新技术企业认定，后续资格续期是否存在障碍。

十六、一般企业研发投入管理现状

目前企业越来越认识到拥有自主创新能力的重要性，企业的研发投入也日渐被重视起来，但是在意识理念、运营管理、财务管理等方面也存在一些问题。

1. 研发投入意识不足，重视程度不够

很多企业管理层在观念上将研发和企业的生产经营活动孤立开来，对于研发管理没有足够的重视。有些管理层习惯于重视企业的财务状况以及能够直接带来经济成果的营销活动，过度重视短期收益，研发活动本身的不确定性使得企业管理者不敢给予研发活动太多的资金、人力和物力支持，对于研发投入管理的热情不足。

2. 缺乏有效的战略和规划

企业管理层在研发方向上缺少前瞻性，对外部环境、市场需求、发展趋势和行业内领先企业研究不够，对企业自身业务的基本架构和核心技术没有进行精心的战略选择和规划，或者过于关注单一产品的开发，没有平台化、系列化地规划产品和搭建业务体系，没有明确的业务发展路线，在总体上不能对企业研发投入的领域、方向进行指导，导致研发投入没有规划只能靠感觉，在人财物投多少、什么时间投入、怎么投等方面缺少规划。

3. 研发项目管理体系不健全

很多企业没有建立起与自身业务、研发项目相配套的组织机制、业务流程、考评激励机制、项目验收等内部控制管理体系，对研发项目管理体系建设的重视程度不够。主要体现在：(1)在研发项目管理上没有制度体系，职责不清、考核不周、配合不畅，由此导致效率低下；(2)企业的实际研发活动和研发成果较多，但没有积极去申请专利或申请后对专利缺乏有效维护。

4. 研发项目的财务核算缺乏规范性

很多企业没有建立相配套的研发项目核算体系，与自身的实际研发活动脱节或未能准确完整地核算企业自身的研发投入情况。主要体现在：(1)研发投入的实际运行和研发核算之间衔接不畅，甚至影响企业研发费用的加计扣除、高新技术企业申报；②申报高新技术企业时为申报而申报，研发项目的财务核算缺乏一贯性、延续性、统一性、合理性，存在不符合高新技术企业认定和税务风险；(3)获取高新技术企业资格后，缺乏对研发投入项目和研发核算管理上的完善和提升，对以后高新技术企业的维持和重新认定工作产生不利影响。

研发投入核算不规范，极易产生纳税风险，随着近几年税收监管的变化，高新技术企业资格被取消或者研发费用加计扣除不规范导致补税与处罚的案例时有发生，甚至出现补税近亿元的上市公司受处罚的案例。另外，研发投入纳入了创业板、科创板与北交所的上市条件，研发投入从信息披露变为发行条件，核算不规范，有可能会涉及虚假上市的法律责任。

第四节　收　入　确　认

收入是指企业在日常活动中形成的、会导致所有者权益增加的、与所有者投入资本无关的经济利益的总流入。

收入是反映企业生产经营情况的重要财务指标，是分析企业期间盈利能力的起点。为切实解决原准则实施中存在的具体问题，进一步规范收入确认、计量和相关信息披露,并使我国企业会计准则与国际财务报告准则保持持续趋同,我国借鉴《国际财务报告准则第 15 号》,修订形成了现行收入准则。

现行收入准则将原收入和建造合同两项准则纳入统一的收入确认模型,将控制权转移作为收入确认的时点,不管是按时点还是按时段来确认收入,均依据控制权转移作为标准。为了为确认收入提供具体指引,准则要求在某些领域运用重大判断,但同时对于更多的领域提出了相对明确的要求,从而大大减少了判断空间,有助于更好地解决收入确认时点的问题。现行准则以控制权转移替代原准则风险报酬转移作为收入确认时点的判断标准,大大增强了准则的可执行性,提高了会计信息可比性。本节将重点介绍现行收入准则的实施及收入确认相关的要点。

一、现行收入准则的修订与实施

国际会计准则理事会于 2014 年 5 月发布了《国际财务报告准则第 15 号——与客户之间的合同产生的收入》(以下简称"国际财务报告准则第 15 号"),自 2018 年 1 月 1 日起生效。

为使我国企业会计准则与国际财务报告准则保持持续趋同,我国借鉴《国际财务报告准则第 15 号》,修订形成了新收入准则。2017 年 7 月,《企业会计准则第 14 号——收入》(以下简称"收入准则")正式发布,国内采取了分步实施的策略,在境内外同时上市的企业以及在境外上市并采用国际财务报告准则或企业会计准则编制财务报表的企业,于 2018 年 1 月 1 日起执行,其他境内上市公司自 2020 年 1 月 1 日起执行,非上市公司自 2021 年 1 月 1 日起实施。

二、收入准则的核心原则

《国际财务报告准则第 15 号》的第 2 条规定,为实现本准则的目标,本准则的核心原则为"主体确认收入的方式应当反映向客户转让商品或服务的模式,而确认的金额应反映主体预计因交付该等商品或服务而有权获得的对价"。

国内现行收入准则借鉴了《国际财务报告准则第 15 号》，因此，虽然没有将该条款保留在准则原文中，但是这个核心条款是理解现行收入准则最为重要的内容。基于这一核心条款，收入准则要求采用统一的收入确认模型来规范所有与客户之间的合同产生的收入，并且就"在某一时段内"还是"在某一时点"确认收入提供具体指引。

企业在制定收入确认政策及进行实务操作时，应深刻理解并符合该条款。

三、关于客户合同

客户与公司签订的业务合同是确定收入确认模式最重要的依据，企业与客户之间所签订的合同，分别约定了各自的权利义务及具体业务操作程序。因此，公司确定收入相关的会计政策和具体实操政策时应充分研读分析与客户所签订的销售合同。

收入准则规定："客户，是指与企业订立合同以向该企业购买其日常活动产出的商品或服务（以下简称'商品'）并支付对价的一方。""合同，是指双方或多方之间订立有法律约束力的权利义务的协议。合同有书面形式、口头形式以及其他形式。"

四、以控制权转移替代风险报酬转移作为收入确认时点的区别

原准则要求区分销售商品收入和提供劳务收入，并且强调在将商品所有权上的主要风险和报酬转移给购买方时要确认销售商品收入，但这在实务中经常难以判断。风险转移本身就是一个难以执行的判断标准，风险是一个很难量化的指标，或者说是很难精确或统一量化的指标，因此，原准则收入在确认时点存在非常大的判断与操作空间。

现行收入准则打破了商品和劳务的界限，要求企业在履行合同中的履约义务，即客户取得相关商品（或服务）控制权时确认收入，这能够更加科学合理地反映企业的收入确认时点。客户取得的相关商品或服务实际上就是一项资产，对资产的控制就是能够使用资产，并获得几乎所有的剩余利益的

能力,收入确认的时点就是客户控制资产的时点,因此,企业确定的收入的时点,就是相对确定的时点。

据我们理解,收入准则的控制权转移的"控制"与基本准则规定的资产定义中的"控制"基本趋同,一项资产的控制权转移相对于原准则的风险报酬转移是更容易确定的。企业收入确认的时点,就应该是客户控制资产的时点。一般可以通俗地理解为,客户应该在账面确认的该项资产的时点,就是企业应该确认的该项收入的时点。应避免在原准则框架下,以"谨慎"的借口来调节或者模糊收入时点,从而给操纵财务报表带来便利。

五、收入确认的步骤模型

为了实现准则的核心原则,收入确认采用五步骤模型,具体如下:
第一步,识别与客户订立的合同;
第二步,识别合同中的单项履约义务;
第三步,确定交易价格;
第四步,将交易价格分摊至各单项履约义务;
第五步,履行各单项履约义务时确认收入。

其中,第一步、第二步和第五步主要与收入的确认有关,第三步和第四步主要与收入的计量有关。正确识别合同中的履约义务是实现收入确认核心原则的关键,只有正确识别合同中的单项履约义务后,才能确定收入确认的第四步、第五步,也就是价格分摊和确认收入。

六、"在某一时段内"与"在某一时点"确认收入的具体指引

根据收入准则规定,企业应当在履行了合同中的履约义务,即在客户取得相关商品控制权时确认收入。

满足下列条件之一的,属于在某一时段内履行履约义务;否则,属于在某一时点履行履约义务:

(1)客户在企业履约的同时即取得并消耗企业履约所带来的经济利益;

(2)客户能够控制企业履约过程中在建的商品;

(3)企业履约过程中所产出的商品具有不可替代用途,且该企业在整个合同期间内有权就累计至今已完成的履约部分收取款项。

因此,新准则相当于先确定合同收入是否符合在某一时段内确认收入,也就是如果满足上述条件之一,应当按照在某一时段内确认收入;否则,上述三个条件都不满足,就应当按照在某一时点确认收入。按照在某一时段内确认收入,上述三个条件非常明确,也很严格,因此也不存在多少判断空间。

履约进度能够合理确定的,企业应当按照计量的履约进度来确认收入,计量履约进度旨在向客户转让已承诺的商品或者服务的履约情况,具体包括产出法和投入法。当履约进度不能合理确定时,企业已经发生的成本预计能够得到补偿的,应当按照已经发生的成本金额确认收入(也就是毛利为零),直到履约进度能够合理确定为止,而不是简单地不确认或者延后确认该等收入。

七、关于履约的同时即取得并消耗企业履约所带来的经济利益的判断

如果客户在企业履约的同时即取得并消耗企业履约所带来的经济利益,该履约义务属于在某一时段内履行的履约义务,应当在该履约义务履行的期间内确认收入。

多数情况下,判断客户在企业履约的同时即取得并消耗企业履约所带来的经济利益是比较直观的,例如,保洁服务。

如存在不能直观判断的情形,应当判断主体已经履约部分,如果另一主体履约时,实质上不需要重新执行主体迄今为止已完成的工作,则履约义务应视为符合在一段时间内履行,主体应当按照一段时间内确认收入。

八、客户能够控制企业履约过程中在建商品或服务的判断

如果客户能够控制企业履约过程中在建的商品或服务,该履约义务属

于在某一时段内履行的履约义务,应当在该履约义务履行的期间内确认收入。

客户能够控制的商品或者服务,可以是有形资产,也可以是无形资产,如客户控制的在产品,或者在客户土地上建造的资产。

客户能够控制企业履约过程中在建的商品或服务,是指在企业生产商品或者提供服务过程中,客户拥有现时权利,能够主导在建商品或服务的使用,并且获得几乎全部的经济利益。其中,商品或服务的经济利益既包括未来现金流入的增加,也包括未来现金流出的减少。例如,根据合同约定,客户拥有企业履约过程中在建商品的法定所有权,假定客户在企业终止履约后更换为其他企业继续履行合同,其他企业实质上无需重新执行前期企业累计至今已经完成的工作,这表明客户可通过主导在建商品的使用,节约前期企业已履约部分的现金流出,获得相关经济利益。

九、在一段时间内确认收入的第三个标准把握

如果企业履约过程中所产出的商品具有不可替代的用途,且该企业在整个合同期间内有权就累计至今已完成的履约部分收取款项,则该履约义务属于在某一时段内履行的履约义务,应当在该履约义务履行的期间内确认收入。

该标准需要同时满足两个并列的条件:一是履约过程产出具有不可替代用途的商品;二是在整个合同期内有权收取已履约部分对应的累计款项。因此,如果履约产出的商品是通用用途的,则不符合一段时间内确认的条件,这与原准则中的大型建造合同有明显的区别。在符合产出商品具有不可替代用途的前提下,主体在整个合同期间内有权就累计至今已完成的履约部分收取款项。如果合同因主体未能按照合同承诺履约之外的其他原因而被客户终止,主体必须有权获得至少能够补偿累计已经履约部分对应的款项,否则,不能按照一段时间内确认收入。

以上两个条件中只要有一条不符,不论另外一条是否符合,均不可以按照一段时间内确认收入。

十、收入准则中关于客户是否已取得商品控制权的列举迹象

在某一时点履行的履约义务,应当在客户取得商品控制权时确认收入。在判断客户是否已取得商品控制权时,企业应当考虑下列迹象:

(1) 企业就该商品享有现时收款权利,即客户就该商品负有现时付款义务。

(2) 企业已将该商品的法定所有权转移给客户,即客户已拥有该商品的法定所有权。

(3) 企业已将该商品实物转移给客户,即客户已实际占有该商品。

(4) 企业已将该商品所有权上的主要风险和报酬转移给客户,即客户已取得该商品所有权上的主要风险和报酬。

(5) 客户已接受该商品。

(6) 其他表明客户已取得商品控制权的迹象。

十一、关于多重交易与特定交易的收入确认与计量

现行收入准则为包含多重交易安排的合同的会计处理提供了更明确的规定或者指引,要求企业在合同开始日对合同进行评估,识别合同所包含的各单项履约义务,按照各单项履约义务所承诺商品(或服务)的单独售价的相对比例将交易价格分摊至各单项履约义务,进而在履行各单项履约义务时确认相应的收入,这有助于解决此类合同的收入确认问题。对于特定交易事项也有明确的规定,如区分总额和净额确认收入、附有质量保证条款的销售、附有客户额外购买选择权的销售、向客户授予知识产权许可、售后回购、无需退还的初始费等,这些规定将有助于更好地指导实务操作,从而提高会计信息的可比性。

现行收入准则无论在收入确认还是计量方面,基本规定都是很明确的,甚至针对具体事项提供的可选方法,都有非常明确的使用条件,实务操作的确定性很强,企业应避免在原来所谓"谨慎"的惯性思维下,做出不符合准则要求的处理。

十二、暂定价格销售合同中可变对价的判断

可变对价指的是企业与客户的合同中约定的对价金额可能因折扣、价格折让、返利、退款、奖励积分、激励措施、业绩奖金、索赔等而变化。此外，企业有权收取的对价金额，将根据一项或多项或有事项的发生有所不同，这也属于可变对价的情形。

暂定价格的销售合同通常是指在商品控制权转移时，销售价格尚未最终确定的安排。例如，大宗商品贸易中的点价交易，即以约定时点的期货价格为基准加减双方协商的升贴水来确定双方买卖现货商品价格；在金属加工业务中，双方约定合同对价以控制权转移之后某个时点的金属市价加上加工费来确定；某些金属矿的贸易价格将根据产品验收后的品相检验结果进行调整等。

暂定销售价格的交易安排中，企业应分析导致应收合同对价发生变动的具体原因。其中，与交易双方履约情况相关的变动（如基于商品交付数量、质量等进行的价格调整）通常属于可变对价，企业应按照可变对价原则进行会计处理；与定价挂钩的商品或原材料价值相关的变动（如定价挂钩不受双方控制的商品或原材料价格指数，因指数变动导致的价款变化）不属于可变对价，企业应将其视为合同对价中嵌入一项衍生金融工具，进行会计处理，通常应按所挂钩商品或原材料在客户取得相关商品控制权日的价格计算确认收入，客户取得相关商品控制权后，上述所挂钩商品或原材料价格后续变动对企业可收取款项的影响，应按照金融工具准则的有关规定进行处理，不应计入交易对价。

十三、销售返利的会计处理

企业对客户的销售返利形式多样，有现金返利、货物返利等，返利的条款安排也各不相同。

企业应当基于返利的形式和合同条款的约定，考虑相关条款安排是否会导致企业未来需要向客户提供可明确区分的商品或服务，在此基础上判

断相关返利属于可变对价还是属于提供给客户的重大权利。一般而言,对基于客户采购情况等给予的现金返利,企业应当按照可变对价原则进行会计处理;对基于客户一定采购数量的实物返利或仅适用于未来采购的价格折扣,企业应当按照附有额外购买选择权的销售进行会计处理,评估该返利是否构成一项重大权利,以确定是否将其作为单项履约义务并分摊交易对价。

十四、按总额或净额确认收入

根据收入准则的相关规定,在企业向客户销售商品或提供劳务中,涉及其他方参与时,应当根据合同条款和交易实质,判断其身份是主要责任人还是代理人。企业在将特定商品或服务转让给客户之前控制该商品或服务的,即企业能够主导该商品或服务的使用并从中获得几乎全部的经济利益,为主要责任人,否则为代理人。

在判断是否为主要责任人时,企业应当综合考虑其是否对客户承担主要责任、是否承担存货风险、是否拥有定价权并对其他相关事实和情况进行判断。企业应当按照有权向客户收取的对价金额确定交易价格,并计量收入。主要责任人应当按照已收或应收的对价总额确认收入,代理人应当按照预期有权收取的佣金或手续费(即净额)确认收入。

企业作为主要责任人的情形包括:

(1) 企业自该第三方取得商品或其他资产控制权后,再转让给客户。

(2) 企业能够主导第三方代表本企业向客户提供服务。

(3) 企业自第三方取得商品控制权后,通过提供重大的服务将该商品与其他商品整合成合同约定的某组合产出转让给客户。

判断是否是代理人的核心是,企业应当评估特定商品在转让给客户之前,企业是否控制该商品,也就是企业是否应当在转让给客户前确认该项资产。企业在将特定商品转让给客户之前控制该商品的,表明企业的承诺是自行向客户提供该商品,或委托另一方(包括分包商)代其提供该商品,因此,企业为主要责任人;相反,企业在特定商品转让给客户之前不控制该商品的,表明企业的承诺是安排他人向客户提供该商品,是为他人提供协助,因此,企业为代理人。

十五、识别履约义务时商品或服务是否具有高度关联性的判断

在识别单项履约义务时,企业应判断其向客户承诺转让的商品或服务本身是否能够明确区分,以及商品或服务在合同层面是否能够明确区分。若合同中承诺的多项商品或服务之间具有高度关联性,导致相关商品或服务在合同层面不可明确区分,企业应将相关商品或服务整体识别为一项履约义务。

高度关联性是指合同中承诺的各单项商品或服务之间会受到彼此的重大影响,而非仅存在功能上的单方面依赖。例如,企业在同一合同中为客户设计、生产某新产品专用模具,并使用该模具为客户生产若干样品,不应仅由于后续生产需要使用模具而认为模具与样品之间存在高度关联性。若企业在后续生产过程中,需要根据客户对样品的使用情况持续修正模具,基于修正后的模具再生产样品,最终将符合客户要求的模具及样品转让给客户,这表明设计生产专用模具和生产样品之间互相受到彼此的重大影响,二者在合同层面不能明确区分,应将其识别为一项履约义务。

十六、授予知识产权许可收入确认时点的判断

授予知识产权许可不属于在某一时段内履行的履约义务的,应当作为在某一时点履行的履约义务。在客户能够主导使用该知识产权许可并开始从中获利之前,企业不能对该知识产权许可确认收入。

在授予知识产权许可业务中,知识产权许可载体的实物交付,并不必然导致商品控制权的转移。企业应根据合同条款约定,分析客户是否有能力主导知识产权许可的使用,并获得几乎全部的经济利益。例如,企业在向客户(如播放平台)交付影视剧母带时,若双方在合同中对影视剧初始播放时间等进行限制性约定,导致客户尚不能主导母带的使用(如播放该影视剧)以获得经济利益,则企业不应在母带交付时确认影视剧版权许可收入。

十七、合同成本

取得合同的增量成本,应当将预期可得到补偿的取得合同的增量成本确认为一项资产。增量成本是指那些未取得合同则不会发生的成本。在实务应用中,如果此类成本的摊销期限在1年以内,则企业应将其费用化。

履行合同的成本,对于履行与客户合同发生的成本,如果适用,企业应当遵循其他准则(例如,存货、不动产、厂场和设备等)。此外,如果满足下列所有条件,企业应当区别于履行合同的成本,单独将该成本确认为一项资产:(1)与一项合同(或特定的预期合同)直接相关;(2)产生一项将在未来用于履行合同义务的资源,或者使其增值;(3)预期将得到补偿。

十八、合同资产与合同负债

1. 合同资产

合同资产是指企业已向客户转让商品而有权收取对价的权利,且该权利取决于时间流逝之外的其他因素。

合同资产和应收款项都是企业拥有的有权收取对价的合同权利,二者的区别在于,应收款项代表的是无条件收取合同对价的权利,即企业仅仅随着时间的流逝即可收款,而合同资产并不是一项无条件收款权,该权利除了时间流逝之外,还取决于其他条件(例如,履行合同中的其他履约义务),这样才能收取相应的合同对价。

2. 合同负债

合同负债是指企业已收或应收客户对价而应向客户转让商品的义务。

客户已经支付了合同对价或企业已经取得了无条件收取合同对价的权利,则企业应当在客户实际支付款项与到期应支付款项孰早时点,将该已收或应收的款项列示为合同负债。如企业在转让承诺的商品之前已收取的款项。

合同负债与预收账款都是基于商品交易产生的权利,二者区别在于合同负债是一项基于合同规定需要向客户交付商品或提供劳务的履约义务,而预收账款不构成交付商品的履约义务。确定预收账款的前提是收到了款项，确认合同负债则不以是否收到款项为前提，而以合同中履约义务的确立为前提。

十九、运输费用的确认与列报

对于存货生产、销售过程中发生的运输费用，企业应当基于运输活动的发生环节及目的，恰当区分运输费用的性质，根据企业会计准则的规定进行会计处理。

对于与履行客户合同无关的运输费用，若运输费用属于使存货达到目前场所和状态的必要支出，形成了预期会给企业带来经济利益的资源时，运输费用应当计入存货成本，否则应计入期间费用。

对于为履行客户合同而发生的运输费用，属于收入准则规范下的合同履约成本。若运输活动发生在商品的控制权转移之前，其通常不构成单项履约义务，企业应将相关支出作为与商品销售相关的成本计入合同履约成本，最终计入营业成本并予以恰当披露。若运输活动发生在商品控制权转移之后，其通常构成单项履约义务，企业应在确认运输服务收入的同时，将相关支出计入运输服务成本并予以恰当披露。

企业应结合自身经营活动情况并基于重要性和成本效益原则，建立和实施运输活动相关内部控制，充分完整地归集运输活动相关支出，并在各产品、各销售合同以及各履约义务之间实现合理分配。

第八章
财务与会计(下)

会计报表是对日常会计核算的资料按会计准则规定的表格形式进行汇总反映和综合反映的报告文件,会计报表的编制是财务核算最终成果的呈现。上一章重点介绍了会计核算基础相关的内容,本章将重点介绍除成本核算和收入确认之外的其他重要会计事项的处理、合并报表、现金流量表编制以及与企业规范上市过程相关的主要税务问题。

第一节 重要会计项目的核算与披露

财务会计报告的目标是向财务会计报告使用者提供与企业财务状况、经营成果和现金流量等有关的会计信息。具体的会计事项与会计科目确认,会计的确认、计量及报告共同构成了企业的财务会计数据体系。本节将对一些重要的会计事项及科目在企业上市审核中的关注方向和要求进行简要介绍。

一、非经常性损益的定义及内容

根据《公开发行证券的公司信息披露解释性公告第1号——非经常性损益(2008)》(以下简称"解释1号")以及《监管规则适用指引——会计类第1号》的相关规定:非经常性损益是指与公司正常经营业务无直接关系,以及虽与正常经营业务相关,但由于其性质特殊和偶发性,影响报表使用人对公司经营业绩和盈利能力做出正常判断的各项交易和事项所产生的损益。

非经常性损益通常包括以下项目：

(1) 非流动性资产处置损益，包括已计提资产减值准备的冲销部分。

(2) 越权审批，或无正式批准文件，或偶发性的税收返还、减免。

(3) 计入当期损益的政府补助，但与公司正常经营业务密切相关，符合国家政策规定，且按照一定标准定额或定量持续享受的政府补助除外。

(4) 计入当期损益的对非金融企业收取的资金占用费。

(5) 企业取得子公司、联营企业及合营企业的投资成本小于取得投资时应享有被投资单位可辨认净资产公允价值产生的收益。

(6) 非货币性资产交换损益。

(7) 委托他人投资或管理资产的损益。

(8) 因不可抗力因素，如遭受自然灾害而计提的各项资产减值准备。

(9) 债务重组损益。

(10) 企业重组费用，如安置职工的支出、整合费用等。

(11) 交易价格显失公允的交易产生的超过公允价值部分的损益。

(12) 同一控制下企业合并产生的子公司期初至合并日的当期净损益。

(13) 与公司正常经营业务无关的或有事项产生的损益。

(14) 除同公司正常经营业务相关的有效套期保值业务外，持有交易性金融资产、交易性金融负债产生的公允价值变动损益，以及处置交易性金融资产、交易性金融负债和可供出售金融资产取得的投资收益。

(15) 单独进行减值测试的应收款项减值准备转回。

(16) 对外委托贷款取得的损益。

(17) 采用公允价值模式进行后续计量的投资性房地产公允价值变动产生的损益。

(18) 根据税收、会计等法律、法规的要求对当期损益进行一次性调整对当期损益的影响。

(19) 受托经营取得的托管费收入。

(20) 除上述各项之外的其他营业外收入和支出。

(21) 其他符合非经常性损益定义的损益项目。

非经常性损益的界定,应以非经常性损益的定义为依据,定义中的三个核心要素,即"与正常经营业务的相关性""性质特殊和偶发性"以及"体现公司正常的经营业绩和盈利能力",同时应结合公司实际情况,参考列举项目,进行综合判断,而不应简单地把解释1号中列举的项目认定为非经常性损益,或者把解释1号中未列举的项目认定为不属于非经常性损益。

二、政府补助

对企业而言,并不是所有来源于政府的经济资源都属于《企业会计准则第16号——政府补助》规范的政府补助,除政府补助外,还可能是政府对企业的资本性投入或者政府购买服务所支付的对价。

政府补助是指企业从政府无偿取得货币性资产或非货币性资产。政府补助的主要形式包括政府对企业的无偿拨款、税收返还、财政贴息,以及无偿给予非货币性资产等。

政府补助是来源于政府的经济资源,政府补助是无偿的。政府补助通常附有一定条件,这与政府补助的无偿性并不矛盾,只是政府为了推行其宏观经济政策,对企业使用政府补助的时间、使用范围和方向进行了限制。

政府以投资者身份向企业投入资本,享有相应的所有者权益,政府与企业之间是投资者与被投资者的关系,应按权益性交易进行处理。如果取得的补贴收入与企业销售商品或提供服务等活动密切相关,且是企业商品或服务的对价或者是对价的组成部分,应当适用收入准则。

政府补助通常在企业能够满足政府补助所附条件以及企业能够收到政府补助时才能予以确认,以应收金额计量。

1. 与资产相关的政府补助和与收益相关的政府补助

(1) 与资产相关的政府补助。与资产相关的政府补助是指企业取得的、用于购建或以其他方式形成长期资产的政府补助。

确认方式:应当冲减相关资产的账面价值或确认为递延收益。与资产相关的政府补助确认为递延收益的,应当在相关资产使用寿命内按照合理、系统的方法分期计入损益。按照名义金额计量的政府补助,直接计入当期损益。相关资产在使用寿命结束前被出售、转让、报废或发生毁损的,应当将尚未分配的相关递延收益余额转入资产处置当期的损益。

(2)与收益相关的政府补助。与收益相关的政府补助,是指除与资产相关的政府补助之外的政府补助。

确认方式:①用于补偿企业以后期间的相关成本费用或损失的,确认为递延收益,并在确认相关成本费用或损失的期间,计入当期损益或冲减相关成本;②用于补偿企业已发生的相关成本费用或损失的,直接计入当期损益或冲减相关成本;③对于同时包含与资产相关部分和与收益相关部分的政府补助,应当区分不同部分,分别进行会计处理;难以区分的,应当整体归类为与收益相关的政府补助。

2. 政府补助的总额法与净额法

(1)总额法,即全额或分期通过"营业外收入"或"其他收益"等损益科目对收益进行确认或摊销。

如果企业先取得与资产相关的政府补助,再确认所购建的长期资产,在总额法下,应当在开始对相关资产计提折旧或进行摊销时按照合理、系统的方法将递延收益分期计入当期收益;如果相关长期资产投入使用后,企业再取得与资产相关的政府补助,在总额法下,应当在相关资产的剩余使用寿命内按照合理、系统的方法将递延收益分期计入当期收益。

需要说明的是,如果对应的长期资产在持有期间发生减值损失,递延收益的摊销仍保持不变,不受减值因素的影响。针对与资产相关的政府补助企业,选择总额法的,应当将递延收益分期转入其他收益或营业外收入,借记"递延收益"科目,贷记"其他收益"或"营业外收入"科目。

相关资产在使用寿命结束时或结束前被处置(出售、报废、转让、发生毁损等),尚未分配的相关递延收益余额应当转入资产处置当期的损益,不再予以递延。

对相关资产划分为持有待售类别的,先将尚未分配的递延收益余额冲减相关资产的账面价值,再按照《企业会计准则第42号——持有待售的非流动资产、处置组和终止经营》的要求进行会计处理。

（2）净额法，即一次性在相关资产或成本费用中进行扣减，会相应影响资产原值及折旧金额。

如果企业先取得与资产相关的政府补助，再确认所购建的长期资产，在净额法下，应当将取得的政府补助先确认为递延收益，在相关资产达到预定可使用状态或预定用途时，将递延收益冲减资产账面价值；如果相关长期资产投入使用后，企业再取得与资产相关的政府补助，在净额法下，应当在取得补助时冲减相关资产的账面价值，并按照冲减后的账面价值和相关资产的剩余使用寿命计提折旧或进行摊销。

企业应当根据经济业务的实质，判断某一类政府补助业务应当采用总额法还是净额法进行会计处理，通常情况下，对同类或类似的政府补助业务只能选用一种方法，同时，企业对该业务应当一贯地运用该方法，不得随意变更。企业对某些补助只能采用一种方法，例如，对一般纳税人增值税即征即退只能采用总额法进行会计处理。

3. 政府补助与日常活动相关还是与非日常活动相关的判断

企业在判断补助是与日常活动相关还是与日常活动无关时应根据补助所针对活动本身的性质以及相关补助是否存在偶发性来进行综合判断，并在处理类似情况时遵循一贯性的处理原则，以保证企业报表在不同期间的可比性。

由于政府补助主要是对企业成本费用或损失的补偿，或是对企业某些行为的奖励，因此通常情况下有两项判断标准：

（1）政府补助补偿的成本费用是否属于营业利润之中的项目，如果属于，则该项政府补助与日常活动相关；

（2）该补助与日常销售等经营行为是否密切相关，例如，软件企业享受增值税即征即退的税收优惠，该税收优惠与企业销售商品的日常活动密切相关，则属于与日常活动相关的政府补助。

与日常活动无关的政府补助，通常由企业常规经营之外的原因所产生，具备偶发性的特征，例如政府因企业受不可抗力的影响发生停工、停产损失而给予补助等。

4. 政府补助与经常性损益

企业从政府无偿取得的货币性资产或非货币性资产应确认为政府补助。企业应根据《公开发行证券的公司信息披露解释性公告第1号——非经常性损益》判断政府补助是否应列入非经常性损益。通常情况下,政府补助文件中会明确补助发放标准,企业可根据其经营活动的产量或者销量等确定可能持续收到的补助金额,属于定额或定量的政府补助,应列入经常性损益。企业因研究或专项课题等获得的政府补助,即使政府通过预算等方式明确了各期补助发放金额,但与企业经营活动的产量或者销量等无关的,不属于定额或定量的政府补助,应列入非经常性损益。

在实务中,除可根据其经营活动的产量或者销量等将可能持续收到的补助金额列入经常性损益外,常见的可作为经常性损益列示的政府补助包括软件企业的增值税即征即退、保障残疾人就业享受的增值税即征即退等。

5. 政府补助税务处理

(1) 增值税

根据《国家税务总局关于取消增值税扣税凭证认证确认期限等增值税征管问题的公告》规定,自2020年1月1日起,纳税人取得的财政补贴收入,与其销售货物、劳务、服务、无形资产、不动产的收入或者数量直接挂钩的,应按规定计算缴纳增值税。纳税人取得的其他情形的财政补贴收入,不属于增值税应税收入,不征收增值税。

(2) 企业所得税

根据《财政部、国家税务总局关于专项用途财政性资金企业所得税处理问题的通知》(财税〔2011〕70号)的规定,企业从县级以上各级人民政府财政部门及其他部门取得的应计入收入总额的财政性资金,同时符合以下条件的,可以作为不征税收入,在计算应纳税所得额时从收入中减除:

① 企业能够提供资金拨付文件,且文件中规定该资金的专项用途;

② 财政部门或其他拨付资金的政府部门对该项资金有专门的资金管理办法或具体管理要求;

③企业对该项资金以及该项资金发生的支出单独进行核算。

符合以上条件的政府补助作为不征税收入,在计算企业所得税应纳税额时准予扣除,但其支出所形成的费用或形成资产计算的折旧、摊销,不得在计算应纳税所得额时扣除。如果作为应税收入,则其支出所形成的费用可以扣除。

除此之外,其他形式的各类政府补助都要明确按照规定计入企业所得税收入中,进行缴税处理,应税收入所形成的费用或形成资产计算的折旧、摊销,允许在应纳税所得额中扣除。

(3) 不得加计扣除的情形

根据《关于企业研究开发费用税前加计扣除政策有关问题的公告》第二条第五款规定:"企业取得作为不征税收入处理的财政性资金用于研发活动所形成的费用或无形资产,不得计算加计扣除或摊销。"

不征税收入用于研发支出所形成的费用,既不能税前扣除,也不能作为研发费用享受加计扣除的税收优惠,但如果企业取得的该笔政府补助未作为不征税收入处理,计入收入总额依法纳税的,则该笔收入形成的研发费用可以税前扣除,且适用加计扣除政策。

因此,企业可以根据自身情况需要对财政性资金进行不征税收入处理或应税收入处理。

三、应收款项与应收票据坏账准备的计提

1. 应收款项坏账准备

应收款项坏账准备的计提应符合《企业会计准则第 22 号——金融工具确认和计量》的相关规定,考虑预期信用风险。根据预期信用损失模型,可合理划分不同组合后分别进行减值测试,不同组合的划分应当充分说明确定信用风险特征的依据。相关依据包括客户类型、商业模式、付款方式、回款周期、历史逾期、违约风险、时间损失、账龄结构等因素形成的显著差异。企业应根据所有合理性依据、前瞻性信息、相关减值参数详细论证并披露预期信用损失率的确定方法和具体依据。

企业不应以欠款方为关联方客户、优质客户、政府工程客户或历史上未发生实际损失等理由而不做坏账准备的计提。对于应收账款保理业务，如为有追索权债权转让，企业应仍根据原有账龄做坏账准备的计提。

2. 应收票据的坏账准备

应收票据应当按照《企业会计准则第 22 号——金融工具确认和计量》中关于应收项目的减值计提要求，根据其信用风险特征考虑减值问题。对于在收入确认时对应收账款进行初始确认，后又将该应收账款转为商业承兑汇票结算的，企业应按照账龄连续计算的原则对应收票据做坏账准备的计提。

如果对某些单项或某些组合应收款项不做坏账准备的计提，企业需充分说明未计提的依据和原因，详细论证是否存在确凿证据，是否存在信用风险，账龄结构是否与收款周期一致，是否考虑前瞻性信息，保荐机构和申报会计师应结合业务合作、回款进度、经营环境等因素，谨慎评估是否存在坏账风险，是否符合会计准则要求。

企业应参考同行业上市公司来确定合理的应收账款坏账准备计提政策，基于谨慎性原则，坏账准备计提比例与可比公司相比，应不存在显著差异。

四、申报时中介机构对应收账款的核查要求

保荐机构及申报会计师应对发行人应收款项包括但不限于以下事项进行核查并发表明确意见：

（1）根据预期信用损失模型，发行人可依据包括客户类型、商业模式、付款方式、回款周期、历史逾期、违约风险、时间损失、账龄结构等因素形成的显著差异，对应收款项划分不同组合，分别进行减值测试。

（2）发行人评估预期信用损失，应考虑所有合理且有依据的信息，包括前瞻性信息，并说明预期信用损失的确定方法和相关参数的确定依据。

（3）如果对某些单项或某些组合应收款项不做坏账准备的计提，发行人应充分说明并详细论证未计提的依据和原因，是否存在确凿证据，是否存

在信用风险,账龄结构是否与收款周期一致,是否考虑前瞻性信息,不应仅以欠款方为关联方客户、优质客户、政府工程客户或历史上未发生实际损失等理由而不做坏账准备的计提。

(4)发行人重要客户以现金、银行转账以外方式回款的,应清晰披露回款方式。

(5)发行人应清晰说明应收账款账龄的起算时点,分析披露的账龄情况与实际是否相符;应收账款初始确认后又转为商业承兑汇票结算的或应收票据初始确认后又转为应收账款结算的,发行人应连续计算账龄并评估预期信用损失;应收账款保理业务,如为有追索权债权转让,发行人应根据原有账龄评估预期信用损失。

(6)发行人应参考同行业上市公司确定合理的应收账款坏账准备计提政策;计提比例与同行业上市公司存在显著差异的,应在招股说明书中披露具体原因。

五、存货跌价准备

企业通常应当按照单个存货项目来做存货跌价准备的计提,对于数量繁多、单价较低的存货,可以按照存货类别做存货跌价准备的计提。与在同一地区生产和销售的产品系列相关、具有相同或类似最终用途或目的,且难以与其他项目分开计量的存货,可以合并做存货跌价准备的计提。

企业应于每个资产负债表日对存货进行跌价准备测试,对库龄较长、积压滞销、产品下线等的存货,按照成本高于其可变现净值的金额做跌价准备的计提。此外,对于已经做了跌价准备计提且不能用于生产、销售的存货,从营运资产有效管理的角度建议企业及时进行清理。

六、固定资产和在建工程审核重点

固定资产及在建工程是企业资产的重要组成部分,也是企业经营所依赖的主要资源,对于生产型企业,资产质量直接影响着企业的持续经营能力与持续盈利能力,其披露的真实性、准确性以及合理性历来都是 IPO 审核的关注重点。首发企业对于固定资产及在建工程的关注事项主要如下：

（1）报告期新增或减少固定资产是否真实准确。

（2）满足资本化开始和停止时点的依据，是否存在非正常中断，资本化期间和资本化率，发行人建立的与利息资本化相关的内部控制制度及执行情况。

（3）在建工程中利息资本化的情况，在建工程结转固定资产时点及确定依据，达到可使用状态的在建工程是否及时转入固定资产折旧；转固时点与产能产量的匹配情况。

（4）固定资产折旧政策是否发生变更。

（5）是否存在闲置资产及闲置原因；相关资产组是否存在减值迹象，是否做了充分的减值准备的计提，资产组的减值准备计提的具体测算过程、可收回金额的确定方法、减值计提情况、各项指标的确定依据；对报告期和未来期间经营业绩影响的披露。

（6）主要固定资产及在建工程的提供方是否与发行人存在关联关系，主要固定资产及在建工程的采购方式、采购价格是否公允。

（7）生产用固定资产的分类情况，以及固定资产规模变动与产能产量的匹配关系；生产厂房面积的变动与产能产量的匹配关系。

（8）项目建设周期、预计投资金额和预计投入使用的时间，预算数与实际发生数的差异对比、差异原因及其合理性，实际工程进度与预计工程进度的差异对比及差异原因，是否存在将与工程项目无关的支出计入在建工程的情形。

七、投资性房地产的信息披露要求

发行人投资性房地产的确认、计量及披露应符合《企业会计准则第3号——投资性房地产》的相关规定。根据《企业会计准则第3号——投资性房地产》第九条规定，企业应当在资产负债表日采用成本模式对投资性房地产进行后续计量，但本准则第十条规定的除外。第十条规定，有确凿证据表明投资性房地产的公允价值能够持续可靠取得的，可以对投资性房地产采

用公允价值模式进行后续计量。采用公允价值模式计量的,应当同时满足下列条件:

(1)投资性房地产所在地有活跃的房地产交易市场;

(2)企业能够从房地产交易市场上取得同类或类似房地产的市场价格及其他相关信息,从而对投资性房地产的公允价值做出合理的估计。

如发行人论证其投资性房地产符合采用公允价值模式进行后续计量条件的,可以按照公允价值模式对投资性房地产进行后续计量。鉴于目前A股同类上市公司普遍以成本模式对投资性房地产进行计量,计价模式不同导致报表列报存在较大差异,比如少计折旧(或摊销)、多计公允价值变动收益,这可能影响投资者的价值判断。采用公允价值模式进行投资性房地产后续计量的发行人,应在招股说明书中对采用公允价值模式计量与采用成本模式计量的具体差异、按在成本模式下模拟测算的财务数据等充分披露并做风险揭示。

在实务中,企业通常采用成本模式对投资性房地产进行计量,由于交易市场不活跃、不能获取可靠的公允价值等因素制约,一般不建议企业采用公允价值对投资性房地产进行计量。对于孵化器及产业园区、大型卖场、交易场所等企业,其主要资产是商业地产,以经营租赁作为主业的,可以对投资性房地产采用公允价值计量,采用未来现金流量折现法进行估值。

八、在建工程内部控制与财务核算

1. 在建工程内部控制制度

首发企业应建立有关在建工程的决策审批程序以及预算管理制度,并做好相关内控流程文件的档案管理,包括审定工程概预算,建设工程月度、季度、年度用款计划,项目的建设进度,第三方监理报告等方面的内控执行和记录情况。

2. 在建工程核算

企业的在建工程成本按实际工程支出确定,包括在建期间发生的各项工程支出、工程达到预定可使用状态前的资本化的借款费用以及其他与工程相关的费用等。

企业在建工程的成本由建造该项资产达到预定可使用状态前所发生的必要支出构成,包括工程用物资成本、人工成本、交纳的相关税费、应予资本化的借款费用以及应分摊的间接费用等。

3. 在建工程转固时点、转固依据

对于房屋建筑物,通常有竣工验收报告或工程验收合格证等,较多企业以完成工程竣工并通过消防验收作为转固时点。一般情况下,需要由政府部门组织的质安监验收、消防验收、并联竣工验收等,基建工程通常以完成最终的并联竣工验收作为达到交付使用条件的依据,在并联竣工验收完成时点进行转固。鉴于质安监验收和消防验收系政府部门对基建工程质量、安全性能及消防功能的验收,当公司的基建工程完成了质安监验收和消防验收后,就证明其经整改后已经通过权威机构认证,能够满足国家强制性的工程质量、安全性能及消防功能要求。因此,完成内部竣工验收、质安监验收及消防验收,可以作为基建工程达到预定可使用状态较为有效的内、外部证据,在该时点转固相较于完成最终并联竣工验收时再进行更为谨慎。

针对早于完成竣工验收及消防验收时点而提前投入使用的楼栋或楼层,判断其达到预定可使用状态的具体物理要求如下:(1)自建自用,拟用于生产用途的,在厂房完成规划的内部结构建设,公共通道,公共区域,水、电、消防及生产所必需的基础生产设施建设,满足生产线生产运行要求的防震级别、温度、湿度、洁净度等物理要求时,达到预定可使用状态;(2)自建自用,拟用于办公用途的,在办公楼完成规划的内部结构建设,公共通道,公共区域,水、电、消防及办公所必需的基础设施建设,满足办公所需的基本条件时达到预定可使用状态;(3)自建并拟用于出租用途的,在厂房完成规划的内部结构建设,公共通道,公共区域,水、电、消防及出租前应由公司负责建设的基础生产设施建设,满足出租所需的基本条件,移交给承租方时认为达到预定可使用状态。

对于生产线,通常将调试总结报告、设备验收报告等作为转固依据。

4. 关于试运行

根据《企业会计准则解释第 15 号》，企业将固定资产达到预定可使用状态前或者研发过程中产出的产品或副产品对外销售（以下统称"试运行销售"）的，应当对试运行销售相关的收入和成本分别进行会计处理，计入当期损益，不应将试运行销售相关收入抵销相关成本后的净额冲减固定资产成本或者研发支出。试运行产出的有关产品或副产品在对外销售前，符合《企业会计准则第 1 号——存货》规定的，应当确认为存货，符合其他相关企业会计准则中有关资产确认条件的，应当确认为相关资产。

本解释所称"固定资产达到预定可使用状态前产出的产品或副产品"，包括测试固定资产可否正常运转时产出的样品等情形。测试固定资产可否正常运转而发生的支出属于固定资产达到预定可使用状态前的必要支出，应当按照《企业会计准则第 4 号——固定资产》的有关规定，计入该固定资产成本。

测试固定资产可否正常运转指评估该固定资产的技术和物理性能是否达到生产产品、提供服务、对外出租或用于管理等标准的活动，不包括评估固定资产的财务业绩。

九、企业合并中无形资产的识别与确认

根据《企业会计准则第 6 号——无形资产》规定，无形资产是指企业拥有或者控制的没有实物形态的可辨认非货币性资产。资产满足下列条件之一的，符合无形资产定义中的可辨认性标准：（1）能够从企业中分离或者划分出来，并能单独或者与相关合同、资产或负债一起，用于出售、转移、授予许可、租赁或者交换；（2）源自合同性权利或其他法定权利，无论这些权利是否可以从企业或其他权利和义务中转移或者分离。并且同时应满足：在与该无形资产有关的经济利益很可能流入企业，该无形资产的成本能够可靠地计量时，才能确认为无形资产。

对于客户资源或客户关系，只有源自合同性权利或其他法定权利且确保能在较长时期内获得稳定收益的，才能确认为无形资产。发行人无法控

制客户资源或客户关系带来的未来经济利益的,不应确认为无形资产。发行人在开拓市场过程中支付营销费用,或仅购买相关客户资料,而客户并未与出售方签订独家或长期买卖合同的,有关"客户资源"或"客户关系"的支出通常应为发行人获取客户渠道的费用。

在企业合并确认无形资产的过程中,发行人应保持专业谨慎,充分论证是否存在确凿证据以及可计量、可确认的条件,评估师应按照公认可靠的评估方法确认其公允价值。若确认为无形资产,发行人应详细说明确认的依据,是否符合无形资产的确认条件。发行人应在资产负债表日判断是否存在可能发生减值的迹象,如考虑上述无形资产对应合同的实际履行情况与确认时设定的相关参数是否存在明显差异等。保荐机构及申报会计师应针对上述事项谨慎发表明确意见。

在非同一控制下企业合并中,购买方在初始确认购入的资产时,应充分识别被购买方拥有但财务报表未确认的无形资产,满足会计准则规定确认条件的,应确认为无形资产。

根据会计确认计量的历史成本原则和《企业会计准则第6号——无形资产》第十一条,"企业自创商誉以及内部产生的品牌、报刊名等,不应确认为无形资产",客户关系通常是在收购业务中从商誉中分离出来单独确认的,企业日常经营活动不涉及客户关系资本化的情形。客户关系通常出现在新兴行业(如医药生物、传媒、计算机等),这些行业的并购标的多为轻资产公司,其商业价值很可能来自未确认的无形资产(如客户关系、合同权益等)。客户关系的入账成本通常采用多期超额收益法来评估确认成本。审核时存在客户关系的上市公司案例有九号公司(689009)、芯原股份(688521)、埃夫特(688165)等。在实务中,因客户关系的确认较特殊,审核中对细节的要求较严格。

十、购买少数股东权益后商誉减值的会计处理

企业在对与商誉相关的资产组进行减值测试时,应当调整资产组的账面价值,将归属于少数股东权益的商誉包括在内,根据调整后的资产组账面

价值与其可收回金额进行比较,以确定包含商誉的资产组是否发生减值。

合并报表中反映的商誉是企业取得子公司控制权时按其持股比例确定的商誉,不包括子公司少数股东权益对应的商誉。收购少数股东权益属于权益性交易,未形成新的企业合并,合并报表中反映的商誉仍然为前期取得控制权时按当时的持股比例计算的金额。企业在进行商誉减值测试时,应先将合并报表中的商誉按照前期取得控制权时的持股比例恢复为全部商誉(即100%股权对应的商誉),并调整商誉相关资产组的账面价值,再比较调整后的资产组账面价值与其可收回金额,以确定包含商誉的资产组是否发生减值。若商誉发生减值,企业应按前期取得控制权时的持股比例计算并确定归属于母公司的商誉减值损失。

十一、首发企业上市前员工股权激励的会计处理

基于企业发展考虑,部分首发企业上市前通过增资或转让股份等形式让高管或核心技术人员、员工、主要业务伙伴持股。首发企业股份支付成因复杂,公允价值难以计量,与上市公司实施股权激励相比存在较大不同。

对公司设立以来股本形成及变化过程存在通过增资或转让股份等形式实现高管或核心技术人员、员工、主要业务伙伴持股的情况,应关注相关会计处理是否符合《企业会计准则第11号——股份支付》的规定。依据监管规则指引第5号,具体处理如下:

1. 具体适用情形

发行人向职工(含持股平台)、顾问、客户、供应商及其他利益相关方等新增股份,以及主要股东及其关联方向职工(含持股平台)、客户、供应商及其他利益相关方等转让股份,发行人应根据重要性水平,依据实质重于形式的原则,对相关协议、交易安排及实际执行情况进行综合判断,并进行相应会计处理。有充分证据支持属于同一次股权激励方案、决策程序、相关协议的股份支付,原则上一并考虑适用。

(1) 实际控制人/老股东增资

通常情况下,解决股份代持等规范措施导致的股份变动,家族内部财产

分割、继承、赠与等非交易行为导致的股权变动，资产重组、业务并购、持股方式转换、向原股东同比例配售新股等导致的股权变动等，在有充分证据支持相关股份的获取与公司获得其服务无关的情况下，不适用《企业会计准则第 11 号——股份支付》。

对于为发行人提供服务的实际控制人/老股东以低于股份公允价值的价格增资入股，且超过其原持股比例而获得的新增股份，应属于股份支付。如果增资协议约定，所有股东均有权按各自原持股比例获得新增股份，但股东之间转让新增股份受让权且构成集团内股份支付，导致实际控制人/老股东超过其原持股比例获得的新增股份的，也属于股份支付。实际控制人/老股东原持股比例，应按照相关股东直接持有与穿透控股平台后间接持有的股份比例合并计算。

（2）顾问或实际控制人/老股东的亲友获取股份

发行人的顾问或实际控制人/老股东的亲友（以下简称"当事人"）以低于股份公允价值的价格取得股份，应综合考虑发行人是否获取当事人及其关联方的服务。

发行人获取当事人及其关联方服务的，应构成股份支付。

实际控制人/老股东的亲友未向发行人提供服务，但通过增资取得发行人股份的，应考虑是否实际构成发行人或其他股东向实际控制人/老股东的亲友让予利益，从而构成对实际控制人/老股东的股权激励。

（3）客户、供应商获取股份

发行人客户、供应商入股的，应综合考虑购销交易公允性、入股价格公允性等因素。

购销交易价格与第三方交易价格、同类商品市场价等相比，不存在重大差异，且发行人未从此类客户、供应商获取其他利益的，一般不构成股份支付。

购销交易价格显著低于/高于第三方交易价格、同类商品市场价等可比价格的：①客户、供应商入股价格未显著低于同期财务投资者入股价格的，一般不构成股份支付；②客户、供应商入股价格显著低于同期财务投资者入股价格的,需要考虑此类情形是否构成股份支付;是否显著低于同期财务投资者入股价格,应综合考虑与价格公允性相关的各项因素。

2. 确定公允价值时应考虑的因素

(1) 入股时期,业绩基础与变动预期,市场环境变化;

(2) 行业特点,同行业并购重组市盈率、市净率水平;

(3) 股份支付实施或发生当年的市盈率、市净率等指标;

(4) 熟悉情况并按公平原则自愿交易的各方最近达成的入股价格或股权转让价格,如近期合理的外部投资者入股价,但要避免采用难以证明公允性的外部投资者入股价;

(5) 采用恰当的估值技术确定公允价值,但要避免采取有争议的、结果显失公平的估值技术或公允价值确定方法,如在明显增长预期下按照成本法评估的净资产或账面净资产。

判断价格是否公允应考虑与某次交易价格是否一致,是否处于股权公允价值的合理区间范围内。

3. 确定等待期应考虑的因素

股份立即授予或转让完成且没有明确约定等待期等限制条件的,股份支付费用在原则上应一次性计入发生当期,并作为偶发事项计入非经常性损益。设定等待期的股份支付,股份支付费用应采用恰当方法在等待期内分摊,并计入经常性损益。

发行人应结合股权激励方案及相关决议、入股协议、服务合同、发行人回购权的期限、回购价格等有关等待期的约定及实际执行情况,综合判断相关约定是否在实质上构成隐含的可行权条件,即职工是否必须完成一段时间的服务或完成相关业绩方可真正获得股权激励对应的经济利益。

发行人在股权激励方案中没有明确约定等待期,但约定一旦职工离职或存在其他情形(例如,职工考核不达标等非市场业绩条件),发行人、实际控制人或其指定人员有权回购其所持股份或在职工持股平台所持有财产份额的,应考虑此类条款或实际执行情况是否构成实质性的等待期,尤其关注回购价格影响。回购价格公允,回购仅是股权归属安排的,职工在授予日已获得相关利益,原则上不认定存在等待期,股份支付费用无需分摊。回购价格不公允或尚未明确约定的,表明职工在授予日不能确定获得相关利益,只有满足特定条件后才能获得相关利益,应考虑是否构成等待期。

(1) 发行人的回购权存在特定期限

发行人对于职工离职时相关股份的回购权存在特定期限,例如,固定期限届满前、公司上市前或上市后一定期间等,无证据支持相关回购价格公允的,一般应将回购权存续期间认定为等待期。

(2) 发行人的回购权没有特定期限,且回购价格不公允

发行人的回购权没有特定期限,或约定职工任意时间离职时,发行人均有权回购其权益,且回购价格与公允价值存在较大差异的,例如,职工仅享有持有期间的分红权、回购价格是原始出资额或原始出资额加定期利息等,发行人应结合回购价格等分析职工实际取得的经济利益,判断该事项应适用职工薪酬准则还是股份支付准则。

(3) 发行人的回购权没有特定期限,且回购价格及定价基础均未明确约定

发行人的回购权没有特定期限,且回购价格及定价基础均未明确约定的,应考虑相关安排的商业合理性。发行人应在申报前根据股权激励的目的和商业实质对相关条款予以规范,明确回购权期限及回购价格。

4. 核查要求

保荐机构及申报会计师应对发行人的股份变动是否适用《企业会计准则第11号——股份支付》进行核查,并对以下问题发表明确意见:股份支付相关安排是否具有商业合理性;股份支付相关权益工具的公允价值的计量方法及结果是否合理,与同期可比公司的估值是否存在重大差异;与股权所有权或收益权等相关的限制性条件是否真实、可行,相关约定是否在实质上构成隐含的可行权条件,等待期的判断是否准确,等待期各年/期确认的职工服务成本或费用是否准确;发行人股份支付相关会计处理是否符合规定。

5. 信息披露

发行人应根据重要性原则,在招股说明书中披露股份支付的形成原因、

具体对象、权益工具的数量及确定依据、权益工具的公允价值及确认方法、职工持有份额/股份转让的具体安排等。

十二、集团内股份支付的会计处理

企业集团(由母公司和其全部子公司构成)内发生股份支付交易的,接受服务企业应确认股份支付费用;结算企业是接受服务企业母公司的,应确认对接受服务企业的长期股权投资。

1. 母公司向子公司高管授予股份支付时,合并财务报表中子公司股权激励费用的分摊

母公司向子公司高管授予股份支付,在计算子公司少数股东损益时,虽然子公司的股权激励全部是由母公司结算,但子公司少数股东损益中应包含按照少数股东持股比例分享的子公司股权激励费用。

2. 受激励高管在集团内调动

如果受到激励的高管在集团内调动,导致接受服务的企业变更,但高管人员应取得的股权激励并未发生实质性变化,则应根据受益情况,在等待期内按照合理的标准(例如,按服务时间)在原接受服务的企业与新接受服务的企业间分摊该高管的股权激励费用。即谁受益,谁确认费用。

3. 非控股股东授予职工公司股份

集团内股份支付,包括集团内任何主体的任何股东,并未限定结算的主体为控股股东;非控股股东授予职工公司的权益工具满足股份支付条件时,也应当视同集团内股份支付。

十三、业绩承诺期内修订业绩补偿条款的会计处理

在非同一控制下企业合并中,购买方应当将业绩补偿条款产生的或有对价作为合并成本的一部分,按照其在购买日的公允价值计入企业合并成本,或有对价公允价值的后续变动计入当期损益。

在非同一控制下企业合并购买日后的业绩承诺期内,在法律法规允许的前提下,交易双方协商对业绩补偿的金额、支付时间、支付方式等进行修

订,且已就该事项严格履行了股东大会等必要内部决策流程。在这种情况下,购买方应将业绩补偿条款修订导致的或有对价公允价值变动计入当期损益。

十四、与递延所得税适用税率相关的非经常性损益认定

根据《公开发行证券的公司信息披露解释性公告第 1 号——非经常性损益》规定,非经常性损益是指与公司正常经营业务无直接关系,以及虽与正常经营业务相关,但由于其性质特殊和偶发性,影响报表使用者对公司经营业绩和盈利能力做出正常判断的各项交易和事项产生的损益。其中,根据税收、会计等法律法规的要求对当期损益进行一次性调整对当期损益的影响,通常属于非经常性损益。

国家高新技术企业认定相关政策调整导致企业资质认定发生变化的,公司对当期损益进行的一次性调整应当计入非经常性损益;公司生产经营情况变化导致其资质认定发生变化的,公司对损益进行的一次性调整应当计入经常性损益。

十五、与税收优惠相关的会计处理

发行人依法取得的税收优惠,如高新技术企业、软件企业、文化企业及西部大开发等特定性质或区域性的税收优惠,符合《公开发行证券的公司信息披露解释性公告第 1 号——非经常性损益》规定的,可以计入经常性损益。越权审批或无正式批准文件的税收返还、减免应该计入非经常性损益。

发行人取得的税收优惠到期后,发行人、保荐机构、律师和申报会计师应对照税收优惠的相关条件和履行程序的相关规定,对拟上市企业税收优惠政策到期后是否能够继续享受优惠进行专业判断并发表明确意见:(1)如果很可能获得相关税收优惠批复,已经按优惠税率预提预缴并经税务部门同意,可暂按优惠税率预提并做风险提示,并说明如果未来被追缴税款,是否有大股东承诺补偿;同时,发行人应在招股说明书中披露税收优惠不确定性风险。(2)如果获得相关税收优惠批复的可能性较小,需根据谨慎性原则按正常税率预提，未来根据实际的税收优惠批复情况进行相应调整。

外商投资企业经营期限未满10年转为内资企业的，按税法规定，需在转为内资企业当期，补缴之前已享受的外商投资企业所得税优惠。补缴所得税费用系企业由外资企业转为内资企业的行为造成，属于该行为的成本费用，应全额计入补缴当期，不应追溯调整至实际享受优惠期间。

发行人补缴税款，符合会计差错更正要求的，可追溯调整至相应期间；对于缴纳罚款、滞纳金等，原则上应计入缴纳当期。

第二节 合并报表与现金流量表

会计报表是财务会计报告的核心内容，也称财务报表，是指综合反映企业某一特定日期资产、负债和所有者权益及其结构情况、某一特定时期经营成果的实现及分配情况和某一特定时期现金流入、现金流出及净增加情况的书面文件。会计报表按其编制的范围，可以分为个别会计报表和合并会计报表。个别会计报表是指仅仅反映一个会计主体的财务状况、经营成果和现金流量情况的报表；合并会计报表是将多个具有控制关系的会计主体的财务状况、经营成果和现金流量情况合并编制的会计报表。本节将重点介绍企业上市申报提供的财务资料、合并报表及现金流量表编制等相关要点。

一、企业上市申报材料中需要提交的财务资料

根据《公开发行证券的公司信息披露内容与格式准则第58号——首次公开发行股票并上市申请文件》《公开发行证券的公司信息披露内容与格式准则第47号——向不特定合格投资者公开发行股票并在北京证券交易所上市申请文件》规定，企业上市申报文件中涉及的财务相关文件如下：

1. 会计师提供的文件

（1）财务报表及审计报告；

（2）发行人审计报告基准日至招股说明书签署日之间的相关财务报表

及审阅报告(发行前提供);

(3) 盈利预测报告及审核报告(如有);

(4) 内部控制鉴证报告;

(5) 经注册会计师鉴证的非经常性损益明细表;

(6) 会计师事务所关于发行人前次募集资金使用情况的报告(如有)(北交所要求)。

2. 与财务会计资料相关的其他文件(不含北交所)

(1) 发行人关于最近三年及一期纳税情况

① 发行人最近三年及一期所得税纳税申报表;

② 有关发行人税收优惠、财政补贴的证明文件;

③ 主要税种纳税情况的说明及注册会计师出具的意见;

④ 主管税收征管机构出具的最近三年及一期发行人纳税情况的证明。

(2) 发行人需报送的财务资料

① 最近三年及一期原始财务报表;

② 原始财务报表与申报财务报表的差异比较表;

③ 注册会计师对差异情况出具的意见;

④ 发行人设立时和最近三年及一期的资产评估报告(如有);

⑤ 发行人的历次验资报告或出资证明;

⑥ 发行人大股东或控股股东最近一年的原始财务报表及审计报告(如有)。

二、关于原始财务报表与申报财务报表的差异

主板、科创板、创业板首发申请文件均要求发行人提供原始财务报表。由于目前申报北交所的企业为新三板挂牌企业,所以北交所不要求提供原始财务报表,但如果有差错更正的话,需要会计师出具差错更正专项报告。

1. 原始财务报表

成立不满三年的股份有限公司的原始财务报表是指报告期各年度提供给地方财政、税务部门的财务报表(实际操作中为企业在所得税汇算清缴时

报送给税务机关的财务报表),包括:(1)股份有限公司设立当年及以后年度的原始财务报表及审计报告;(2)股份有限公司设立之前的原始财务报表,其中应包括各发起人(如有多个投入经营性资产的发起人)投入股份有限公司的经营性资产原所在法人单位的原始财务报表,如果该原始财务报表已经审计,一并提供其审计报告;如果未经审计,则应注明"未经审计"。

设立运行满三年的股份有限公司提供的原始财务报表是指报告期内各年度公司的原始财务报表及审计报告。

2. 申报财务报表

申报财务报表是发行人申请发行材料中提供的经注册会计师审计的三年一期会计报表。

发行人应编制原始财务报表与申报财务报表的差异比较表,并请注册会计师对差异情况出具意见。

3. 提供原始财务报表的意义

(1)通过原始财务报表与申报财务报表的差异情况判断企业的财务核算基础与内部控制执行水平;

(2)通过原始财务报表与申报财务报表的差异情况分析验证企业业绩的真实性。

申报财务报表与原始财务报表差异过大,并且没有合理的解释,有可能会被认定为会计基础薄弱,形成上市障碍。

三、合并财务报表的编制

合并财务报表是指反映母公司和其全部子公司形成的企业集团整体财务状况、经营成果和现金流量的财务报表。

合并财务报表至少应当包括下列组成部分:(1)合并资产负债表;(2)合并利润表;(3)合并现金流量表;(4)合并所有者权益变动表;(5)附注。企业集团中期期末编制合并财务报表的,至少应当包括合并资产负债表、合并利润表、合并现金流量表和附注。

母公司应当编制合并财务报表。根据企业会计准则及相关规定,母公司应当以自身和其子公司的财务报表为基础,根据其他有关资料,编制合并财务报表。母公司编制合并财务报表,应当将整个企业集团视为一个会计主体,依据相关企业会计准则的确认、计量和列报要求,按照统一的会计政策,反映企业集团整体财务状况、经营成果和现金流量。

如果母公司是投资性主体,且不存在为其投资活动提供相关服务的子公司,则不应当编制合并财务报表,该母公司应按照公允价值计量其对所有子公司的投资,且公允价值变动应计入当期损益。

四、财务报表的合并理论

编制合并会计报表的合并理论一般有三种理论可供遵循,即母公司理论、实体理论和所有者权益理论。目前,国际财务报告准则与我国的企业会计准则均采用实体理论。

按照实体理论,在企业集团内把所有的股东同等看待,不论是母公司股东还是少数股东均作为该集团内的股东,它强调的是集团所有成员企业构成一个经济实体。采用这种理论编制的合并会计报表,对集团内部成员之间的交易,均属于内部交易,未实现的内部销售损益均抵销。

五、编制合并财务报表是母公司的法定义务

1. 编制合并报表的法定义务

母公司是指有一个或者一个以上子公司的企业。《企业会计准则第33号——合并财务报表》第四条规定:"母公司应当编制合并财务报表。如果母公司是投资性主体,且不存在为其投资活动提供相关服务的子公司,则不应当编制合并财务报表,该母公司按照本准则第二十一条规定以公允价值计量其对所有子公司的投资,且公允价值变动计入当期损益。"

《〈企业会计准则第33号——合并财务报表〉应用指南》规定:"本准则第四条规定,母公司应当编制合并财务报表。如果母公司是投资性主体,且不存在为其投资活动提供相关服务的子公司,则不应编制合并财务报表。除上述情况外,本准则不允许有其他情况的豁免。"

因此，从财务报表合法性上来说，母公司在对外提供财务报表时，应当编制合并财务报表（投资主体除外）。

2. 母公司单体报表不具备提供决策有用信息的功能

合并报表的意义在于它站在企业集团的视角，将几个独立公司的资产、负债、收入、费用及现金流量状况整合为一个整体，从而为股东、债权人及其他内外部财务报表使用者提供了比个别报表更有用的信息。

根据《企业会计准则第2号——长期股权投资》规定："投资方能够对被投资单位实施控制的长期股权投资应当采用成本法核算。"这致使母公司账面对子公司的长期股权投资不能如实地反映公司的财务状况。因此，母公司财务报表不再满足对外提供财务信息的有用性。这也是母公司必须承担对外编制合并财务报表义务的重要原因。

3. 会计师无法对母公司单体财务报表发表意见

根据《中国注册会计师审计准则第1501号——对财务报表形成审计意见和出具审计报告》第十一条规定："注册会计师应当就财务报表是否在所有重大方面按照适用的财务报告编制基础的规定编制并实现公允反映形成审计意见。"第十五条规定："按照本准则第十三条和第十四条的规定作出的评价还应当包括财务报表是否实现公允反映。在评价财务报表是否实现公允反映时，注册会计师应当考虑下列方面：（一）财务报表的总体列报（包括披露）、结构和内容是否合理；（二）财务报表是否公允地反映了相关交易和事项。"第十九条规定："如果财务报表没有实现公允反映，注册会计师应当就该事项与管理层讨论，并根据适用的财务报告编制基础的规定和该事项得到解决的情况，决定是否有必要按照《中国注册会计师审计准则第1502号——在审计报告中发表非无保留意见》的规定在审计报告中发表非无保留意见。"

按照对子公司的投资采用成本法核算的前提编制的母公司财务报表，明显不符合"财务报表是否实现公允反映"，也不符合《企业会计准则第33号——合并财务报表》第四条"母公司应当编制合并财务报表"的规定，因此，会计师按照审计准则无法对母公司单体报表发表标准且无保留的审计意见。

母公司无论因何目的而不编制合并报表，在对外使用时都存在一定的政策规范风险，因此，母公司应当按照相关准则规定编制合并报表。

六、合并财务报表的编制原则

1. 以个别财务报表为基础编制

合并财务报表作为财务报表，必须符合财务报表编制的一般原则和基本要求，这些基本要求包括真实可靠、内容完整、重要性等。

2. 一体性原则

合并财务报表的编制除了遵循财务报表编制的一般原则和要求外，还应遵循一体性原则，即合并财务报表反映的是由多个主体组成的企业集团的财务状况、经营成果和现金流量。在编制合并财务报表时应当将母公司和所有子公司作为整体来看待，视为一个会计主体，旨在反映合并财务报表主体作为一个整体的财务状况、经营成果和现金流量。在编制合并财务报表时，对于母公司与子公司、子公司相互之间发生的经济业务，应当视为同一会计主体的内部业务来处理，对合并财务报表的财务状况、经营成果和现金流量不产生影响。

3. 重要性原则

编制合并财务报表的重要性原则是指，母公司和子公司发生的经营活动都应当从企业集团这一整体的角度进行考虑，包括对项目重要性的判断，进行取舍。

七、编制合并财务报表的前期准备工作

合并财务报表的编制涉及母公司及一个或多个子公司，为了使编制的合并财务报表准确、全面地反映企业集团的真实情况，必须做好一系列的前期准备工作。前期准备工作才是编制合并报表的核心工作，是一切工作的基础。

主要包括以下几个方面：

1. 统一母子公司的会计政策

会计政策是编制财务报表的基础。统一母公司和子公司的会计政策是保证母子公司财务报表各项目反映内容一致的基础。只有在财务报表各项目反映的内容一致的情况下,才能对其进行加总,编制合并财务报表。因此,在编制合并财务报表前,应要求子公司所采用的会计政策与母公司保持一致。

对一些境外子公司,由于所在国或地区的法律、会计政策等方面的原因,确实无法使其采用的会计政策与母公司所采用的会计政策保持一致,那么,应当要求其按照母公司所采用的会计政策,重新编报财务报表,也可以由母公司根据自身所采用的会计政策对境外子公司报送的财务报表进行调整,以重编或调整编制的境外子公司的财务报表,作为编制合并财务报表的基础。

2. 统一母子公司的资产负债表日及会计期

母公司和子公司的个别财务报表只有在反映财务状况的日期和反映经营成果的会计期都一致的情况下,才能进行合并。为了编制合并财务报表,必须统一企业集团内母公司和所有子公司的资产负债表日和会计期,使子公司的资产负债表日和会计期与母公司的资产负债表日和会计期保持一致,以便于子公司提供相同资产负债表日和会计期的财务报表。

对于境外子公司,由于当地法律限制确实不能与母公司财务报表决算日和会计期一致的,母公司应当按照自身的资产负债表日和会计期对子公司的财务报表进行调整,以调整后的子公司财务报表为基础编制合并财务报表,也可以要求子公司按照母公司的资产负债表日和会计期另行编制并报送其个别财务报表。

3. 对子公司以外币表示的财务报表进行折算

对母公司和子公司的财务报表进行合并,其前提必须是母子公司个别财务报表所采用的货币计量单位一致。外币业务比较多的企业应该遵循外币折算准则中有关选择记账本位币的相关规定,在符合准则规定的基础上,确定是否采用某一种外币作为记账本位币。在将境外经营纳入合并范围时,应该按照外币折算准则的相关规定进行处理。

4. 收集编制合并财务报表的相关资料

合并财务报表以母公司和其子公司的财务报表以及其他有关资料为依据,由母公司合并有关项目的数额,进行编制。为编制合并财务报表,母公司应当要求子公司及时提供下列有关资料:

(1) 子公司合并期间的财务报表;

(2) 采用的与母公司不一致的会计政策及其影响金额;

(3) 与母公司不一致的会计期的说明;

(4) 与母公司及与其他子公司之间发生的所有内部交易的相关资料,包括但不限于内部购销交易、债权债务、投资及其产生的现金流量和未实现内部销售损益的期初、期末余额及变动情况等资料;

(5) 子公司所有者权益变动和利润分配的有关资料;

(6) 编制合并财务报表所需的其他资料,如在非同一控制下企业合并购买日的公允价值资料及相关资产后续变化情况等。

相关资料的完备性与准确性是合并财务报表编制的重要基础,编制合并财务报表的真正难点在于系统的资料基础,而不是合并财务报表编制程序或抵销分录编制本身。

八、合并财务报表的编制程序

合并财务报表的编制,不仅涉及本企业的会计业务和财务报表,而且还涉及纳入合并范围的子公司的会计业务和财务报表。合并财务报表编制的一般程序如下:

1. 设置合并工作底稿

合并工作底稿的作用是为合并财务报表的编制提供基础。在合并工作底稿中,对母公司和纳入合并范围的子公司的个别财务报表各项目的数据进行汇总、调整和抵销处理,最终计算得出合并财务报表各项目的合并数。

2. 将个别财务报表的数据过入合并工作底稿

将母公司和纳入合并范围的子公司的个别资产负债表、个别利润表、个别现金流量表及个别所有者权益变动表各项目的数据过入合并工作底稿，并在合并工作底稿中对母公司和子公司的个别财务报表各项目的数据进行加总，计算得出个别资产负债表、个别利润表、个别现金流量表及个别所有者权益变动表的各项目合计数额。

3. 编制调整分录和抵销分录

编制调整分录与抵销分录，进行调整抵销处理是合并财务报表编制的关键和主要内容，其目的在于调整会计政策及计量基础的差异对个别财务报表的影响，以及抵销或调整个别财务报表各项目的加总数据中重复的因素等。

4. 计算合并财务报表各项目的合并金额

在母公司和纳入合并范围的子公司的个别财务报表项目加总金额的基础上，分别计算合并财务报表中各资产项目、负债项目、所有者权益项目、收入项目和费用项目等的合并金额。

九、内部交易抵销分录的核心逻辑

我国合并财务报表的编制遵循的是实体理论。也就是将母公司及所有子公司视同一个经济实体，旨在按照统一的会计政策反映合并财务报表主体作为一个主体的财务状况、经营成果及现金流量情况。

根据上述理论与合并报表编制程序可知，编制合并财务报表时的核心是：以合并范围的单个主体视角对内部交易事项进行报表层面的会计处理，以合并主体的角度视同主体内部会计处理事项，将两个或者两个以上单体报表层面之间的会计处理的差异部分抵销。

作为单体会计主体间的需要会计处理的部分事项，以合并主体的角度视同主体内部非会计处理事项或不同会计处理事项（合并层面视同没发生，涉及税金的纳税义务按照税法处理），部分会计事项需要依照合并主体的角度呈现。

抵销分录可以理解为，将子公司单体报表层面做出的会计处理抵销，并将合并报表主体角度的会计处理反映出来。因此，可得出合并抵销分录公式为：

抵销分录＝合并报表层面的会计分录－单体报表层面的会计分录

十、同一控制下企业合并的认定

对于同一控制下的企业合并，发行人应严格遵守相关会计准则规定，详细披露合并范围及相关依据，对特殊合并事项予以重点说明。

(1) 发行人的企业合并行为应按照《企业会计准则第 20 号——企业合并》相关规定进行处理。其中，同一控制下的企业合并，参与合并的企业在合并前后均受同一方或相同的多方最终控制且该控制并非暂时性的。

根据《〈企业会计准则第 20 号——企业合并〉应用指南》的解释，"同一方"是指对参与合并的企业在合并前后均实施最终控制的投资者。"相同的多方"通常是指根据投资者之间的协议约定，在对被投资单位的生产经营决策行使表决权时发表一致意见的两个或两个以上的投资者。"控制并非暂时性"是指参与合并的各方在合并前后较长的时间内受同一方或相同的多方最终控制。较长的时间通常指 1 年以上(含 1 年)。

(2) 根据《企业会计准则实施问题专家工作组意见》解释，通常情况下，同一控制下的企业合并是指发生在同一企业集团内部企业之间的合并。除此之外，一般不作为同一控制下的企业合并。

(3) 在对参与合并企业在合并前的控制权归属认定中，如存在委托持股、代持股份、协议控制(VIE 模式)等特殊情形，发行人应提供与控制权实际归属认定相关的充分事实证据和合理性依据，中介机构应对该等特殊控制权归属认定事项的真实性、证据的充分性、依据的合规性等予以审慎判断、妥善处理和重点关注。

十一、集团内部交易的涉税抵销处理

合并财务报表反映的是由母公司和其全部子公司组成的会计主体的整体财务状况、经营成果和现金流量。一般情况下，需抵销母公司与子公司、子公司相互之间发生的内部交易对合并财务报表的影响。集团交易涉税，

应当按照税法规定,纳税事项发生而负有纳税义务,并不因属于同一合并范围而义务消失,集团内部交易产生的纳税义务不抵销。

1. 集团内转让房地产缴纳的土地增值税

土地增值税是按照纳税人转让房地产所取得的增值额和对应税率计算缴纳的,土地增值税的确认应与房地产增值的实现相对应。因此,在转让方的个别财务报表中,应在转让房地产取得增值额的当期,将土地增值税计入损益。

集团为了出售而持有房地产的,在合并财务报表中,集团内部转让房地产的期间,由于内部交易未实现损益已被抵销,集团层面没有实现房地产增值,因而合并利润表中没有反映该项转让交易的利得。相应地,集团内公司缴纳的土地增值税也不应确认为当期损益,而应在合并资产负债表中将其作为一项资产列示;待房地产从该集团出售给第三方,在集团合并利润表中实现增值利得时,再将已缴纳的土地增值税转入当期损益。

2. 集团内交易中产生的单方计提的增值税

纳入合并财务报表范围内的公司之间发生交易,其中一方将自产产品销售给另一方,如按照税法规定,出售方属增值税免税项目,销售自产产品免征增值税,而购入方属增值税应税项目,在其购入产品过程中,可以计算相应的增值税进项税额用于抵扣。由于税项是法定事项,在集团内部企业间进行产品转移时,进项税抵扣的权利已经成立,在合并财务报表层面应体现为一项资产。另外,在内部交易涉及的产品出售给第三方之前,对合并财务报表而言,该交易本身并未实现利润。因此,在编制合并财务报表并抵销出售方对有关产品的未实现内部销售损益与购入方相应的存货账面价值时,该部分因增值税进项税额产生的差额在合并财务报表中可以确认为一项递延收益,并随着后续产品实现向第三方销售时再转入当期损益。

十二、编制现金流量表的意义

现金流量表是由财务状况变动表演变而来,基于内部管理需要而产生的。其主要目的是提供有关企业现金流量的信息,为财务报表的使用者评价企业形成现金和现金等价物的能力以及企业使用这些现金流量的需要提供依据。使用者进行经济决策时，需要对企业形成现金和现金等价物的能力及其时间性与确定性做出评价。

现金流量信息的作用是当现金流量表结合其他财务报表一起使用时，所提供的信息使使用者能对企业净资产的变动、财务结构(包括流动性和偿债能力)，以及企业为适应环境和时机的变化而影响现金流量的金额和时间的能力进行评价。现金流量的信息有助于评价企业形成现金和现金等价物的能力，并使使用者能够对不同企业未来现金流量的现值的模式做出评价和比较。它还能够提高不同企业经营业绩报告的可比性，因为它消除了对相同交易和事项采用不同会计处理的影响。

关于以往现金流量的信息常被用作未来现金流量的金额、时间和确定性的指标，它还有助于复核过去对未来现金流量所做估计的准确性，以及检查获利能力、净现金流量与价格变动影响之间的关系。

十三、现金流量表的内容与结构

现金流量表是反映企业在一定会计期间内现金及现金等价物流入流出的报表，包括主表和补充资料。现金流量表主表是按照收付实现制原则，以直接法编制的：经营活动产生的现金流量、投资活动产生的现金流量和筹资活动产生的现金流量。现金流量表补充资料，实际上为以间接法编制的经营活动现金流量表：以本期净利润为起点，通过调整不涉及现金的收入、费用、营业外收支及经营性应收应付等项目的增减变动，调整不属于经营活动的投资和筹资活动现金收支项目变动，据此计算经营活动现金流量。

现金流量表披露信息调节项目包括四类：(1)实际没有支付现金的费用；(2)实际没有收到现金的收益；(3)不属于经营活动的损益；(4)经营性应收应付项目的增减变动。

十四、现金流量表的编制

从业务实操角度看，现金流量表的编制，无论主表还是补充披露信息，每一个项目其实都不难理解与获取。

经营活动现金流量的常规涉及项目有 7 个,其中:(1)"收到的税费返还"项目,一般不涉及太多数据,也就是很多时候为零;(2)"收到其他与经营活动有关的现金"项目,一般数据也很具体,不太容易混淆;(3)"支付的各项税费"项目,通过实际缴纳的税金很容易取得;(4)"支付给职工以及为职工支付的现金"项目,反映的内容的界限也很清晰。也就是只有"销售商品、提供劳务收到的现金""购买商品、接受劳务支付的现金""支付其他与经营活动有关的现金"3 个项目,反映的内容会复杂一点,但概念还是非常清晰的。

关于投资与筹资活动的现金流量的相关项目,在一般企业均属于低频次发生的业务事项,逐笔填制都不存在较大难度。

所以从技术角度来看,现金流量表的编制应该属于一个在专业知识要求与实际操作方面都难度偏低的工作。更何况,企业可以在制作凭证过程中就采用逐笔记录的方式编制现金流量表主表,目前所有的财务软件都支持这个功能。主表按照监管的规定,采用直接法编制并不难,但由于票据结算、贴现等事项影响,实际按照目前规则编制的现金流量主表已经无法实现编制现金流量表的意义。

在实务中,关于财务人员普遍感觉现金流量表编制比较难的几点原因,总结为以下几点:

(1)现行会计准则与应用指南的指导性不强。现行准则与应用指南实际上只给出了相关定义,如现金及现金等价物、现金流量表,然后给出报表格式,细化指引的内容不多,甚至出现应用指南越改内容越少的情况。CPA考试教材关于现金流量表的内容也以概念为主,从学习的角度来讲,按照上述资料可能还是不知道如何编制现金流量表。

(2)编制方法与资产负债表和利润表存在差异。现金流量表作为目前财务报告的三大表之一,其编制流程与理论基础完全不同。资产负债表与利润表均是在会计核算的基础上进行编制,都是按照凭证→明细账→总账→报表的流程编制。而现金流量表的编制,从主流教材或专业分享来看,基本都是从报表→报表,也就是现金流量表是根据编制完成的资产负债表与利润表推演而来。

（3）起步晚、应用频次低。现金流量表在国内财务领域引入比较晚，甚至到目前为止，许多非上市公司仍然不编制现金流量表，即使编制现金流量表也是公司个别人员在做，每年编制有限的几次。由于使用频率低，所以学习研究不够。

（4）企业内部重视程度不足。现金流量表是从西方企业内部管理需求发展产生的，是社会经济环境及财务报告目标改变的结果。但是在国内企业内部管理中，很多企业不重视现金流量表，相应财务人员对现金流量表的重视程度也不高。

十五、审核监管规定的现金流量分类要求

企业应当以实际收付的现金及现金等价物为基础编制现金流量表，并且将现金流量划分为经营活动现金流量、投资活动现金流量和筹资活动现金流量。

投资活动是指购建长期资产以及现金等价物之外的投资与处置；筹资活动是指导致资本及债务规模和构成发生变化的活动；投资活动和筹资活动之外的所有交易和事项属于经营活动。

企业应当结合行业特点判断相关业务活动产生的现金流量的分类。不同形式现金之间的转换以及现金与现金等价物之间的转换均不产生现金流量。

1. 因银行承兑汇票贴现而取得的现金

若银行承兑汇票贴现不符合金融资产终止确认条件，因票据贴现取得的现金在资产负债表中应确认为一项借款，该现金流入在现金流量表中相应分类为筹资活动现金流量；若银行承兑汇票贴现符合金融资产终止确认的条件，相关现金流入则分类为经营活动现金流量。

若银行承兑汇票贴现不符合金融资产终止确认条件，后续票据到期偿付等导致应收票据和借款终止确认时，因不涉及现金收付，在编制现金流量表时，不得虚拟现金流量。公司出现以银行承兑汇票背书购买原材料等业

务时,比照该原则处理。

2.定期存单的质押与解除质押业务

企业首先应当结合定期存单是否存在限制、是否能够随时支取等因素,判断其是否属于现金及现金等价物。如果定期存单本身不属于现金及现金等价物,其质押或解除质押不会产生现金流量;如果定期存单本身属于现金及现金等价物,被用于质押不再满足现金及现金等价物的定义,以及质押解除后重新符合现金及现金等价物的定义,均会产生现金流量。

在后者情况下,对相关现金流量进行分类时,应当根据企业所属行业特点进行判断。如果企业属于金融行业,通过定期存款质押获取短期借款的活动可能属于经营活动,相关现金流量应被分类为经营活动现金流量;如果企业为一般非金融企业,通过定期存款质押获取短期借款的活动属于筹资活动,相关现金流量应被分类为筹资活动现金流量。

第三节 税务管理

企业涉及的税收事项与生产经营的开展密不可分。税收的本质是国家为满足社会公共需要,凭借公共权力,按照法律所规定的标准和程序,参与国民收入分配,强制取得财政收入所形成的一种特殊分配关系。税收具有强制性、无偿性的特征,同时国家为了引导资源合理配置,促进产业结构合理调整等,制定了一系列税收优惠政策,构建了复杂的税收监管体系。由于种种原因,企业在上市前一般或多或少都存在税收规范问题,相应企业在上市过程中应当对历史上的税收问题进行梳理与规范,对未来税收风险进行必要的管理。税务管理需要做到的是符合性遵循,本节将仅对企业上市过程中涉及的常见税收问题进行分析。

一、关于对依法纳税及税收优惠合规的总体要求

根据首发注册管理办法规定,发行人应依法纳税,各项税收优惠符合相

关法律法规的规定,最近36个月内不得存在违反工商、税收、土地、环保、海关以及其他法律、行政法规,受到行政处罚,且情节严重的情形。

关于重大违法行为的认定标准,本书第五章第三节有相关阐述。此外,2021年12月国家税务总局发布的《重大税收违法失信主体信息公布管理办法》规定了11种导致纳税人、扣缴义务人或者其他涉税当事人成为重大税收违法失信主体的情形,并向社会公示失信主体的失信信息。

拟上市企业申请成为公众公司,必须依法纳税,申报材料需要提交当地税务主管机构出具的最近三年及一期纳税情况证明;如确实无法提供由当地税务主管机构出具的纳税证明,也可提供最近三年及一期的其他纳税证明文件,如涉税事项调查证明材料、涉税证明、税务违法记录证明等。

根据中华人民共和国主席令第23号《中华人民共和国税收征收管理法》规定,税收的开征、停征以及减税、免税、退税、补税,依照法律的规定执行;法律授权国务院规定的,依照国务院制定的行政法规的规定执行。任何机关、单位和个人不得违反法律、行政法规的规定,擅自做出税收开征、停征以及减税、免税、退税、补税和其他同税收法律、行政法规相抵触的决定。

发行人经营期间享受过的地方性税收优惠政策,如果地方政府或税务主管部门能够确认公司享受的税收优惠不会被追缴且不构成违法违规行为,公司能够证明不对该税收优惠存在重大依赖,扣除该类税收优惠影响后也符合发行条件的,一般不构成发行上市的实质性障碍。

二、企业上市准备过程中常见的涉税问题

1. 欠税补缴

如果企业存在会计核算不准确,导致纳税申报不准确,往往体现为少缴税款,需要按照规范后的财务数据补充申报并缴纳税款。

2. 重大税收违法违规的情形

重大税收违法违规情形是指被税务行政处罚的实施机关给予没收违法所得、没收非法财物以上行政处罚的行为,但实施机关依法认定该行为不属于重大违法行为,且做出合理解释的除外。

如果企业存在内部控制机制不完善,为降低企业税负实施过度盈余管理,人为降低应纳税额,存在被税务机关稽查、税收处罚、缴纳欠税及其滞纳金风险,报告期内存在该等情形的,应充分论证对上市审核的影响程度。

3. 税务管理问题

企业在税务管理中未能依法履行纳税义务,对各项纳税事项没有做到据实申报,导致企业面临着税收处罚风险。常见的情况有:(1)企业存在逾期申报的问题,比如企业通过延迟纳税的方式缓解资金压力,未按时申报增值税或推迟销售收入的确认;(2)企业存在不申报或申报不实的问题。规范时应对前期是否涉及该等事项进行梳理与规范,并确保规范后不再出现类似情况。

三、企业历史上存在的税务风险情形

有些企业存在一些历史的税务问题。一方面,企业存在逾期申报的问题,企业通过延迟纳税的方式缓解资金压力,未按时申报增值税或推迟销售收入的确认;另一方面,企业存在不申报或申报不实的问题,企业在税务管理中未能依法履行纳税义务,对各项纳税事项没有做到据实申报,导致企业面临着偷漏税风险。

导致企业存在税务风险的主要原因有:

(1) 会计核算不准确。部分企业的收入确认、成本核算、费用列支等不符合会计、税法规定,导致纳税申报不准确,往往体现为少缴税款。

(2) 财务管理不规范。①存在人为调整收入确认、成本结转、费用列支等事项的情形,导致纳税申报不准确,往往体现为少缴税款。②财务记录不完整,存在账外收入、成本、费用等事项的情形,导致纳税申报不准确,往往体现为少缴税款。③出于企业财务人员的信息和业务层面的原因而少缴税款。比如,对某些偶然发生的应税业务未申报纳税;税务与财务在计税基础的规定上不一致时,常导致未按照税务规定申报纳税的情况发生。④增值税发票的开具和取得无交易实质,存在多抵扣进项税问题。

(3) 转移定价不合理。如关联企业之间的交易行为存在定价明显偏低

现象。与关联方之间转移定价须有合理商业目的，否则存在涉税风险。税法中对于"合理的商业目的""不具有合理商业目的"未给出具体解释，一般理解，当以下三个要素满足时，可以被认为"不具有合理商业目的"：以取得税收利益为主要或唯一目的；所做交易安排是故意的；纳税人从交易中获得税收收益。对于不具有合理商业目的交易行为，税务机关有权就其关联交易行为进行调查，并有权实施特别纳税调整。

四、申报期之前的税务风险和解决措施

针对申报期之前的税务风险，企业需要评估是否存在可能导致补税及交滞纳金的重大事项，如果企业在申报期间受到税务处罚并构成重大违法行为，将成为 IPO 的实质性法律障碍。

此外，申报期前的税务风险不会因为企业上市而消除，因此需要尽早评估和处理，既减少对申报期的影响，也避免以后被追查的风险。

1. 税务合法性

企业因会计核算不够健全，对以前的会计差错和会计核算差异进行调整，或者因对税收政策理解不到位等，而少缴税款，应当积极予以补缴，同时取得税务机关的证明，确认该行为不构成税收违法行为。

企业原始财务报表与申报财务报表不能差异太大，否则可能导致审核机构对企业会计基础工作规范与内部控制有效性产生质疑。

2. 延期纳税

根据《税收征收管理法》的规定，延期缴纳税款需由省、自治区、直辖市国家税务局、地方税务局批准，因此，延期缴纳税款一般来说都是违法违规的。

在实务中，企业存在延期纳税情况，有的是因为税务机关，有的是因为公司自身。该类事项需要企业及时补缴税款，与税务主管机关积极沟通，及时缴纳，并不对该行为进行行政处罚。

五、报告期内因纳税问题受到税收处罚的处理

企业补缴税款,符合会计差错更正要求的,可追溯调整至相应期间;对于缴纳的罚款、滞纳金等,原则上应计入缴纳当期。

如果金额不大且情节不严重,需税务主管部门出具证明文件确认不属于重大违法违规行为、相关处罚不构成重大行政处罚。同时,企业应及时整改,建立并完善有效的内控机制,避免再次发生税收违法违规行为。

如果存在欠缴较大金额的所得税、增值税或其他税种,或者补缴较大金额的滞纳金的,应由税务部门出具是否构成重大违法行为的确认性文件,保荐机构和律师应对是否存在重大违法行为发表明确意见。

六、拟上市企业申报前的税务管理

1. 建立税务风险管理体系

为了有效地管理公司的税务风险,企业要建立一个完善的税务风险管理体系,通过税务风险管理措施将税务风险控制在较低水平。管理的主要目标是通过合法合规的方式管理企业税务,使税收风险控制在可接受水平下,追求税务损失的最小化、企业利益最大化,提高企业整体收益。

2. 税务内部控制机制

企业要建立健全税务内部控制机制,规范涉税事项的处理流程,做到依法履行纳税义务,提高税务管理水平。

企业要对日常性的税务事项编制处理流程,明确涉税事项的负责人、税务风险点、税务事项处理进度、税务事项完成情况等内容,确保各项税务问题依法依规解决。

3. 建立税务风险意识

企业的管理层、财务人员应树立税务风险意识,重视对企业在上市过程中税务风险的防范,认识到税务风险是客观存在的、可控的。企业通过积极、主动的事先规划的方式来管理税务风险,可降低税务风险对企业的影响。

4. 识别税务风险

企业要全面地、系统地分析内外税务环境,过去和将来的税务事项,横向、纵向分析相结合,时间和空间分析相交叉,搜集涉税信息,包括历史遗留税务信息和未来发展的涉税事项。企业了解历史税务事项时,应分析历史税务事项是否合规合法,判断可能存在的税务风险;企业了解未来的涉税事项时,应识别改制重组中税务筹划的方式是否最有利于实现企业经济利益最大化,能否最大限度地规避税务风险。

在识别税务风险的过程中,企业应遵循谨慎性的原则,分析判断与企业相关的涉税活动,识别是否有潜在的税务风险,如高新技术企业资格的认定、研发费用加计扣除、股权转让、资产重组等。

5. 有条件的企业可设立专门的税务管理部门

企业根据规模大小和自身的组织结构,可设立专门的税务管理部门或在财务部内设税务管理员岗位。由税务管理部门或税务管理员负责处理企业的日常涉税事项,进行税务管理和检查,在日常项目中做到税务合规合法,保障企业上市中的税务规范性。

七、企业上市前整体税负管理

企业在股改前,需要有前瞻性的规划和安排,全面考虑上市条件以及税务合规要求,降低上市的时间成本和税务成本,应从以下几个方面进行管理:

1. 股权结构的设置

企业在股权结构调整的过程中会涉及大额税金的缴纳,尤其是自然人股东在股份转让、整体变更等环节会缴纳较多的所得税,因此,在股权架构搭设过程中应充分考虑税收管理的需求,利用现有的税收优惠政策,合理减少税负。首发企业股权结构宜采用法人股东控股、自然人股东少量持股、用于员工激励的合伙企业(有限合伙)持股的组合方式。

2. 充分利用新三板税收优惠政策

对于企业账面净资产较大、以自然人股东(含合伙企业)持股为主且注册资本较小的公司来说,在注册资本扩大的过程中涉及自然人股东缴纳个人所得税的问题,建议企业可优先考虑在新三板挂牌,挂牌后企业就可以享受分红个税税收优惠的法定政策,未分配利润转增股本视同分红也同样享受该项税收优惠。

3. 积极依法享受各项税收优惠

符合条件的企业应积极依法享受各类税收优惠政策,如高新技术企业、软件企业、增值税即征即退、文化企业及西部大开发等特定性质或区域性的税收优惠。

4. 企业重组采用特殊性税务处理

特殊性税务处理是指在满足一定条件时,原企业的计税基础可以平移,不会产生企业所得税。特殊性税务处理适用于企业所得税,不适用于个人。

在上市前,企业为解决同业竞争或加强主业,会进行企业重组,此时应设计合理的方案,以适用于特殊性税务处理方式。

八、整体变更净资产折股涉及的纳税问题

有限责任公司整体变更时,除注册资本外的资本公积、盈余公积及未分配利润转增股本,分以下几种情况进行纳税处理:

1. 资本公积、盈余公积及未分配利润中属于个人股东部分的纳税问题

(1) 资本公积转增股本

《国家税务总局关于股份制企业转增股本和派发红股征免个人所得税的通知》(国税发〔1997〕198号)中规定,股份制企业用资本公积金转增股本不属于股息、红利性质的分配,对个人取得的转增股本数额,不作为个人所得,不征收个人所得税。

《国家税务总局关于原城市信用社在转制为城市合作银行过程中个人股增值所得应纳个人所得税的批复》(国税函〔1998〕289号)规定,《国家税务总局关于股份制企业转增股本和派发红股征免个人所得税的通知》(国税发〔1997〕198号)中所规定的"资本公积金"是指股份制企业股票溢价发行收入所形成的资本公积金。将此转增股本由个人取得的数额,不作为应税

所得征收个人所得税。而与此不相符合的其他资本公积金分配个人所得部分，应当依法征收个人所得税。

《国家税务总局关于进一步加强高收入者个人所得税征收管理的通知》（国税发〔2010〕54号）规定，加强企业转增注册资本和股本管理，对以未分配利润、盈余公积和除股票溢价发行外的其他资本公积转增注册资本和股本的，要按照"利息、股息、红利所得"项目，依据现行政策规定计征个人所得税。

《股份制企业试点办法》（自1992年5月15日起施行、于2016年1月1日失效）规定，我国的股份制企业主要有股份有限公司和有限责任公司两种组织形式。

根据上述法规依据，有限责任公司整体变更时属于以前资本溢价形成的资本公积金转增股本，不需要缴纳个人所得税，其他情形形成的资本公积金转增股本应当缴纳个人所得税。

在实务中，对于上述规定中的"股份制企业"和"股票溢价发行收入"存在狭义和广义两种理解，因此，就股权（票）溢价形成的资本公积转增股本来说，会得出应征税和不应征税两种结论。个别税务机关认定股份公司资本公积金转增股本不需要缴纳个人所得税，而有限公司整体变更时资本公积金转增股本需要缴纳个人所得税，针对此分歧需要企业跟当地主管税务机关充分沟通。

在实务操作中，整体变更可能会遇到地方税务局将权益类中的应税范围（资本公积—资本溢价以外的其他资本公积和留存收益）占资本公积和留存收益（含盈余公积和未分配利润，下同）合计的比例，与股本的增资数额相乘以确认应纳税所得额，从而计算缴纳个人所得税。因此，在整体变更前，如企业的资本公积金数额较大，用资本公积金转增资本后能够达到公司对变更后股份公司股本的设置要求的，可以采用先在股改前进行资本公积增资的方法，在具体操作前应与当地税务局进行政策沟通。

（2）盈余公积、未分配利润转增股本

股份制企业用盈余公积金及未分配利润转增股本属于股息、红利性质的分配,对个人取得的红股数额,应作为"利息、股息、红利所得"项目征收个人所得税。

个人取得上市公司和新三板挂牌公司(即公开发行和转让市场)以未分配利润、盈余公积、资本公积(不含以股票溢价发行收入所形成的资本公积转增股本的情形)转增股本的,按照现行有关的股息、红利差异化政策来执行。

(3)留存收益转增资本公积

截至目前,并没有法律法规明确规定留存收益转增资本公积是否缴纳个人所得税。根据《国税总局纳税服务司税务问题解答汇集》82问(有限责任公司整体变更为股份有限公司时,盈余公积和未分配利润转增股本和资本公积,个人股东如何缴纳个人所得税)的回复意见:盈余公积和未分配利润转增股本应当按"利息、股息、红利所得"项目计征个人所得税,转增资本公积不计征个人所得税。

因此,对于整体变更时盈余公积、未分配利润转资本公积(股本溢价)是否需要缴纳个人所得税,企业和个别地方税务局会存在争议,分为在整体变更时缴纳和未来转增股本时缴纳(例如,帝尔激光)两种不同意见。但是从立法角度来分析,盈余公积和未分配利润转增资本公积不构成股东的分配所得,所以,本书认为整体变更盈余公积、未分配利润转增资本公积无需缴纳个人所得税。

2. 资本公积、盈余公积及未分配利润中属于居民企业股东部分的纳税问题

(1)资本公积转增股本

依据《国家税务总局关于贯彻落实企业所得税法若干税收问题的通知》(国税函〔2010〕79号)规定,被投资企业将股权(票)溢价所形成的资本公积转为股本的,不作为投资方企业的股息、红利收入,投资方企业也不得增加该项长期投资的计税基础。

股票(权)溢价发行形成的资本公积金转增股本不属于利润分配,居民企业股东不缴纳企业所得税。

(2) 盈余公积、未分配利润转增股本

留存收益(含盈余公积和未分配利润)进行转增时,视同利润分配。《中华人民共和国企业所得税法》第二十六条规定,符合条件的居民企业之间的股息、红利等权益性投资收益属于免税收入。《中华人民共和国企业所得税法实施条例》第八十三条规定,企业所得税法第二十六条第(二)项所称符合条件的居民企业之间的股息、红利等权益性投资收益,是指居民企业直接投资于其他居民企业取得的投资收益。

因此,当被投资企业的盈余公积转增资本时,居民企业股东按照投资比例增加的部分注册资本免缴企业所得税。

(3) 留存收益转增资本公积

留存收益转增资本公积居民企业股东无需缴纳企业所得税。

3. 资本公积、盈余公积及未分配利润中属于非居民企业股东部分的纳税问题

(1) 资本公积转增股本

股票(权)溢价发行形成的资本公积金转增股本,不属于利润分配,非居民企业股东不缴纳企业所得税。

(2) 盈余公积、未分配利润转增股本

留存收益(含盈余公积和未分配利润)以及不属于股票溢价发行所形成的资本公积转增股本,视同利润分配。非居民企业是否纳税分两种情况:

第一,"在中国境内设立机构、场所的非居民企业从居民企业取得与该机构、场所有实际联系的股息、红利等权益性投资收益"为免税收入。因此,这类非居民企业股东在上述条件下不缴纳企业所得税。但须注意"在境内设立机构和场所""取得的股息、红利与该机构场所有实际联系"的适用条件必须符合《企业所得税法》及其实施条例的规定。

第二,"非居民企业在中国境内未设立机构、场所的,或者虽设立机构、场所但取得的所得与其所设机构、场所没有实际联系的,应当就其来源于中国境内的所得缴纳企业所得税。"这类非居民企业从居民企业取得利润分配额,属于从中国境内取得的"股息、红利等权益性投资所得",按照"应纳税所

得额×实际征收率"缴纳企业所得税,由利润分配企业代扣代缴。实际征收率是指《企业所得税法》及其实施条例等相关法律法规规定的税率(即10%),或者税收协定规定的更低的税率。同时,《财政部、国家税务总局关于企业所得税若干优惠政策的通知》(财税〔2008〕1号)规定:"2008年1月1日之前外商投资企业形成的累积未分配利润,在2008年以后分配给外国投资者的,免征企业所得税;2008年及以后年度外商投资企业新增利润分配给外国投资者的,依法缴纳企业所得税。"因此,针对上述外商投资企业的外国投资者股东,公司整体变更时留存收益以及应纳税的其他资本公积总额,可扣除2008年1月1日之前形成的累计未分配利润后计算应纳税所得额。

九、整体变更时实际控制人尚未缴纳个税的处理原则

在首发审核中,对于发行人实际控制人尚未缴纳整体变更涉及的个人所得税的,按照以下原则处理:

(1)发行人应当在招股说明书中披露实际控制人欠缴税款的具体情况及原因,可能导致的被追缴风险,并由控股股东、实际控制人承诺承担补缴义务及处罚责任。

(2)对于符合财税〔2015〕116号、财税〔2015〕41号文规定的分期缴纳情形的,发行人应当披露分期缴纳事项是否在主管税务机关备案;对于不符合前述分期缴纳情形的,实际控制人应当补缴税款,或者取得主管税务机关出具的同意缓缴的确认意见。

(3)保荐机构、发行人律师应当就发行人实际控制人尚未缴纳整体变更涉及的个人所得税是否符合当地的税收政策、分期缴纳是否符合相关规定并办理备案、是否构成控股股东、实际控制人的重大违法行为及本次发行上市的法律障碍发表明确意见。

十、资本公积、盈余公积、未分配利润转增股本涉及个税的递延纳税政策

《财政部、国家税务总局关于将国家自主创新示范区有关税收试点政策

推广到全国范围实施的通知》(财税〔2015〕116号)规定,自2016年1月1日起,全国范围内的中小高新技术企业以未分配利润、盈余公积、资本公积向个人股东转增股本时,个人股东一次缴纳个人所得税有困难的,可根据实际情况自行制订分期缴税计划,在不超过5个公历年度内(含)分期缴纳,并将有关资料报主管税务机关备案。个人取得上市公司和新三板挂牌公司(即公开发行和转让市场)以未分配利润、盈余公积、资本公积(不含以股票溢价发行收入所形成的资本公积转增股本的情形)转增股本的,不适用分期缴纳政策,继续按照现行有关的股息、红利差异化政策来执行。

《国家税务总局关于股权奖励和转增股本个人所得税征管问题的公告》(国家税务总局公告2015年第80号)规定,非上市及未在全国中小企业股份转让系统挂牌的中小高新技术企业以未分配利润、盈余公积、资本公积向个人股东转增股本,并符合财税〔2015〕116号文件有关规定的,纳税人可分期缴纳个人所得税;非上市及未在全国中小企业股份转让系统挂牌的其他企业转增股本,应及时代扣代缴个人所得税。

中小高新技术企业是在中国境内注册的实行查账征收的、经认定取得高新技术企业资格,且年销售额和资产总额均不超过2亿元、从业人数不超过500人的企业。

不符合中小高新技术企业条件的可以按照《财政部、国家税务总局关于个人非货币性资产投资有关个人所得税政策的通知》(财税〔2015〕41号)备案分期缴纳。财税〔2015〕41号规定:"个人以非货币性资产投资,属于个人转让非货币性资产和投资同时发生。对个人转让非货币性资产的所得,应按照'财产转让所得'项目,依法计算缴纳个人所得税。""纳税人一次性缴纳有困难的,可合理确定分期缴纳计划并报主管税务机关备案后,自发生上述应税行为之日起不超过5个公历年度内(含)分期缴纳个人所得税。"

十一、非上市公司股票期权、股权期权、限制性股票和股权奖励实行递延纳税政策

股票(权)期权是指公司给予激励对象在一定期限内以事先约定的价格

购买本公司股票(权)的权利。

限制性股票是指公司按照预先确定的条件授予激励对象一定数量的本公司股权,激励对象只有工作年限或业绩目标符合股权激励计划规定条件的才可以处置该股权。

股权奖励是指企业无偿授予激励对象一定份额的股权或一定数量的股份。

《关于完善股权激励和技术入股有关所得税政策的通知》(财税〔2016〕101号)规定如下：

"(一)非上市公司授予本公司员工的股票期权、股权期权、限制性股票和股权奖励,符合规定条件的,经向主管税务机关备案,可实行递延纳税政策,即员工在取得股权激励时可暂不纳税,递延至转让该股权时纳税；股权转让时,按照股权转让收入减除股权取得成本以及合理税费后的差额,适用'财产转让所得'项目,按照20%的税率计算缴纳个人所得税。

股权转让时,股票(权)期权取得成本按行权价确定,限制性股票取得成本按实际出资额确定,股权奖励取得成本为零。

(二)享受递延纳税政策的非上市公司股权激励(包括股票期权、股权期权、限制性股票和股权奖励)须同时满足以下条件：

1. 属于境内居民企业的股权激励计划。

2. 股权激励计划经公司董事会、股东(大)会审议通过。未设股东(大)会的国有单位,经上级主管部门审核批准。股权激励计划应列明激励目的、对象、标的、有效期、各类价格的确定方法、激励对象获取权益的条件、程序等。

3. 激励标的应为境内居民企业的本公司股权。股权奖励的标的可以是技术成果投资入股到其他境内居民企业所取得的股权。激励标的股票(权)包括通过增发、大股东直接让渡以及法律法规允许的其他合理方式授予激励对象的股票(权)。

4. 激励对象应为公司董事会或股东(大)会决定的技术骨干和高级管理人员,激励对象人数累计不得超过本公司最近6个月在职职工平均人数的30%。

5. 股票(权)期权自授予日起应持有满3年,且自行权日起持有满1年;限制性股票自授予日起应持有满3年,且解禁后持有满1年;股权奖励自获得奖励之日起应持有满3年。上述时间条件须在股权激励计划中列明。

6. 股票(权)期权自授予日至行权日的时间不得超过10年。

7. 实施股权奖励的公司及其奖励股权标的公司所属行业均不属于《股权奖励税收优惠政策限制性行业目录》范围。公司所属行业按公司上一纳税年度主营业务收入占比最高的行业确定。"

十二、个人股权转让的纳税问题

股权转让收入是指转让方因股权转让而获得的现金、实物、有价证券和其他形式的经济利益。转让方取得与股权转让相关的各种款项,包括违约金、补偿金以及其他名目的款项、资产、权益等,均应当并入股权转让收入。

个人转让股权,以股权转让收入减除股权原值和合理费用后的余额为应纳税所得额,按"财产转让所得"缴纳个人所得税,合理费用是指股权转让时按照规定支付的有关税费。个人股权转让所得个人所得税以被投资企业所在地税务机关为主管税务机关。

(1) 股权转让收入应当按照公平交易原则确定。符合下列情形之一的,主管税务机关可以核定股权转让收入:①申报的股权转让收入明显偏低且无正当理由的;②未按照规定期限办理纳税申报,经税务机关责令限期申报,逾期仍不申报的;③转让方无法提供或拒不提供股权转让收入的有关资料;④其他应核定股权转让收入的情形。主管税务机关依次按照净资产核定法、类比法、其他合理方法核定股权转让收入。

(2) 符合下列情形之一的,视为股权转让收入明显偏低:①申报的股权转让收入低于股权对应的净资产份额。其中,被投资企业拥有土地使用权、房屋、房地产企业未销售房产、知识产权、探矿权、采矿权、股权等资产的,申报的股权转让收入低于股权对应的净资产公允价值份额;②申报的股权转让收入低于初始投资成本或低于取得该股权所支付的价款及相关税费;

③申报的股权转让收入低于相同或类似条件下同一企业同一股东或其他股东股权转让收入；④申报的股权转让收入低于相同或类似条件下同类行业的企业股权转让收入；⑤不具合理性的无偿让渡股权或股份；⑥主管税务机关认定的其他情形。

（3）符合下列条件之一的股权转让收入明显偏低，可视为有正当理由：①能出具有效文件，证明被投资企业因国家政策调整，生产经营受到重大影响，导致低价转让股权；②继承或将股权转让给其能提供具有法律效力身份关系证明的配偶、父母、子女、祖父母、外祖父母、孙子女、外孙子女、兄弟姐妹以及对转让人承担直接抚养或者赡养义务的抚养人或者赡养人；③相关法律、政府文件或企业章程规定，并有相关资料充分证明转让价格合理且真实的本企业员工持有的不能对外转让股权的内部转让；④股权转让双方能够提供有效证据证明其合理性的其他合理情形。

对于股权转让收入明显偏低且无正当理由的，主管税务机关可以核定股权转让收入。

十三、新三板挂牌公司个人所得税政策

新三板挂牌公司股东的个人所得税的差异性政策是新三板重要的优惠政策之一。

1. 个人持股股息红利差别化政策

《关于继续实施全国中小企业股份转让系统挂牌公司股息红利差别化个人所得税政策的公告》（财政部 税务总局 证监会公告 2019 年第 78 号）（以下简称"78 号公告"）规定：

"一、个人持有挂牌公司的股票，持股期限超过 1 年的，对股息红利所得暂免征收个人所得税。

个人持有挂牌公司的股票，持股期限在 1 个月以内（含 1 个月）的，其股息红利所得全额计入应纳税所得额；持股期限在 1 个月以上至 1 年（含 1 年）的，其股息红利所得暂减按 50% 计入应纳税所得额；上述所得统一适用 20% 的税率计征个人所得税。

本公告所称挂牌公司是指股票在全国中小企业股份转让系统公开转让的非上市公众公司；持股期限是指个人取得挂牌公司股票之日至转让交割该股票之日前一日的持有时间。

二、挂牌公司派发股息红利时，对截至股权登记日个人持股1年以内（含1年）且尚未转让的，挂牌公司暂不扣缴个人所得税；待个人转让股票时，证券登记结算公司根据其持股期限计算应纳税额，由证券公司等股票托管机构从个人资金账户中扣收并划付证券登记结算公司，证券登记结算公司应于次月5个工作日内划付挂牌公司，挂牌公司在收到税款当月的法定申报期内向主管税务机关申报缴纳，并应办理全员全额扣缴申报。"

2. 个人转让新三板挂牌公司股票的个税政策

《关于个人转让全国中小企业股份转让系统挂牌公司股票有关个人所得税政策的通知》（财税〔2018〕137号）规定：

"自2018年11月1日（含）起，对个人转让新三板挂牌公司非原始股取得的所得，暂免征收个人所得税。""对个人转让新三板挂牌公司原始股取得的所得，按照'财产转让所得'，适用20%的比例税率征收个人所得税。"

中国证券登记结算公司应当在登记结算系统内明确区分新三板原始股和非原始股。中国证券登记结算公司、证券公司及其分支机构应当积极配合财政、税务部门做好相关工作。

非原始股是指个人在新三板挂牌公司挂牌后取得的股票，以及由上述股票孳生的送、转股。

原始股是指个人在新三板挂牌公司挂牌前取得的股票，以及在该公司挂牌前和挂牌后由上述股票孳生的送、转股。

十四、资产重组的增值税征收规定

《国家税务总局关于纳税人资产重组有关增值税问题的公告》（国家税务总局公告2013年第66号）规定，纳税人在资产重组过程中，通过合并、分立、出售、置换等方式，将全部或者部分实物资产以及与其相关联的债权、负债和劳动力一并转让给其他单位和个人，不属于增值税的征税范围，其中涉及的货物转让,不征收增值税。

十五、企业重组涉及企业所得税的问题

企业重组是指企业在日常经营活动以外发生的法律结构或经济结构重大改变的交易,包括企业法律形式改变、债务重组、股权收购、资产收购、合并、分立等。

企业重组时的所得税处理应注意以下问题:企业重组的税务处理区分不同条件分别适用一般性税务处理规定和特殊性税务处理规定。

(1) 一般性纳税处理通常以公允价值作为有关资产的计税基础,须在交易当期确认有关交易的所得或损失,并产生相应的纳税义务或抵税权利。

对于企业重组,除符合规定适用特殊性税务处理规定的外,按照一般性税务处理。

(2) 特殊性税务处理,通常以原有计税基础为有关资产的计税基础,暂不确认有关交易的所得或损失,不产生当期纳税义务或抵税权利,或者可在多个纳税年度均摊所得税负担。

对于企业重组,符合一定条件的,交易各方对其交易中的股权支付部分,可以按规定进行特殊性税务处理。

就企业重组而言,同时符合下列条件的,可适用特殊性税务处理规定:

(1) 具有合理的商业目的,且不以减少、免除或者推迟缴纳税款为主要目的;

(2) 被收购、合并或分立部分的资产或股权比例不低于标的企业全部资产或股权的 50%;

(3) 企业重组后的连续 12 个月内不改变重组资产原来的实质性经营活动;

(4) 重组交易对价中涉及股权支付金额不低于交易支付总额的 85%;

(5) 企业重组中取得股权支付的原主要股东,在重组后连续 12 个月内,不得转让所取得的股权。原主要股东是指原持有转让企业或被收购企业 20% 以上股权的股东。

在上述重组交易中,股权收购中转让方、合并中被合并企业股东和分立中被分立企业股东,可以是自然人。当事各方中的自然人应按个人所得税的相关规定进行税务处理。

在符合以上条件的情况下,交易各方对其交易中的股权支付部分,可以按以下规定进行特殊性税务处理:

(1) 企业债务重组确认的应纳税所得额占该企业当年应纳税所得额50%以上,可以在5个纳税年度的期间内,均匀计入各年度的应纳税所得额。

企业发生债权转股权业务,对债务清偿和股权投资两项业务暂不确认有关债务清偿所得或损失,股权投资的计税基础以原债权的计税基础确定。企业的其他相关所得税事项保持不变。

(2) 关于股权收购,收购企业购买的股权不低于被收购企业全部股权的50%,且收购企业在该股权收购发生时的股权支付金额不低于其交易支付总额的85%,可以选择按以下规定处理:

① 被收购企业的股东取得收购企业股权的计税基础,以被收购股权的原有计税基础确定。

② 收购企业取得被收购企业股权的计税基础,以被收购股权的原有计税基础确定。

③ 收购企业、被收购企业的原有各项资产和负债的计税基础和其他相关所得税事项保持不变。

(3) 关于资产收购,受让企业收购的资产不低于转让企业全部资产的50%,且受让企业在该资产收购发生时的股权支付金额不低于其交易支付总额的85%,可以选择按以下规定处理:

① 转让企业取得受让企业股权的计税基础,以被转让资产的原有计税基础确定。

② 受让企业取得转让企业资产的计税基础,以被转让资产的原有计税基础确定。

(4) 关于企业合并,企业股东在该企业合并发生时取得的股权支付金额不低于其交易支付总额的85%，以及同一控制下且不需要支付对价的企业合并，可以选择按以下规定处理：

① 合并企业接受被合并企业资产和负债的计税基础，以被合并企业的原有计税基础确定。

② 被合并企业合并前的相关所得税事项由合并企业承继。

③ 可由合并企业弥补的被合并企业亏损的限额＝被合并企业净资产公允价值×截至合并业务发生当年年末国家发行的最长期限的国债利率。

④ 被合并企业股东取得合并企业股权的计税基础，以其原持有的被合并企业股权的计税基础确定。

（5）关于企业分立，被分立企业所有股东按原持股比例取得分立企业的股权，分立企业和被分立企业均不改变原来的实质经营活动，且被分立企业股东在该企业分立发生时取得的股权支付金额不低于其交易支付总额的85%，可以选择按以下规定处理：

① 分立企业接受被分立企业资产和负债的计税基础，以被分立企业的原有计税基础确定。

② 被分立企业已分立出去资产相应的所得税事项由分立企业承继。

③ 被分立企业未超过法定弥补期限的亏损额可按分立资产占全部资产的比例进行分配，由分立企业继续弥补。

④ 被分立企业的股东取得分立企业的股权（以下简称"新股"），如需部分或全部放弃原持有的被分立企业的股权（以下简称"旧股"），新股的计税基础应以放弃旧股的计税基础确定。如不需放弃旧股，则其取得新股的计税基础可从以下两种方法中选择确定：直接将新股的计税基础确定为零；或者以被分立企业分立出去的净资产占被分立企业全部净资产的比例先调减原持有的旧股的计税基础，再将调减的计税基础平均分配到新股上。

（6）重组交易各方按以上（1）至（5）项规定对交易中股权支付暂不确认有关资产的转让所得或损失的，其非股权支付仍应在交易当期确认相应的资产转让所得或损失，并调整相应资产的计税基础。

非股权支付对应的资产转让所得或损失＝（被转让资产的公允价值－

被转让资产的计税基础)×(非股权支付金额÷被转让资产的公允价值)

在企业发生涉及中国境内与境外(包括港澳台地区)之间的股权和资产收购交易,除应符合前述境内企业之间重组应满足的五个条件外,还应同时符合以下条件,才可选择适用特殊性税务处理规定:

(1)非居民企业向其100%直接控股的另一非居民企业转让其拥有的居民企业股权,没有因此造成以后该项股权转让所得预提税负担变化,且转让方非居民企业向主管税务机关书面承诺在3年(含3年)内不转让其拥有受让方非居民企业的股权;

(2)非居民企业向与其具有100%直接控股关系的居民企业转让其拥有的另一居民企业股权;

(3)居民企业以其拥有的资产或股权向其100%直接控股的非居民企业进行投资;其资产或股权转让收益如选择特殊性税务处理,可以在10个纳税年度内均匀计入各年度应纳税所得额;

(4)财政部、国家税务总局规定的其他情形。

对100%直接控制的居民企业之间,以及受同一或相同多家居民企业100%直接控制的居民企业之间按账面净值划转股权或资产,凡具有合理商业目的、不以减少、免除或者推迟缴纳税款为主要目的,股权或资产划转后连续12个月内不改变被划转股权或资产原来实质性经营活动,且划出方企业和划入方企业均未在会计上确认损益的,可以选择按以下规定进行特殊性税务处理:

(1)划出方企业和划入方企业均不确认所得。

(2)划入方企业取得被划转股权或资产的计税基础,以被划转股权或资产的原账面净值确定。

(3)划入方企业取得的被划转资产,应按其原账面净值计算折旧扣除。

在进行股权划转或资产按照净资产账面价值划转时,转让方获得100%的股权支付或者没有获得任何股权或非股权支付。

企业发生符合规定的特殊性重组条件并选择特殊性税务处理的,当事各方应在该重组业务完成当年企业所得税年度申报时,向主管税务机关提交书面备案资料,证明其符合各类特殊性重组规定的条件。企业未按规定书面备案的,一律不得按特殊重组业务进行税务处理。

注意:企业重组业务的所得税处理较为复杂,请详细参考《财政部 国家税务总局关于企业重组业务企业所得税处理若干问题的通知》(财税〔2009〕59号)、《财政部 国家税务总局关于促进企业重组有关企业所得税处理问题的通知》(财税〔2014〕109号)、《财政部 国家税务总局关于非货币性资产投资企业所得税政策问题的通知》(财税〔2014〕116号)、《关于企业重组业务企业所得税征收管理若干问题的公告》(国家税务总局2015年48号)、《国家税务总局关于资产(股权)划转企业所得税征管问题的公告》(国家税务总局公告2015年40号)的有关规定。

十六、企业重组涉及的其他税种问题

对于企业重组过程中涉及的除企业所得税之外的其他如增值税、契税、土地增值税、印花税,相关税收规定如下:

1. 增值税

企业在资产重组过程中,通过合并、分立、出售、置换等方式,将全部或者部分实物资产以及与其相关联的债权、负债和劳动力一并转让给其他单位和个人,不属于增值税的征税范围,其中涉及的货物转让,不征收增值税。

通过上述方式经多次转让后,最终的受让方与劳动力接收方为同一单位和个人的,其中货物的多次转让行为均不征收增值税。资产的出让方需将资产重组方案等文件资料报其主管税务机关。

2. 契税

非公司制企业改制为有限责任公司或股份有限公司,有限责任公司变更为股份有限公司,股份有限公司变更为有限责任公司,原企业投资主体存续并在改制(变更)后的公司中所持股权(股份)比例超过75%,且改制(变更)后公司承继原企业权利、义务的,对改制(变更)后公司承受原企业土地、房屋权属,免征契税。

两个或两个以上的公司,依照法律规定、合同约定,合并为一个公司,且原投资主体存续的,对合并后公司承受原合并各方土地、房屋权属,免征契税。

公司依照法律规定、合同约定分立为两个或两个以上与原公司投资主体相同的公司,对分立后公司承受原公司土地、房屋权属,免征契税。

在股权(股份)转让中,单位、个人承受公司股权(股份),公司土地、房屋权属不发生转移,不征收契税。

3. 土地增值税

根据《财政部 税务总局关于继续实施企业改制重组有关土地增值税政策的公告》(财政部 税务总局公告 2021 年第 21 号)规定:

"一、企业按照《中华人民共和国公司法》有关规定整体改制,包括非公司制企业改制为有限责任公司或者股份有限公司,有限责任公司(股份有限公司)整体变更为股份有限公司(有限责任公司),对改制前的企业将国有土地使用权、地上的建筑物及其附着物(以下称房地产)转移、变更到改制后的企业,暂不征土地增值税。"

整体改制是指不改变原企业的投资主体,并承继原企业权利、义务的行为。不改变原企业投资主体、投资主体相同,是指企业改制重组前后出资人不发生变动,出资人的出资比例可以发生变动;投资主体存续,是指原企业出资人必须存在于改制重组后的企业,出资人的出资比例可以发生变动。

"二、按照法律规定或者合同约定,两个或两个以上企业合并为一个企业,且原企业投资主体存续的,对原企业将房地产转移、变更到合并后的企业,暂不征土地增值税。"

"三、按照法律规定或者合同约定,企业分设为两个或两个以上与原企业投资主体相同的企业,对原企业将房地产转移、变更到分立后的企业,暂不征土地增值税。"

"四、单位、个人在改制重组时以房地产作价入股进行投资,对其将房地产转移、变更到被投资的企业,暂不征土地增值税。"

"五、上述改制重组有关土地增值税政策不适用于房地产转移任意一方为企业的情形。"

4. 个人所得税

根据国家税务总局关于发布《股权转让所得个人所得税管理办法(试行)的公告》(国家税务总局公告 2014 年第 67 号)第四条规定:"个人转让股权,以股权转让收入减除股权原值和合理费用后的余额为应纳税所得额,按'财产转让所得'缴纳个人所得税。"合理费用是指股权转让时按照规定支付的有关税费。第五条规定:"个人股权转让所得个人所得税,以股权转让方为纳税人,以受让方为扣缴义务人。"

5. 印花税

根据《财政部 国家税务总局关于企业改制过程中有关印花税政策的通知》(财税〔2003〕183 号)规定:"实行公司制改造的企业在改制过程中成立的新企业(重新办理法人登记的),其新启用的资金账簿记载的资金或因企业建立资本纽带关系而增加的资金,凡原已贴花的部分可不再贴花,未贴花的部分和以后新增加的资金按规定贴花。"

十七、非货币性资产投资的税收优惠

非货币性资产是指现金、银行存款、应收账款、应收票据以及准备持有至到期的债券投资等货币性资产以外的资产。非货币性资产投资限于以非货币性资产出资设立新的居民企业,或将非货币性资产注入现存的居民企业。

1. 居民企业非货币性资产对外投资

居民企业(以下简称"企业")以非货币性资产对外投资确认的非货币性资产转让所得,可在不超过 5 年期限内,分期均匀计入相应年度的应纳税所得额,按规定计算缴纳企业所得税。

企业以非货币性资产对外投资,应对非货币性资产进行评估并按评估后的公允价值扣除计税基础后的余额,计算确认非货币性资产转让所得。

企业在对外投资 5 年内转让上述股权或投资收回的,应停止执行递延纳税政策,并就递延期内尚未确认的非货币性资产转让所得,在转让股权或投资收回当年的企业所得税年度汇算清缴时,一次性计算缴纳企业所得税;企业在对外投资 5 年内注销的,应停止执行递延纳税政策,并就递延期内尚

未确认的非货币性资产转让所得,在注销当年的企业所得税年度汇算清缴时,一次性计算缴纳企业所得税。

2. 个人非货币性资产投资

个人以非货币性资产投资,纳税人一次性缴税有困难的,可合理确定分期缴纳计划并报主管税务机关备案后,自发生上述应税行为之日起不超过5个公历年度内(含)分期缴纳个人所得税(不用5年均摊,可全部在最后1年缴纳);个人以非货币性资产投资交易过程中取得现金补价的,现金部分应优先用于缴税;现金不足以缴纳的部分,可分期缴纳。

个人以非货币性资产投资,应按评估后的公允价值确认非货币性资产转让收入。非货币性资产转让收入减除该资产原值及合理税费后的余额为应纳税所得额。

十八、对技术成果投资入股实施选择性税收优惠政策

技术成果投资入股是指纳税人将技术成果所有权让渡给被投资企业、取得该企业股票(权)的行为。技术成果是指专利技术(含国防专利)、计算机软件著作权、集成电路布图设计专有权、植物新品种权、生物医药新品种,以及科技部、财政部、国家税务总局确定的其他技术成果。

企业或个人以技术成果投资入股到境内查账征收的居民企业,被投资企业支付的对价全部为股票(权)的,企业或个人可选择继续按现行有关税收政策执行,也可选择适用递延纳税优惠政策。选择技术成果投资入股递延纳税政策的,经向主管税务机关备案,投资入股当期可暂不纳税,允许递延至转让股权时,按股权转让收入减去技术成果原值和合理税费后的差额计算缴纳所得税。企业或个人选择适用上述任一项政策,均允许被投资企业按技术成果投资入股时的评估值入账并在企业所得税前摊销扣除。

十九、企业执行的税收优惠政策的合法性

1. 税收优惠政策备案制

目前,绝大部分税收优惠政策都采用备案制,即企业如果认为自身符合

条件,只需向税务机关递交备案资料而无须通过事先审批即可享受,其中一些优惠政策更是采用"季度预缴享受、年度备案"的方式。在备案制下,税务机关有权对企业报送的资料进行事后审查,必要时,可以要求企业进行解释说明或提供补充材料,如经事后审查,企业不符合享受税收优惠的条件,则应当补缴相应税款和滞纳金。企业在向税务机关申请优惠政策备案时,应当对自身是否符合税收优惠条件进行充分评估,必要时委托第三方专业机构协助。

2. 申报期内税收优惠的合法性

根据《中华人民共和国税收征收管理法实施细则》(国务院令〔2016〕第666号)规定:"任何部门、单位和个人作出的与税收法律、行政法规相抵触的决定一律无效,税务机关不得执行,并应当向上级税务机关报告。

纳税人应当依照税收法律、行政法规的规定履行纳税义务;其签订的合同、协议等与税收法律、行政法规相抵触的,一律无效。"

在实务中,各地政府为了招商引资或者为了保证税源的丰富和充足,往往会出台一些地方性税收优惠政策,发行人经营期间享受地方性税收优惠政策,本身并不存在过错。如果地方政府或税务主管部门能够确认公司享受的税收优惠不会被追缴且不构成违法违规行为,公司能够证明不对该税收优惠存在重大依赖,扣除该类税收优惠影响后也符合发行条件的,一般不构成发行上市的实质性障碍。

针对税收优惠合法性问题,应关注以下方面:(1)说明公司享受税收优惠政策的法律依据或地方性依据文件;(2)说明公司的资质和经营活动符合法律法规或地方性税收优惠规定的条件和要求;(3)取得公司主管税务机关对公司依法纳税的证明;(4)公司控股股东、实际控制人对可能存在的补税风险做出承担责任的书面承诺;(5)对存在的税务风险进行"重大事项提示"。

二十、税收优惠依赖问题

1. 招股说明书中的披露要求

招股说明书准则、《公开发行证券的公司信息披露内容与格式准则第46号——北京证券交易所公司招股说明书》规定,发行人应披露报告期内母公司及重要子公司、各主要业务所适用的主要税种、税率。存在税收优惠的,应按税种分项说明相关法律法规或政策依据、批准或备案认定情况、具体幅度及有效期限。报告期内发行人税收政策存在重大变化或者税收优惠政策对发行人经营成果有重大影响的,发行人应披露税收政策变化对经营成果的影响情况或者报告期内每期税收优惠占税前利润的比例,并对发行人是否对税收优惠存在严重依赖、未来税收优惠的可持续性等进行分析。

2. 审核中的关注事项

根据监管规则指引 5 号规定,发行人依法取得的税收优惠,如高新技术企业、软件企业、文化企业及西部大开发等特定性质或区域性的税收优惠,符合《公开发行证券的公司信息披露解释性公告第 1 号——非经常性损益》规定的,可以计入经常性损益。

中介机构应对照税收优惠的相关条件和履行程序的相关规定,对发行人税收优惠政策到期后是否能够继续享受优惠发表明确意见:(1)如果很可能获得相关税收优惠批复,按优惠税率预提预缴经税务部门同意,可暂按优惠税率预提,并说明如果未来被追缴税款,是否有大股东承诺补偿;同时,发行人应在招股说明书中披露税收优惠的不确定性风险。(2)如果获得相关税收优惠批复的可能性较小,需根据谨慎性原则按正常税率预提,未来根据实际的税收优惠批复情况相应调整。

税收优惠在审核中主要关注其合法性、稳定性和持续性,如果发行人报告期内享受的税收优惠符合国家法律法规的相关规定,且存在一定的稳定性和可持续性,一般不构成税收优惠依赖。

3. 税收优惠依赖的量化判断

对税收优惠的依赖主要体现于其占净利润的比例,目前企业上市审核中没有明确的量化标准。将税收优惠按非经常性损益扣除处理之后仍符合发行条件,且最近一年及一期税收优惠占净利润一般不超过 30% 的,通常认为不存在严重依赖。

如果占净利润的比例超过一半甚至更高,或者高于同行业水平,且是在假定其未享受税收优惠的条件下,报告期内盈利能力较差甚至亏损,则税收优惠依赖很可能会成为审核过程中的实质性障碍。

第九章
同业竞争与关联交易

首次公开发行并上市的相关法规对业务独立性提出了明确的要求,同业竞争和关联交易是判断独立性的重要方面。主板、创业板、科创板都要求发行人的业务与控股股东、实际控制人及其控制的其他企业间不存在对发行人构成重大不利影响的同业竞争,不存在严重影响独立性或者显失公平的关联交易;北交所也要求在招股说明书中披露保荐机构及发行人律师针对同业竞争是否对发行人构成重大不利影响出具的核查意见和认定依据。本章将主要介绍上市审核中对同业竞争和关联交易的主要关注点,以及企业的主要规范方式、解决方案。

第一节 股份有限公司的规范运行要求

本节将对股份有限公司的控股股东及实际控制人、对外担保、关联交易等概念及规范运行要求进行介绍。

一、控股股东及实际控制人的概念

控股股东是指其出资额占有限责任公司资本总额50%以上或者其持有的股份占股份有限公司股本总额50%以上的股东;或出资额或者持有股份的比例虽然不足50%,但依其出资额或者持有的股份所享有的表决权已足以对股东会、股东大会的决议产生重大影响的股东。

控制指有权决定一个企业的财务和经营政策,并能据以从该企业的经营活动中获取利益。实际控制人是拥有公司控制权的主体。根据《公司法》的定义,实际控制人是指虽不是公司的股东,但通过投资关系、协议或者其他安排,能够实际支配公司行为的人。对于首发企业,实际控制人通常应最终追溯界定到自然人、上市公司(含境外上市公司)、新三板挂牌公司等公众公司,或者穿透核查至国有控股或管理主体(含事业单位、国有主体控制的产业基金等)、集体所有制企业、境外政府投资基金、大学捐赠基金、养老基金、公益基金、公募资产管理产品以及外资股东。

二、一致行动人的概念

根据《上市公司收购管理办法》第八十三条的规定,一致行动人是指在上市公司的收购及相关股份权益变动活动中有一致行动情形的投资者,一致行动是指投资者通过协议、其他安排与其他投资者共同扩大其所能够支配的一个上市公司股份表决权数量的行为或者事实。

投资者有下列情形之一的,为一致行动人:

(1) 投资者之间有股权控制关系;

(2) 投资者受同一主体控制;

(3) 投资者的董事、监事或者高级管理人员中的主要成员,同时在另一个投资者那里担任董事、监事或者高级管理人员;

(4) 投资者参股另一投资者,可以对参股公司的重大决策产生重大影响;

(5) 银行以外的其他法人、其他组织和自然人为投资者取得相关股份提供融资安排;

(6) 投资者之间存在合伙、合作、联营等其他经济利益关系;

(7) 持有投资者30%以上股份的自然人,与投资者持有同一上市公司股份;

(8) 在投资者那里任职的董事、监事及高级管理人员,与投资者持有同一上市公司股份;

(9) 持有投资者30%以上股份的自然人和在投资者那里任职的董事、监事及高级管理人员,其父母、配偶、子女及其配偶、配偶的父母、兄弟姐妹及其配偶、配偶的兄弟姐妹及其配偶等亲属,与投资者持有同一上市公司股份;

(10) 在上市公司任职的董事、监事、高级管理人员及其前项所述亲属同时持有本公司股份的,或者与其自己或其前项所述亲属直接或间接控制的企业同时持有本公司股份;

(11) 上市公司董事、监事、高级管理人员和员工与其所控制或者委托的法人或者其他组织持有本公司股份;

(12) 投资者之间具有其他关联关系。

三、控股股东、实际控制人的规范要求

拟上市公司的控股股东或实际控制人,应参照上市公司的相关要求,对自身行为进行规范约束。

(1) 根据《公司法》《上市公司章程指引》规定,股份有限公司的控股股东、实际控制人、董事、监事、高级管理人员不得利用其关联关系损害公司利益。违反规定的,给公司造成损失的,应当承担赔偿责任。对上市公司违法行为负有责任的控股股东及实际控制人,应当主动、依法将其持有的公司股权及其他资产用于赔偿中小投资者。

(2) 公司控股股东及实际控制人对公司和公司社会公众股股东负有诚信义务。控股股东应严格依法行使出资人的权利,控股股东不得利用利润分配、资产重组、对外投资、资金占用、借款担保等方式损害公司和社会公众股股东的合法权益,不得利用其控制地位损害公司和社会公众股股东的利益。

(3) 根据上市公司规范运作1号指引规定,控股股东、实际控制人应当采取切实有效措施保证上市公司资产完整、人员独立、财务独立、机构独立和业务独立,不得通过任何方式影响公司的独立性。上市公司无控股股东、实际控制人的,第一大股东及其最终控制人应当比照控股股东、实际控制

人,遵守本规定。

(4) 控股股东、实际控制人应当充分保障中小股东的提案权、表决权、董事提名权等权利,不得以任何理由限制、阻挠其合法权利的行使。控股股东、实际控制人提出议案时应当充分考虑议案对上市公司和中小股东利益的影响。

(5) 控股股东、实际控制人与上市公司之间进行交易,应当遵循平等、自愿、等价、有偿的原则,不得通过任何方式影响公司的独立决策,不得通过欺诈、虚假陈述或者其他不正当行为等方式损害公司和中小股东的合法权益。控股股东、实际控制人不得利用其对上市公司的控制地位,牟取属于公司的商业机会。

四、企业对外担保的规范运行要求

原则上拟上市企业不宜对外担保。公司全体董事应当审慎对待和严格控制对外担保产生的债务风险,并对违规或失当的对外担保产生的损失依法承担连带责任。控股股东及其他关联方不得强制公司为他人提供担保。公司对外担保应当遵守以下规定:

(1) 公司为他人提供担保应当遵守《公司法》和其他相关法律、法规的规定,并按照《证券法》和各上市板块上市规则的有关规定披露信息。

(2) 公司对外担保应严格按照规定履行公司内部决策程序。

(3) 公司章程应当对对外担保的审批程序、被担保对象的资信标准做出规定。对外担保应当取得董事会,或者经股东大会批准。股东大会或者董事会对担保事项做出决议时,与该担保事项有利害关系的股东或者董事应当回避表决。

董事会秘书应当详细记录有关董事会会议和股东大会的讨论和表决情况。有关的董事会、股东大会的决议应当公告。

(4) 公司必须严格按照各上市板块上市规则、《上市公司章程指引》的有关规定,认真履行对外担保情况的信息披露义务,必须按规定向注册会计师如实提供公司全部对外担保事项。

（5）公司应当完善内部控制制度，未经公司股东大会或者董事会决议通过，董事、经理以及公司的分支机构不得擅自代表公司签订担保合同。

（6）公司应当加强担保合同的管理。为他人担保，应当订立书面合同。担保合同应当按照公司内部管理规定妥善保管，并及时通报监事会、董事会秘书和财务部门。

同时，拟上市公司应参考上市公司对外担保的相关要求，对自身担保事项进行规范。

（1）根据《上市公司章程指引》规定，公司的下列对外担保行为，须经股东大会审议通过。

① 本公司及本公司控股子公司的对外担保总额，超过最近一期经审计净资产的50%以后提供的任何担保；

② 公司的对外担保总额，超过最近一期经审计总资产的30%以后提供的任何担保；

③ 公司在一年内担保金额超过公司最近一期经审计总资产30%的担保；

④ 为资产负债率超过70%的担保对象提供的担保；

⑤ 单笔担保额超过最近一期经审计净资产10%的担保；

⑥ 对股东、实际控制人及其关联方提供的担保。

（2）根据创业板上市规则，董事会审议担保事项时，必须经出席董事会会议的2/3以上董事审议同意。股东大会在审议为股东、实际控制人及其关联人提供的担保议案时，该股东或者受该实际控制人支配的股东，不得参与该项表决，该项表决由出席股东大会的其他股东所持表决权的半数以上通过。

根据科创板上市规则和创业板上市规则规定，上市公司为控股股东、实际控制人及其关联方提供担保的，控股股东、实际控制人及其关联方应当提供反担保。

（3）根据上市公司规范运作1号指引规定，董事会在审议提供担保事项前，董事应当充分了解被担保方的经营和资信情况，认真分析被担保方的财务状况、营运状况和信用情况等。董事应当对担保的合规性、合理性、被担保方偿还债务的能力以及反担保措施是否有效等做出审慎判断。董事会在审议对上市公司的控股子公司、参股公司的担保议案时,董事应当重点关注控股子公司、参股公司的各股东是否按出资比例提供同等担保或者反担保等风险控制措施。拟上市公司提供担保的其他规范运行要求可参考上市公司规范运作1号指引中有关"提供担保"的具体内容。

五、企业关联交易的规范运行要求

拟上市公司应参考上市公司关联交易的相关要求,对自身关联交易事项进行规范运行。

(1) 根据《上市公司治理准则》要求,上市公司关联交易应当依照有关规定严格履行决策程序和信息披露义务。上市公司应当与关联方就关联交易签订书面协议。协议的签订应当遵循平等、自愿、等价、有偿的原则,协议内容应当明确、具体、可执行。上市公司应当采取有效措施防止关联方以垄断采购或者销售渠道等方式干预公司的经营,损害公司利益。关联交易应当具有商业实质,价格应当公允,原则上不偏离市场独立第三方的价格或者收费标准等交易条件。上市公司及其关联方不得利用关联交易输送利益或者调节利润,不得以任何方式隐藏关联关系。

(2) 关联交易的审议程序:根据主板上市规则规定,上市公司董事会审议关联交易事项时,关联董事应当回避表决,也不得代理其他董事行使表决权。该董事会会议由过半数的非关联董事出席即可举行,董事会会议所做的决议须经过半数以上的非关联董事表决通过。出席董事会会议的非关联董事人数不足3人的,公司应当将交易提交股东大会审议。

前款所称关联董事包括下列董事或者具有下列情形之一的董事:①为交易对方;②为交易对方的直接或者间接控制人;③在交易对方任职,或者在能直接或间接控制该交易对方的法人或其他组织、该交易对方直接或者间接控制的法人或其他组织任职;④为交易对方或者其直接或者间接控制人的关系密切的家庭成员;⑤为交易对方或者其直接或者间接控制人的董事、监事或高级管理人员的关系密切的家庭成员;⑥中国证监会、上交所或者上市公司基于实质重于形式原则认定的其独立商业判断可能受到影响的董事。

上市公司股东大会审议关联交易事项时,关联股东应当回避表决。

前款所称关联股东包括下列股东或者具有下列情形之一的股东:①为交易对方;②为交易对方的直接或者间接控制人;③被交易对方直接或者间接控制;④与交易对方受同一法人或其他组织或者自然人直接或间接控制;⑤在交易对方任职,或者在能直接或间接控制该交易对方的法人或其他组织、该交易对方直接或者间接控制的法人或其他组织任职;⑥为交易对方或者其直接或者间接控制人的关系密切的家庭成员;⑦因与交易对方或者其关联人存在尚未履行完毕的股权转让协议或者其他协议而使其表决权受到限制和影响的股东;⑧中国证监会或者上交所认定的可能造成上市公司利益对其倾斜的股东。

(3) 关联方交易披露:根据主板上市规则规定,上市公司与关联人发生的交易达到下列标准之一的,应当及时披露:①与关联自然人发生的交易金额(包括承担的债务和费用)在 30 万元以上的交易;②与关联法人(或者其他组织)发生的交易金额(包括承担的债务和费用)在 300 万元以上,且占上市公司最近一期经审计净资产绝对值 0.5% 以上的交易。

上市公司与关联人发生的交易(包括承担的债务和费用)金额在 3 000 万元以上,且占上市公司最近一期经审计净资产绝对值 5% 以上的关联交易,应当按规定披露审计报告或者评估报告,并将该交易提交股东大会审议。

根据创业板上市规则规定,上市公司不得为董事、监事、高级管理人员、控股股东、实际控制人及其控股子公司等关联人提供资金等财务资助。上市公司应当审慎地向关联方提供财务资助或者委托理财。

第二节 同 业 竞 争

对于首发企业中存在的同业竞争事项,怎样解决同业竞争问题,以及上市审核中对于同业竞争事项的审核标准和把握尺度,本节将进行详细的介绍。

一、关于同业竞争的界定

同业竞争是指拟上市公司主营业务与其控股股东、实际控制人及其所控制的企业所从事的业务相同或相似,双方构成或可能构成直接或间接的利益冲突关系。

对同业竞争的一般要求如下:

(1) 同业竞争的界定应适用于控股股东(或实际控制人)及其近亲属(以下简称"竞争方")与公司从事相同、相似的业务。

(2) 同业竞争的"同业"是指竞争方从事与发行人主营业务相同或相似业务。核查认定该相同或相似的业务是否与发行人构成"竞争"时,应按照实质重于形式的原则,结合相关企业历史沿革、资产、人员、主营业务(包括但不限于产品服务的具体特点、技术、商标商号、客户、供应商等)等方面与发行人的关系,以及业务是否有替代性、竞争性,是否有利益冲突,是否在同一市场范围内销售等,论证是否与发行人构成竞争;不能简单以产品销售地域不同、产品的档次不同等认定不构成同业竞争。竞争方的同类收入或者毛利占发行人主营业务收入或者毛利的比例达30%以上的,如无充分相反证据,原则上应当认定为构成重大不利影响的同业竞争。

对于控股股东、实际控制人控制的与发行人从事相同或相似业务的公司,发行人还应当结合目前自身业务和关联方业务的经营情况、未来发展战略等,在招股说明书中披露未来对于相关资产、业务的安排,以及避免上市后出现同业竞争的措施。

(3) 如果发行人控股股东或实际控制人是自然人,其配偶及夫妻双方的父母、子女控制的企业与发行人存在竞争关系的,应认定为构成同业竞争。

发行人控股股东、实际控制人的其他亲属及其控制的企业与发行人存在竞争关系的,应当充分披露前述相关企业在历史沿革、资产、人员、业务、技术、财务等方面对发行人独立性的影响,报告期内的交易或资金往来,销售渠道、主要客户及供应商重叠等情况,以及发行人未来有无收购安排。

二、存在同业竞争的公司能否申请上市

在从核准制到注册制的转换过程中,审核机构对于拟上市企业存在同业竞争是否能够申请上市一事在审核理念和把握口径上存在差异,总体上体现了从绝对禁止到相对开放、从强监管到重信息披露的变化。在全面注册制下,规则已经明确为与控股股东、实际控制人及其控制的其他企业间不存在对发行人构成重大不利影响的同业竞争。

是否存在构成重大不利影响的同业竞争的考虑因素如下:发行人如存在同业竞争情形认定同业竞争是否构成重大不利影响时,保荐人及发行人律师应结合竞争方与发行人的经营地域、产品或服务的定位,同业竞争是否会导致发行人与竞争方之间的非公平竞争,是否会导致发行人与竞争方之间存在利益输送,是否会导致发行人与竞争方之间相互或者单方让渡商业机会情形,对未来发展的潜在影响等方面,核查并出具明确意见。竞争方的同类收入或毛利占发行人主营业务收入或毛利的比例达30%以上的,如无充分相反证据,原则上应认定为构成重大不利影响。发行人应当结合目前经营情况、未来发展战略等,在招股说明书中充分披露未来对上述构成同业竞争的资产、业务的安排,以及避免上市后出现重大不利影响同业竞争的措施。

可见,在注册制下,审核机构对同业竞争具有一定的容忍度,在实务中要结合企业具体情况去规范和把握。

三、同业竞争的解决方案

对于客观存在同业竞争的,应尽可能规范,解决同业竞争的措施主要包括:

(1) 通过切实可行的方式将相竞争的业务集中到公司经营。①发行人收购竞争方拥有的竞争性业务;②竞争方将竞争性业务作为出资投入发行

人，获得发行人的股份；③发行人对竞争方进行吸收合并。

（2）通过切实可行的方式将相竞争的业务集中到竞争方经营。

（3）发行人放弃与竞争方存在同业竞争的业务。

（4）竞争方将业务转让给无关联关系的第三方（一般不会获得审核的认可）。

四、实际控制人的亲属从事竞争业务的把握标准

（1）原则上，拟上市公司控股股东、实际控制人夫妻双方的直系亲属拥有的相竞争业务应认定为构成同业竞争。

（2）对于拟上市公司控股股东、实际控制人夫妻双方的其他亲属拥有的相竞争业务是否构成同业竞争，应从相关企业的历史沿革、资产、人员、业务和技术等方面的关系、客户和供应商、采购和销售渠道等方面进行个案分析判断，如相互独立，则可认为不构成同业竞争。

（3）申报时对拟上市公司控股股东、实际控制人夫妻双方的近亲属（具体范围按《民法典》相关规定执行，即配偶、父母、子女、兄弟姐妹、祖父母、外祖父母、孙子女、外孙子女）的对外投资情况进行核查，以判断是否存在拥有相竞争业务的情形。

（4）对于利用其他亲属关系，或者以解除婚姻关系为由来规避同业竞争的，应从严掌握，要求在报告期内均不存在同业竞争，且相关企业之间完全独立规范运作，不存在混同的情形。

（5）对于拟上市公司的控股股东、实际控制人夫妻双方的亲属拥有与拟上市公司密切相关联的业务是否影响拟上市公司的独立性及是否符合整体上市的要求，参照上述原则执行，即拟上市公司的控股股东、实际控制人夫妻双方直系亲属拥有与拟上市公司密切相关联的业务，原则上认定为独立性存在缺陷，其他亲属拥有则按照第（2）条的规定进行个案分析判断。

五、竞业禁止的规定

竞业禁止是《公司法》对董事和高级管理人员规定的法律义务。

《公司法》第一百四十七条规定:"董事、监事、高级管理人员应当遵守法律、行政法规和公司章程,对公司负有忠实义务和勤勉义务。董事、监事、高级管理人员不得利用职权收受贿赂或者其他非法收入,不得侵占公司的财产。"第一百四十八条规定:"董事、高级管理人员不得有下列行为:……(五)未经股东会或者股东大会同意,利用职务便利为自己或者他人谋取属于公司的商业机会,自营或者为他人经营与所任职公司同类的业务……。董事、高级管理人员违反关于忠实义务和勤勉义务规定所得的收入应当归公司所有。"

作为拟上市公司的董事、高级管理人员,不得存在违反对公司负有忠实义务和勤勉义务的情形,不应存在与拟上市主体相竞争的业务。

六、董事、高级管理人员拥有与发行人相同或相似业务的处理措施

(1) 在上市规范前,董事、高级管理人员拥有与拟上市主体相同或相似业务,违反董事、高级管理人员的竞业禁止规定的,必须在申报前彻底规范。

(2) 拟上市公司控股股东、实际控制人及其所控制企业的董事、高级管理人员拥有与拟上市主体相同或者相似业务,原则上参照(1)的规定,申报前彻底规范。

第三节 关联交易

在上市审核中,对于关联交易的主要考量是公允性,以及是否因此影响了对公司经营业绩真实性、完整性的判断。本节将介绍关联交易的类型及披露要求、关联交易规范原则及方式以及审核关注事项等。

一、关联方的认定

根据《公司法》的规定,关联关系是指公司控股股东、实际控制人、董事、监事、高级管理人员与其直接或者间接控制的企业之间的关系，以及可能导致公司利益转移的其他关系。但是，国家控股的企业之间不仅因为同受国家控股而具有关联关系。

财政部颁布的新《企业会计准则》中对关联方的定义为一方控制、共同控制另一方或对另一方施加重大影响，以及两方或两方以上同受一方控制、共同控制或施加重大影响的，构成关联方。

控制是指有权决定一个企业的财务和经营政策，并能据以从该企业的经营活动中获取利益。共同控制是指按照合同约定对某项经济活动进行共同的控制，仅在与该项经济活动相关的重要财务和经营决策需要分享控制权的投资方一致同意时存在。重大影响是指有权参与一个企业的财务和经营决策，但并不能控制或者与其他方一起共同控制这些政策的制定。

下列各方构成企业的关联方：

（1）该企业的母公司；

（2）该企业的子公司；

（3）与该企业受同一母公司控制的其他企业；

（4）对该企业实施共同控制的投资方；

（5）对该企业施加重大影响的投资方；

（6）该企业的合营企业；

（7）该企业的联营企业；

（8）该企业的主要投资者个人及与其关系密切的家庭成员。主要投资者个人是指能够控制、共同控制一个企业或者对一个企业施加重大影响的个人投资者；

（9）该企业或其母公司的关键管理人员及与其关系密切的家庭成员。关键管理人员是指有权并负责计划、指挥和控制企业活动的人员。与主要投资者个人或关键管理人员关系密切的家庭成员是指在处理与企业的交易时可能影响该个人或受该个人影响的家庭成员；

（10）该企业的主要投资者个人、关键管理人员或与其关系密切的家庭成员控制、共同控制或施加重大影响的其他企业。

对于企业发行上市后,交易所上市规则对关联方进一步进行了明确,具体如下:

上市公司的关联人包括关联法人和关联自然人。其中关联法人指具有下列情形之一的法人或其他组织,包括:

(1) 直接或间接地控制上市公司的法人或其他组织;

(2) 由前项所述法人直接或间接控制的,除上市公司及其控股子公司以外的法人或其他组织;

(3) 由上市公司的关联自然人直接或间接控制的,或担任董事、高级管理人员的,除上市公司及其控股子公司以外的法人或其他组织;

(4) 持有上市公司5%以上股份的法人或其他组织及其一致行动人;

(5) 中国证监会、交易所或上市公司根据实质重于形式的原则认定的其他与上市公司有特殊关系,可能或者已经造成上市公司对其利益倾斜的法人或其他组织。另外,上市公司与上述第(2)项所列法人受同一国有资产管理机构控制而形成第(2)项所述情形的,不因此构成关联关系,但该法人的董事长、总经理或者半数以上的董事属于上市公司董事、监事及高级管理人员的情形除外。

关联自然人指具有下列情形之一的自然人:

(1) 直接或间接持有上市公司5%以上股份的自然人;

(2) 上市公司董事、监事及高级管理人员;

(3) 直接或间接地控制上市公司的法人的董事、监事及高级管理人员;

(4) 前述第(1)(2)项所述人士的关系密切的家庭成员,包括配偶、父母及配偶的父母、兄弟姐妹及其配偶、年满18周岁的子女及其配偶、配偶的兄弟姐妹和子女配偶的父母;

(5) 中国证监会、交易所或上市公司根据实质重于形式的原则认定的其他与上市公司有特殊关系,可能造成上市公司对其利益倾斜的自然人。

此外,具有以下情形之一的法人或自然人,视同为上市公司的关联人:

(1) 因与上市公司或其关联人签署协议或做出安排,在协议或安排生效后,或在未来12个月内,具有前述关联法人和关联自然人规定情形之一的；

(2) 过去 12 个月内,曾经具有关联法人和关联自然人规定情形之一的。

拟上市公司认定关联方时,应比照该等规定进行认定。

二、关联交易的定义及常见类型

关联交易是指关联方之间转移资源、劳务或义务的行为,而不论是否收取价款。

关联交易的常见类型主要包括:(1)购买或销售商品;(2)购买或销售商品以外的其他资产;(3)提供或接受劳务;(4)担保;(5)提供资金(贷款或股权投资);(6)租赁;(7)代理;(8)研究与开发项目的转移;(9)许可协议;(10)代表企业或由企业代表另一方进行债务结算;(11)关键管理人员薪酬。

三、重大关联交易的标准

关于重大关联交易的标准规定,在各交易所的上市规则中有明确规定,各上市板块的认定标准略有不同。

主板上市规则以及创业板上市规则规定,上市公司与关联人发生的交易(创业板上市规则:提供担保、提供财务资助除外;上交所主板上市规则:包括承担的债务和费用)达到下列标准之一的,应当及时披露:

(1) 与关联自然人发生的交易金额在 30 万元以上的交易;

(2) 与关联法人(或者其他组织)发生的交易金额在 300 万元以上,且占上市公司最近一期经审计净资产绝对值 0.5% 以上的交易。

上市公司与关联人发生的交易金额在 3 000 万元以上,且占上市公司最近一期经审计净资产绝对值 5% 以上的,应当按照规定披露审计报告或者评估报告,并将该交易提交股东大会审议。

科创板上市规则规定,上市公司与关联人发生的交易(提供担保除外)达到下列标准之一的,应当及时披露:

(1) 与关联自然人发生的成交金额在 30 万元以上的交易;

（2）与关联法人发生的成交金额占上市公司最近一期经审计总资产或市值 0.1% 以上的交易，且超过 300 万元。

上市公司与关联人发生的交易金额（提供担保除外）占上市公司最近一期经审计总资产或市值 1% 以上的交易，且超过 3 000 万元，应当按照规定提供评估报告或审计报告，并提交股东大会审议。

北交所上市规则规定，上市公司发生符合以下标准的关联交易（除提供担保外），应当及时披露：

（1）公司与关联自然人发生的成交金额在 30 万元以上的关联交易；

（2）与关联法人发生的成交金额占公司最近一期经审计总资产 0.2% 以上的交易，且超过 300 万元。

上市公司与关联方发生的成交金额（除提供担保外）占公司最近一期经审计总资产 2% 以上且超过 3 000 万元的交易，应当按照规定提供评估报告或者审计报告，提交股东大会审议。

四、关联交易的规范原则和方式

关联交易的分类可以根据关联人的不同进行区分。关联人一般分为两类：第一类关联人指对公司占有一定比例出资额或持有一定比例表决权股份而对公司具有控制权或重大影响的股东；第二类关联人指公司的董事、监事、经理等高级管理人员。

1. 建立和完善预防、救济措施，规范第一类关联交易

对于关联交易，可在事前采取预防措施，如规定累积投票权制度、股东表决权排除制度，以防止因表决权的滥用而产生不公平关联交易。对于因不公平关联交易而利益受到侵害的股东，可以规定相应的救济措施，如请求法院否决股东大会、董事会决议效力制度、股东代表诉讼制度、法人人格否认制度，在程序及实体方面使受到侵害者获得司法保护。

2. 完善公司法人治理结构，规范第二类关联交易

第二类关联交易，又称自己交易、自利交易或自我交易，主要指公司与其董事、监事、经理等对公司有一定控制权或影响力的公司内部人员之间的

交易。公司的董事、监事、经理等高级管理人员因其地位或职权而对公司有一定的控制权,如果任由其与公司进行各类交易而不予干涉或限制,难免会发生滥用控制权并损害公司利益的情形。对不公平的自我交易进行防范的重要途径之一就是完善公司法人治理结构,加强董事、监事、经理等高级管理人员之间的互相监督和制约,限制权力的滥用。例如,完善股东大会运作规则,健全股东大会制度;设立独立董事制度;加强监事会的监督职能;强化董事、监事、经理对公司的义务等。

总结起来,规范关联交易的原则如下:一是避免不必要的关联交易;二是对于必要的关联交易要保证交易价格的公允性;三是股东大会和董事会表决程序的合法性(关联股东和关联董事应回避表决等)。上市公司的关联交易超过一定金额,还须履行信息披露义务。

在实务中,关联交易的规范主要可以通过调整关联企业和签署关联事务协议两种方式来进行。调整关联企业常见的手段包括:对关联企业的股权结构进行调整,以降低其关联性,以及对关联企业予以收购等。调整的目的是简化企业的投资关系,减少关联企业的数量,从而达到减少关联交易的最终目的。关联事务协议应具体明确,按照市场原则来确定关联交易的价格,履行表决回避制度。

五、与关联方资金往来应该遵循的规定

《上市公司监管指引第8号——上市公司资金往来、对外担保的监管要求》、各上市板块上市规则等业务规则对上市公司与关联方资金往来进行了规定。

拟上市公司应当比照上述规定,与关联方资金往来时应该注意以下事项:

(1)控股股东、实际控制人及其他关联方在与公司发生的经营性资金往来中,不得占用公司资金。

(2)公司不得以下列方式将资金直接或间接地提供给控股股东、实际控制人及其他关联方使用:

① 为控股股东、实际控制人及其他关联方垫支工资、福利、保险、广告等费用、承担成本和其他支出；

② 有偿或者无偿地拆借公司的资金（含委托贷款）给控股股东、实际控制人及其他关联方使用，但上市公司参股公司的其他股东同比例提供资金的除外。前述所称"参股公司"，不包括由控股股东、实际控制人控制的公司；

③ 委托控股股东、实际控制人及其他关联方进行投资活动；

④ 为控股股东、实际控制人及其他关联方开具没有真实交易背景的商业承兑汇票，以及在没有商品和劳务对价情况下或者明显有悖商业逻辑情况下以采购款、资产转让款、预付款等方式提供资金；

⑤ 代控股股东、实际控制人及其他关联方偿还债务；

⑥ 中国证监会认定的其他方式。

由此可见，公司与关联方非经营性资金往来必须坚持"自上而下"单向流动的原则，即允许公司实际控制人及其关联方低息或者无偿（IPO企业报告期利息需要公允）向公司提供资金，但绝对不允许公司以任何形式将资金直接或间接地提供给实际控制人及其他关联方。

（3）公司为其控股子公司提供资金等财务资助时，应该遵循以下规则：

① 公司为其控股子公司提供资金等财务资助时，控股子公司的其他股东原则上应按出资比例提供同等条件的财务资助。其他股东为公司的控股股东、实际控制人及其关联方的，其他股东必须按出资比例提供财务资助，且条件同等；

② 公司不得为控股股东、实际控制人或者其关联方的控股子公司提供资金等财务资助。

（4）公司不得购买控股股东、实际控制人对其存在资金占用的项目或者资产。

六、对于关联交易的审核的关注点

在上市审核中，交易所主要关注企业关联方认定的准确性，关联交易的合法性、必要性、合理性及公允性，以及关联交易履行程序的合规性等，主要审核关注点如下：

1. 关于关联方的认定

发行人应当按照《公司法》、《企业会计准则》、证监会和交易所的相关规则认定并完整披露关联方。

2. 关于关联交易的必要性、合理性和公允性

发行人应披露关联交易的交易内容、交易金额、交易背景以及相关交易与发行人主营业务之间的关系；还应结合可比市场公允价格、第三方市场价格、关联方与其他交易方的价格等，说明并摘要披露关联交易的公允性，是否存在对发行人或关联方的利益输送。

对于控股股东、实际控制人与发行人存在关联交易，且关联交易对应的收入、成本费用或利润总额占发行人相应指标的比例较高（如达到30%）的，发行人应结合相关关联方的财务状况和经营情况、关联交易产生的收入、利润总额合理性等，充分说明并摘要披露关联交易是否影响发行人的经营独立性，是否构成对控股股东或实际控制人的依赖，是否存在通过关联交易调节发行人收入利润或成本费用、对发行人利益输送的情形；此外，发行人还应披露未来减少与控股股东、实际控制人发生关联交易的具体措施。

3. 关于关联交易的决策程序

发行人应当披露章程对关联交易决策程序的规定，已发生关联交易的决策过程是否与章程相符，关联股东或董事在审议相关交易时是否回避，以及独立董事和监事会成员是否发表不同意见等。

七、关联交易的信息披露要求

（1）企业应根据《公司法》和《企业会计准则》的相关规定披露关联方、关联关系和关联交易。首发上市审核中主要关注以下情形的关联方关系以及交易披露：

① 企业严格按照《企业会计准则第36号——关联方披露》、《上市公司信息披露管理办法》和证券交易所颁布的相关业务规则中的有关规定，完

整、准确地披露关联方关系及其交易。需要特别注意的是，会计准则对关联交易范围披露的要求为披露所有关联方关系及其交易的相关信息，而不是按照重要性原则披露关联方关系及关联交易。

② 与企业实际控制人、董事、监事、高级管理人员关系密切的家庭成员与发行人的客户、供应商（含外协厂商）存在关联方关系的情况，企业重要子公司的少数股东的有关情况以及该少数股东是否与企业存在其他利益关系。

③ 在企业申报期内，关联方注销及非关联化的情况，企业应充分披露关联交易的有关情况，并将关联方注销及非关联化之前的交易作为关联交易进行披露；在非关联化后，企业与上述原关联方的后续交易情况；非关联化后的相关资产、人员的去向等。

④ 疑似关联关系的客户或供应商，包括但不限于：与现有供应商或客户或 PE 等存在关联关系的客户，与现有供应商或客户或 PE 等存在疑似关联关系的客户，不具有合理用途的客户，名称不同但注册或办公、通信地址、联系人、联系地址、联系方式等近似的客户，与获取的关联方的地址一致或接近的客户，注册地址、办公地址、网站地址与公司或其集团成员在同一地点或接近的客户，名称与公司或其集团成员、关联方名称相似的客户，主要控制人、关键管理人员或购销等关键环节的员工姓名结构与公司管理层相近的客户。

（2）企业应根据交易的性质和频率，按照经常性和偶发性分类来披露关联交易及关联交易对其财务状况和经营成果的影响。

① 购销商品、提供劳务等经常性的关联交易，应分别披露最近三年及一期关联交易方名称、交易内容、交易金额、交易价格的确定方法、占当期营业收入或营业成本的比重、占当期同类型交易的比重以及关联交易增减变化的趋势，与交易相关的应收应付款项的余额及增减变化的原因，以及上述关联交易是否仍将持续进行。

② 偶发性的关联交易，应披露关联方名称、交易时间、交易内容、交易金额、交易价格的确定方法、资金的结算情况、交易产生利润及对企业当期

经营成果的影响、交易对公司主要业务的影响。

（3）企业应当披露章程对关联交易决策程序的规定，已发生关联交易的决策过程是否与章程相符，关联股东或董事在审议相关交易时是否回避，以及独立董事和监事会成员是否发表不同意见等。

八、关于发行人与关联方共同投资

1. 发行人与其控股股东、实际控制人直接或者间接共同设立公司

发行人如在规范前已存在与其控股股东、实际控制人直接或者间接共同设立公司的情形，如共同设立公司所述行业属于发行人业务上下游，或者二者业务关联度较高，也就是有保留必要的，在规范过程中一般建议控股股东、实际控制人将所持相关公司的股权转让给发行人；如果不是必须保留的业务，建议转给控股股东或者实际控制人控制的其他企业。在规范过程中，股权调整应当注意程序合规性以及不得损害发行人及股东的利益。

2. 发行人与董监高及其亲属直接或者间接共同设立公司

发行人如在规范前已存在与董事、监事、高级管理人员及其亲属直接或者间接共同设立公司的情形，处理原则和控股股东、实际控制人共同设立公司的情形相同。但需同时关注相关人员是否存在违反《公司法》规定情形，董事、监事、高级管理人员应当遵守法律、行政法规和公司章程，对公司负有忠实义务和勤勉义务。

进入规范期后，建议不要再发生上述情形。一般中小企业没有规范到位，申报时仍存在该等情形的，中介机构需要进行非常详细的核查，并自证企业相关交易的真实性、合法合理性及公允性，以及不存在损害发行人利益的行为，但这其实是很难的，也会给监管人员留下不好的印象。

第十章
公司治理

上市公司要严格按照《公司法》、《证券法》、《上市公司章程指引》、沪深交易所股票上市规则等规定和现代企业制度等要求，完善股东大会、董事会、监事会、独立董事和董事会秘书制度，形成权力机构、决策机构、监督机构与经理层之间权责分明、各司其职、有效制衡、科学决策、协调运作的法人治理结构。股东大会要认真行使法定职权，严格遵守表决事项和表决程序的有关规定，科学民主决策，维护上市公司和股东的合法权益。董事会要对全体股东负责，严格按照法律和公司章程的规定履行职责，把好决策关，加强对公司经理层的激励、监督和约束。上市公司要设立以独立董事为主的审计委员会、薪酬与考核委员会并充分发挥其作用。公司全体董事必须勤勉尽责，依法行使职权。监事会要认真发挥好对董事会和经理层的监督作用。经理层要严格执行股东大会和董事会的决定，不断提高公司管理水平和经营业绩。

本章将对股份有限公司的组织机构和治理层等一些规范性要点进行介绍和分析，包括股份有限公司的股东会、董事会、监事会等权力机构的构成和要求，股东会、董事会、监事会的运作，董事、监事的任职资格等规范性要求。

第一节　股份有限公司的组织机构

本节将简要介绍股份有限公司的组织机构及股东会、董事会、监事会的整体要求。

一、股份有限公司的主要组织机构

根据《公司法》《上市公司章程指引》的规定,股份公司的主要组织机构由股东大会、董事会、监事会、经理组成。

《公司法》对上市公司的组织机构有特殊规定,上市公司设立独立董事,具体办法由国务院规定。……上市公司设董事会秘书,负责公司股东大会和董事会会议的筹备、文件保管以及公司股东资料的管理,办理信息披露事务等事宜。因此,拟上市公司还应该参照《上市公司独立董事规则》(以下简称"独立董事规则")等相关规定建立独立董事制度、董事会秘书制度。

拟上市公司应具有完善的公司治理结构,依法建立健全股东大会、董事会、监事会、经理层。并在申报前适时增设独立董事、董事会秘书等岗位,在董事会中设立审计委员会、薪酬与考核委员会、提名委员会等专门委员会。确保相关机构和人员能够依法履行职责。依法制定股东大会议事规则、董事会议事规则、监事会议事规则等决策及内部控制制度,对于决策权限、决策程序、关联交易等重要事项进行清晰、有效的规定,并依法召开各项会议。

二、股份有限公司"三会"运作的总体要求

(1) 董事会、监事会的产生和职权划分要符合法律、法规、规章的规定,董事、监事具备法定资格。在审核时还应特别关注监事与董事的亲属关系或其他利害关系。

(2) 股东大会、董事会、监事会的召集、召开和表决应符合法定程序的要求。

(3) 股份有限公司设监事会,其成员不得少于3人。监事会应当包括股东代表和适当比例的公司职工代表,其中职工代表的比例不得低于1/3,具体比例由公司章程规定。监事会中的职工代表由公司职工通过职工代表大会、职工大会或者其他形式民主选举产生。董事、高级管理人员不得兼任监事。对于家族企业,应关注监事会成员中是否有家族成员。如经理层与

监事会成员均为家族成员,应要求其进行调整。

(4) 拟上市公司应当参照独立董事管理办法、独立董事规则等法规的规定,建立独立董事制度。在申请首次公开发行股票并上市时,董事会成员中应当至少包括1/3独立董事。拟上市公司应当在公司章程中明确,聘任适当人员担任独立董事,独立董事中至少包括1名会计专业人士。独立董事的任职资格和选任必须合法,公司章程中关于独立董事的权利和义务的内容应符合有关规定。

三、修改股份公司章程应注意的事项

股份公司及其股东应重视公司章程的作用,提高对制定或修改公司章程严肃性的认知。公司章程是确定公司各方当事人权利、义务关系的基本法律文件,同时也是公司对外进行经营交往的基本依据。章程对公司股东、董事、监事、高级管理人员均具有约束力。

公司章程内容是股东之间的约定,只要意思表述真实,不违反法律法规的强制性规定,就是合法有效的,公司章程是公司组织与行为的基本准则。因此,制定或修改公司章程应充分考虑公司实际情况和相关法律的规定,对可以考虑到的易产生纠纷的情况进行清晰和详细的规定,对法律没有规定或规定不够具体的内容进行细化和补充。根据业务特点与经营实际,相关权限设置合适的限制。拟上市公司制定、修改公司章程,应该充分参考《上市公司章程指引》,章程的修改应按特别决议程序修改。

第二节 股东和股东大会

本节将主要介绍股份有限公司的股东和股东大会,简要介绍股份有限公司股东的权利和义务,重点阐述股东大会的职责、召开、决议等方面的运行机制和规范要求。此外,本节还将单独介绍存在特别表决权差异的限制性要求以及累计投票制度的基本概念。

一、股东的权利和义务

股东依照法律法规和公司章程享有权利并承担义务,股东的权利及义务主要有以下几个方面:

1. 股东的权利

股份有限公司股东依法享有知情权、查询权、分配权、质询权、建议权、股东大会召集权、提案权、提名权、表决权等权利。根据《公司法》《上市公司章程指引》规定,股份有限公司股东享有下列权利:

(1) 依照其所持有的股份份额获得股利和其他形式的利益分配;

(2) 依法请求、召集、主持、参加或者委派股东代理人参加股东大会,并行使相应的表决权;

(3) 对公司的经营进行监督,提出建议或者质询;

(4) 依照法律、行政法规及公司章程的规定转让、赠与或质押其所持有的股份;

(5) 查阅公司章程、股东名册、公司债券存根、股东大会会议记录、董事会会议决议、监事会会议决议、财务会计报告;

(6) 公司终止或者清算时,按其所持有的股份份额参加公司剩余财产的分配;

(7) 对股东大会做出的公司合并、分立决议持异议的股东,要求公司收购其股份;

(8) 法律、行政法规、部门规章或章程规定的其他权利。

发行优先股的公司,应当在章程中明确优先股股东不出席股东大会会议,所持股份没有表决权,但以下情况除外:(1)修改公司章程中与优先股相关的内容;(2)一次或累计减少公司注册资本超过10%;(3)公司合并、分立、解散或变更公司形式;(4)发行优先股;(5)公司章程规定的其他情形。

关于股东对股东大会的提案权,可参考本节中"股东大会的通知和提案"部分的介绍。公司股东大会、董事会决议内容违反法律、行政法规的,股东有权请求人民法院认定无效。股东大会、董事会的会议召集程序、表决方式违反法律、行政法规或者章程,或者决议内容违反章程的,股东有权自决议之日起 60 日内,请求人民法院撤销。

董事、高级管理人员执行公司职务时违反法律、行政法规或者章程的规定,给公司造成损失的,连续 180 日以上单独或合并持有公司 1% 以上股份的股东有权书面请求监事会向人民法院提起诉讼;监事会执行公司职务时违反法律、行政法规或者章程的规定,给公司造成损失的,股东可以书面请求董事会向人民法院提起诉讼。他人侵犯公司合法权益,给公司造成损失的,连续 180 日以上单独或合并持有公司 1% 以上股份的股东可以依照前两款的规定向人民法院提起诉讼。董事、高级管理人员违反法律、行政法规或者章程的规定,损害股东利益的,股东可以向人民法院提起诉讼。

此外,参考《上市公司治理准则》规定,拟上市公司应当建立与股东畅通有效的沟通渠道,保障股东对公司重大事项的知情、参与决策和监督等权利。拟上市公司应当积极回报股东,在公司章程中明确利润分配办法,尤其是现金分红政策。

2. 股东的义务

根据《公司法》《上市公司章程指引》规定,股份有限公司股东承担下列义务:

(1) 遵守法律、行政法规和公司章程;

(2) 依其所认购的股份和入股方式缴纳股金;

(3) 除法律、法规规定的情形外,不得退股;

(4) 不得滥用股东权利损害公司或者其他股东的利益;不得滥用公司法人独立地位和股东有限责任损害公司债权人的利益;公司股东滥用股东权利给公司或者其他股东造成损失的,应当依法承担赔偿责任。公司股东滥用公司法人独立地位和股东有限责任,逃避债务,严重损害公司债权人利益的,应当对公司债务承担连带责任;

(5) 法律、行政法规及章程规定应当承担的其他义务。

二、股东大会的职责

根据《公司法》《上市公司章程指引》规定,股份有限公司的股东大会由

全体股东组成。股东大会是公司的权力机构,股东大会的主要职责如下:

(1) 决定公司的经营方针和投资计划;

(2) 选举和更换非由职工代表担任的董事、监事,决定有关董事、监事的报酬事项;

(3) 审议批准董事会的报告;

(4) 审议批准监事会的报告;

(5) 审议批准公司的年度财务预算方案、决算方案;

(6) 审议批准公司的利润分配方案和弥补亏损方案;

(7) 对公司增加或者减少注册资本做出决议;

(8) 对发行公司债券做出决议;

(9) 对公司合并、分立、解散、清算或者变更公司形式做出决议;

(10) 修改公司章程;

(11) 对公司聘用、解聘会计师事务所做出决议;

(12) 审议批准规定的担保事项:①本公司及本公司控股子公司的对外担保总额,超过最近一期经审计净资产的50%以后提供的任何担保;②公司的对外担保总额,超过最近一期经审计总资产的30%以后提供的任何担保;③为资产负债率超过70%的担保对象提供的担保;④单笔担保额超过最近一期经审计净资产10%的担保;⑤对股东、实际控制人及其关联方提供的担保;

(13) 审议公司在一年内购买、出售重大资产超过公司最近一期经审计总资产30%的事项;

(14) 审议批准变更募集资金用途事项;

(15) 审议股权激励计划;

(16) 审议法律、行政法规、部门规章或章程规定应当由股东大会决定的其他事项。

上述股东大会的职权不得通过授权的形式由董事会或其他机构和个人代为行使。

根据交易所各上市板块在规范运作方面的自律监管规定,上市公司应当完善股东大会运作机制,平等对待全体股东,保障股东依法享有的知情权、查询权、分配权、质询权、建议权、股东大会召集权、提案权、提名权、表决权等权利,积极为股东行使权利提供便利,切实保障股东,特别是中小股东的合法权益。

三、股东大会的召开

公司应当每年召开一次年度股东大会。有下列情形之一的,应当在2个月内召开临时股东大会:

(1) 董事人数不足《公司法》规定人数或者公司章程所定人数的2/3时;
(2) 公司未弥补的亏损达实收股本总额1/3时;
(3) 单独或者合计持有公司10%以上股份的股东请求时;
(4) 董事会认为必要时;
(5) 监事会提议召开时;
(6) 公司章程规定的其他情形。

四、股东大会的召集与主持

股东大会会议由董事会召集,董事长主持;董事长不能履行职务或者不履行职务的,由副董事长主持;副董事长不能履行职务或者不履行职务的,由半数以上董事共同推举一名董事主持。

董事会不能履行或者不履行召集股东大会会议职责的,监事会应当及时召集和主持;监事会不召集和主持的,连续90日以上单独或者合计持有公司10%以上股份的股东可以自行召集和主持。

独立董事、监事会、单独或者合计持有公司10%以上股份的股东有权向董事会提议召开临时股东大会。董事会应当根据法律、行政法规和章程的规定,在收到提议后10日内提出同意或不同意召开临时股东大会的书面反馈意见。

董事会不同意或在10日内未反馈监事会提出的召开临时股东大会的意见,视为董事会不能履行或者不履行召集股东大会会议职责,监事会可以自行召集和主持。

董事会不同意或在 10 日内未反馈连续 90 日以上单独或者合计持有公司 10%以上股份的股东提出的召开临时股东大会的意见，单独或者合计持有公司 10%以上股份的股东有权向监事会提议召开临时股东大会，监事会未在规定期限内发出股东大会通知的，视为监事会不召集和主持股东大会，连续 90 日以上单独或者合计持有公司 10%以上股份的股东可以自行召集和主持。

股东大会召开时，公司全体董事、监事和董事会秘书应当出席会议，经理和其他高级管理人员应当列席会议。

五、股东大会的通知和提案

召开年度股东大会会议，应当将会议召开的时间、地点和审议的事项于会议召开 20 日前通知各股东；临时股东大会应当于会议召开 15 日前通知各股东；发行无记名股票的，应当于会议召开 30 日前公告会议召开的时间、地点和审议事项。

发出股东大会通知后，无正当理由，股东大会不应延期或取消，股东大会通知中列明的提案不应取消。一旦出现延期或取消的情形，召集人应当在原定召开日前至少 2 个工作日公告或通知并说明原因。

单独或者合计持有公司 3%以上股份的股东，可以在股东大会召开 10 日前提出临时提案并书面提交董事会；董事会应当在收到提案后 2 日内通知其他股东，并将该临时提案提交股东大会审议。临时提案的内容应当属于股东大会职权范围，并有明确议题和具体决议事项。股东大会审议提案时，不会对提案进行修改，否则，有关变更应当被视为一个新的提案，不能在本次股东大会上进行表决。

六、股东大会的决议和会议记录

股东（包括股东代理人）以其所代表的有表决权的股份数额行使表决权，每一股份享有一票表决权。股东大会审议影响中小投资者利益的重大事项时,对中小投资者表决应当单独计票。单独计票结果应当及时公开披露。公司董事会、独立董事和符合相关规定条件的股东可以公开征集股东投票权。

股东大会做出决议,必须经出席会议的股东所持表决权过半数通过。但是:(1)公司增加或者减少注册资本;(2)公司的分立、合并、解散和清算;(3)章程的修改;(4)公司在一年内购买、出售重大资产或者担保金额超过公司最近一期经审计总资产30%的;(5)股权激励计划;(6)法律、行政法规或章程规定的,以及股东大会以普通决议认定会对公司产生重大影响的、需要以特别决议通过的其他事项,必须经出席会议的股东所持表决权的2/3以上通过。

此外,股东大会就以下事项做出特别决议,除须经出席会议的普通股股东(含表决权恢复的优先股股东,包括股东代理人)所持表决权的2/3以上通过之外,还须经出席会议的优先股股东(不含表决权恢复的优先股股东,包括股东代理人)所持表决权的2/3以上通过:(1)修改公司章程中与优先股相关的内容;(2)一次或累计减少公司注册资本超过10%;(3)公司合并、分立、解散或变更公司形式;(4)发行优先股;(5)公司章程规定的其他情形。

股东大会审议有关关联交易事项时,关联股东不应当参与投票表决,其所代表的有表决权的股份数不计入有效表决总数;股东大会决议应当由出席会议的董事签名。

股东大会应当将所议事项的决定整理成会议记录,主持人、出席会议的董事应当在会议记录上签名。会议记录应当与出席股东的签名册及代理出席的委托书一并保存。

七、关于特别表决权差异安排

根据首发注册管理办法等的相关规定,拟上市企业在上市前可以存在特别表决权差异安排。发行人首次公开发行上市前设置表决权差异安排的,应当经出席股东大会的股东所持表决权的2/3以上通过。发行人在首次公开发行上市前不具有表决权差异安排的，不得在首次公开发行上市后以任何方式设置此类安排。

除公司章程规定的表决权差异外，普通股份与特别表决权股份具有的其他股东权利应当完全相同。

持有特别表决权股份的股东应当为对上市公司发展有过重大贡献，并且在公司上市前及上市后持续担任公司董事的人员或者该等人员实际控制的持股主体。

持有特别表决权股份的股东在上市公司中拥有权益的股份合计应当达到公司全部已发行有表决权股份的10%以上。上市公司章程应当规定每份特别表决权股份的表决权数量。每份特别表决权股份的表决权数量应当相同，且不得超过每份普通股份的表决权数量的10倍。

上市公司股票在交易所上市后，除同比例配股、转增股本、分配股票股利情形外，不得在境内外发行特别表决权股份，不得提高特别表决权比例。上市公司因股份回购等，特别表决权比例可能会提高，应当同时采取将相应数量的特别表决权股份转换为普通股份等措施，保证特别表决权比例不高于原有水平。

上市公司应当保证普通表决权比例不低于10%；单独或者合计持有公司10%以上已发行有表决权股份的股东有权提议召开临时股东大会；单独或者合计持有公司3%以上已发行有表决权股份的股东有权提出股东大会议案。普通表决权比例是指全部普通股份的表决权数量占上市公司全部已发行股份表决权数量的比例。特别表决权股份不得在二级市场进行交易，但可以按照交易所有关规定进行转让。

其他与表决权差异安排相关的规定，可参考创业板或科创板股票上市规则等法规。

八、关于累积投票制度

累积投票制是指股东大会选举董事或者监事时，每一股份拥有与应选董事或者监事人数相同的表决权，股东拥有的表决权可以集中使用，可以防止控股股东完全操纵选举,避免一股一票表决制度存在的弊端。

例如,某公司要选 5 名董事,公司股份共 100 股。股东 20 人,其中两名大股东拥有 51% 的股权,其他 18 名股东共计拥有 49% 的股权。以一般的投票方法,两名大股东就可以使自己的 5 名董事全部当选,每名 51 票。但按照累积投票制方式,每股的表决权是 5 票,大股东总票数为 255 票(51×5),其他股东是 245 票,这样,理论上其他股东可以选出 2 名董事(一名 123 票,一名 122 票),大股东最多只能选出 3 名董事。

股东大会选举董事、监事,可以依照公司章程的规定或者股东大会的决议,实行累积投票制。根据《上市公司独立董事管理办法》(简称"独立董事管理办法")规定,上市公司股东大会选举两名以上独立董事的,应当实行累积投票制。

根据《上市公司治理准则》规定,董事、监事的选举,应当充分反映中小股东意见。股东大会在董事、监事选举中应当积极推行累积投票制。单一股东及其一致行动人拥有权益的股份比例在 30% 及以上的上市公司,应当采用累积投票制。采用累积投票制的上市公司应当在公司章程中规定实施细则。

第三节　董事和董事会

本节将主要介绍股份有限公司的董事和董事会,对董事和独立董事的产生、任职资格、权利义务等规范要求进行介绍,对董事会的产生与职权、召开与决议、召集与出席等进行详细阐述。

一、董事的产生

董事由股东大会选举或者更换,并可在任期届满前由股东大会解除其职务。董事任期由公司章程规定,但每届任期不得超过 3 年,任期届满可连选连任。根据独立董事管理办法规定,独立董事每届任期与该上市公司其他董事任期相同,任期届满,可以连选连任,但是连续任职不得超过六年。

控股股东提名上市公司董事、监事候选人的,应当遵循法律法规和公司章程规定的条件和程序。控股股东不得对股东大会人事选举结果和董事会人事聘任决议设置批准程序。上市公司董事会、监事会、单独或者合计持有上市公司已发行股份1%以上的股东可以提出独立董事候选人,并经股东大会选举决定。

董事会成员中可以有公司职工代表,公司章程应明确本公司董事会是否可以由职工代表担任董事,以及职工代表担任董事的名额。董事会中的职工代表由公司职工通过职工代表大会、职工大会或者其他形式民主选举产生后,直接进入董事会。

根据《深圳证券交易所上市公司自律监管指引第1号——主板上市公司规范运作》(以下简称"上市公司规范运作1号指引")规定,上市公司应当在公司章程中规定规范、透明的董事、监事和高级管理人员提名、选任程序,保障董事、监事和高级管理人员选任公开、公平、公正。董事可以由经理或者其他高级管理人员兼任,但兼任经理或者其他高级管理人员职务的董事以及由职工代表担任的董事,总计不得超过公司董事总数的1/2。公司董事、高级管理人员及其配偶和直系亲属在公司董事、高级管理人员任职期间不得担任公司监事。

根据《上市公司章程指引》规定,股东大会拟讨论董事、监事选举事项的,股东大会的通知中将充分披露董事、监事候选人的详细资料,至少包括以下内容:(1)教育背景、工作经历、兼职等个人情况;(2)与本公司或本公司的控股股东及实际控制人是否存在关联关系;(3)披露持有本公司股份数量;(4)是否受过中国证监会及其他有关部门的处罚和证券交易所惩戒。除采取累积投票制选举董事、监事外,每位董事、监事候选人应当以单项提案提出。

二、董事的任职资格

关于董事的任职资格,《公司法》以及各交易所监管规则等均有相关规定,总体可概括为以下几个方面:

1. 一般规定

公司董事为自然人,有下列情形之一的,不能担任公司的董事:(1)无民事行为能力或者限制民事行为能力;(2)因贪污、贿赂、侵占财产、挪用财产或者破坏社会主义市场经济秩序被判处刑罚,执行期满未逾5年,或者因犯罪被剥夺政治权利,执行期满未逾5年;(3)担任破产清算的公司、企业的董事或者厂长、经理,对该公司、企业的破产负有个人责任的,自该公司、企业破产清算完结之日起未逾3年;(4)担任因违法被吊销营业执照、责令关闭的公司、企业的法定代表人,并负有个人责任的,自该公司、企业被吊销营业执照之日起未逾3年;(5)个人所负数额较大的债务到期未清偿;(6)被证监会及其派出机构采取证券市场禁入措施,期限尚未届满;(7)被交易所或全国股转公司(北交所适用)认定不适合担任公司董事,期限尚未届满。

2. 特殊规定

根据各交易所的规范运作要求,董事在最近36个月内受到证监会行政处罚、交易所公开谴责或通报批评的,任职资格会受到限制。

根据沪深交易所以及北交所相关规定,有下列情形之一的,公司应披露该候选人具体情形、拟聘请候选人原因、是否影响公司规范运作:(1)最近36个月内受到证监会行政处罚;(2)最近36个月内受到交易所公开谴责或3次以上通报批评;(3)因涉嫌犯罪被司法机关立案侦查或被证监会立案调查,尚未有明确结论意见;(4)重大失信等不良记录(北交所无此条规定)。

三、董事的权利和义务

1. 董事的权利

董事通过出席董事会并行使表决权,履行自身的职责和权利。董事会会议应由董事本人出席;董事因故不能出席,可以书面委托其他董事代为出席,委托书中应载明代理人的姓名、代理事项、授权范围和有效期限,并由委托人签名或盖章。代为出席会议的董事应当在授权范围内行使董事的权利。董事未出席董事会会议,亦未委托代表出席的,视为放弃在该次会议上的投票权。

董事长行使下列职权：(1)主持股东大会和召集、主持董事会会议；(2)督促、检查董事会决议的执行；(3)董事会授予的其他职权。

董事会应谨慎授予董事长职权，例行或长期授权须在章程中明确规定。

2. 董事的义务

董事应当遵守法律法规及公司章程有关规定，忠实、勤勉、谨慎履职，并履行其做出的承诺。董事应当保证有足够的时间和精力履行其应尽的职责。董事应当出席董事会会议，对所议事项发表明确意见。董事本人确实不能出席的，可以书面委托其他董事按其意愿代为投票，委托人应当独立承担法律责任。独立董事不得委托非独立董事代为投票。董事应当对董事会的决议承担责任。董事会的决议违反法律法规或者公司章程、股东大会决议，致使公司遭受严重损失的，参与决议的董事对公司负赔偿责任。但经证明在表决时曾表明异议并记于会议记录的，该董事可以免除责任。

未经公司章程规定或者董事会的合法授权，任何董事不得以个人名义代表公司或者董事会行事。董事以其个人名义行事时，在第三方会合理地认为该董事在代表公司或者董事会行事的情况下，该董事应当事先声明其立场和身份。董事执行公司职务时违反法律、行政法规、部门规章或章程的规定，给公司造成损失的，应当承担赔偿责任。

关于董事的其他职责和行为规范，可参考交易所发布的关于上市公司规范运作的自律监管指引的相关规定。

四、董事的忠实义务和勤勉义务

董事的忠实义务和勤勉义务是一项最基本的义务和职业准则，《公司法》等相关法规对此有明确、具体的要求。

(1)董事应当遵守法律、行政法规和公司章程，对公司负有下列忠实义务：①不得利用职权收受贿赂或者其他非法收入，不得侵占公司的财产；②不得挪用公司资金；③不得将公司资产或者资金以其个人名义或者其他个人名义开立账户存储；④不得违反公司章程的规定，未经股东大会或董事会同意，将公司资金借贷给他人或者以公司财产为他人提供担保；⑤不得违反公司章程的规定或未经股东大会同意，与本公司订立合同或者进行交易；

⑥未经股东大会同意,不得利用职务便利,为自己或他人谋取本应属于公司的商业机会,自营或者为他人经营与本公司同类的业务;⑦不得接受与公司交易的佣金归为己有;⑧不得擅自披露公司秘密;⑨不得利用其关联关系损害公司利益;⑩法律、行政法规、部门规章及章程规定的其他忠实义务。

董事违反本条规定所得的收入,应当归公司所有;给公司造成损失的,应当承担赔偿责任。除以上各项义务要求外,公司可以根据具体情况,在公司章程中增加对本公司董事其他义务的要求。

(2)董事应当遵守法律、行政法规和公司章程,对公司负有下列勤勉义务:①应谨慎、认真、勤勉地行使公司赋予的权利,以保证公司的商业行为符合国家法律、行政法规以及国家各项经济政策的要求,商业活动不超过营业执照规定的业务范围;②应公平对待所有股东;③及时了解公司业务经营管理状况;④应当对公司定期报告签署书面确认意见,保证公司所披露的信息真实、准确、完整;⑤应当如实向监事会提供有关情况和资料,不得妨碍监事会或者监事行使职权;⑥法律、行政法规、部门规章及章程规定的其他勤勉义务。

公司可以根据具体情况,在章程中增加对本公司董事勤勉义务的要求。

五、独立董事的主要作用

独立董事制度①作为上市公司治理结构的重要一环,在促进公司规范

---

① 2001年,中国证监会发布《关于在上市公司建立独立董事制度的指导意见》,要求上市公司全面建立独立董事制度。2005年修订的《公司法》在法律层面正式确立了上市公司独立董事制度。2022年中国证监会在上市公司法规整合工作中将《关于在上市公司建立独立董事制度的指导意见》修订为《上市公司独立董事规则》。2023年4月14日,国务院办公厅印发了《关于上市公司独立董事制度改革的意见》(国办发〔2023〕9号)。该意见指出,上市公司独立董事制度是中国特色现代企业制度的重要组成部分,是资本市场基础制度的重要内容。独立董事制度作为上市公司治理结构的重要一环,在促进公司规范运作、保护中小投资者合法权益、推动资本市场健康稳定发展等方面发挥了积极作用。但随着全面深化资本市场改革向纵深推进,独立董事定位不清晰、责权不对等、监督手段不够、履职保障不足等制度性问题亟待解决,已不能满足资本市场高质量发展的内在要求。为优化上市公司独立董事制度,提升独立董事履职能力,充分发挥独立董事作用,经党中央、国务院同意,提出了本意见。

运作、保护中小投资者合法权益、推动资本市场健康稳定发展等方面发挥了积极作用。根据独立董事管理办法等法规规定，上市公司董事会成员中应当至少包括1/3以上独立董事，其中至少有1名是会计专业人士（指具备注册会计师资格，或具有会计、审计或者财务管理专业的高级职称、副教授或以上职称、博士学位，或具有经济管理方面高级职称，且在会计、审计或者财务管理等专业岗位有5年以上全职工作经验）。独立董事主要发挥其决策、监督、咨询优势，具体有以下作用：

（1）有利于公司的专业化运作。独立董事们能利用其专业知识和经验为公司发展提供有建设性的建议，为董事会的决策提供参考意见，从而有利于公司提高决策水平，提高经营绩效。

（2）有利于检查和评判。独立董事在评价总经理、高级管理人员等的绩效时能发挥非常积极的作用。独立董事相对于内部董事容易坚持客观的评价标准，并易于组织实施一个清晰的形式化的评价程序，从而避免内部董事"自己为自己打分"，最大限度地谋求股东利益。

（3）有利于监督约束。独立董事可以在监督总经理等高级管理人员方面发挥很重要的作用。

（4）平衡大小股东之间的利益。独立董事由于在公司董事会中处于独立地位，不代表任何利益主体的利益，同时在表决中被赋予了一定的特别权利，对利益主体之间有一定的平衡作用。

六、独立董事的任职资格

根据独立董事管理办法规定，独立董事是指不在上市公司担任除董事外的其他职务，并与其所受聘的上市公司及其主要股东、实际控制人不存在直接或间接利害关系，或者其他可能影响其进行独立客观判断的关系的董事。独立董事应当独立履行职责，不受上市公司主要股东、实际控制人或者其他与上市公司存在利害关系的单位或个人的影响。独立董事在原则上最多在3家境内上市公司担任独立董事，并应当确保有足够的时间和精力有效地履行独立董事的职责。

1. 独立董事应当具备与其行使职权相适应的任职条件

担任独立董事应当符合下列基本条件：(1)根据法律、行政法规及其他有关规定，具备担任上市公司董事的资格；(2)符合独立董事管理办法所要求的独立性；(3)具备上市公司运作的基本知识，熟悉相关法律法规及规则；(4)具有五年以上履行独立董事职责所必需的法律、会计、经济等工作经验；(5)具有良好的个人品德，不存在重大失信等不良记录；(6)法律、行政法规、中国证监会规定、证券交易所业务规则和公司章程规定的其他条件。

独立董事应当持续加强证券法律法规及规则的学习，不断提高履职能力。中国证监会、证券交易所、中国上市公司协会均提供相关培训服务。

2. 独立董事必须保持独立性

下列人员不得担任独立董事：(1)在上市公司或者其附属企业任职的人员及其配偶、父母、子女、主要社会关系；(2)直接或者间接持有上市公司已发行股份1%以上或者是上市公司前10名股东中的自然人股东及其配偶、父母、子女；(3)在直接或者间接持有上市公司已发行股份5%以上的股东单位或者在上市公司前5名股东单位任职的人员及其配偶、父母、子女；(4)在上市公司控股股东、实际控制人的附属企业任职的人员及其配偶、父母、子女；(5)与上市公司及其控股股东、实际控制人或者其各自的附属企业有重大业务往来的人员，或者在有重大业务往来的单位任职的人员，或者在有重大业务往来的单位及其控股股东、实际控制人任职的人员；(6)为上市公司及其控股股东、实际控制人或者其各自附属企业提供财务、法律、咨询等服务的人员，包括但不限于提供服务的中介机构的项目组全体人员、各级复核人员、在报告上签字的人员、合伙人、董事、高级管理人员及主要负责人；(7)最近12个月内曾经具有第一项至第六项所列举情形的人员；(8)法律、行政法规、中国证监会、证券交易所业务规则和公司章程规定的不具备独立性的其他人员。

3. 独立董事不属于特殊身份人员

独立董事任职资格应符合《公司法》的规定，不属于公务员、事业单位人员、党政领导干部，不属于国有企业领导班子成员，不属于证券公司高管，不属于高校领导班子成员等,具体规范要求可参考上市公司规范运作1号指引中第三章第五节"独立董事任职管理及行为规范"的内容。另外审核也会关注其竞业禁止方面的问题、在职是否受到处罚的问题等。

七、独立董事的职责与权利

根据独立董事规则规定,独立董事应当按时出席董事会会议,了解上市公司的生产经营和运作情况,主动调查、获取做出决策所需要的情况和资料。独立董事应当向公司股东大会提交年度述职报告,对其履行职责的情况进行说明。

根据独立董事管理办法规定,独立董事应当按照法律、行政法规、中国证监会和公司章程的规定,认真履行以下职责:(1)参与董事会决策并对所议事项发表明确意见;(2)对关联交易、财务会计报告、董事及高级管理人员任免、薪酬等上市公司与其控股股东、实际控制人、董事、高级管理人员之间的潜在重大利益冲突事项进行监督,促使董事会决策符合公司整体利益,尤其是保护中小股东合法权益;(3)对上市公司经营发展提供专业、客观的建议,促进提升董事会决策水平;(4)法律、行政法规、中国证监会及公司章程规定的其他职责。

下列事项应当经上市公司全体独立董事过半数同意后,提交董事会审议:(1)应当披露的关联交易;(2)上市公司及相关方变更或豁免承诺的方案;(3)被收购上市公司董事会针对收购所做出的决策及采取的措施;(4)法律、行政法规、中国证监会及公司章程规定的其他事项。

独立董事享有董事的一般职权,同时依照法律、行政法规、中国证监会和公司章程的规定可以行使以下职权:(1)独立聘请中介机构,对上市公司具体事项进行审计、咨询或核查;(2)向董事会提议召开临时股东大会;(3)提议召开董事会会议;(4)依法公开向股东征集股东权利;(5)对可能损害上市公司或中小股东权益的事项发表独立意见;(6)法律、行政法规、中国证监会规定及公司章程规定的其他职权。

根据独立董事规则规定,独立董事应当对以下事项向董事会或股东大会发表独立意见:(1)提名、任免董事;(2)聘任或解聘高级管理人员;(3)公司董事、高级管理人员的薪酬;(4)上市公司的股东、实际控制人及其关联企业对上市公司现有或新发生的总额高于300万元或高于上市公司最近经审计净资产值的5%的借款或其他资金往来,以及公司是否采取有效措施回收欠款;(5)独立董事认为可能损害中小股东权益的事项;(6)法律、行政法规、中国证监会和公司章程规定的其他事项。

关于独立董事的职责与权利,其他法规如上市公司协会发布的《上市公司独立董事履职指引》以及深交所发布的上市公司规范运作1号指引等,均有详细阐述。

八、董事会的产生和职权

股份有限公司设董事会,由全体董事组成,其成员为5人至19人,董事会是公司的决策机构,代表公司并行使经营决策权。董事会设董事长1人,可以设副董事长,董事长和副董事长由董事会以全体董事的过半数选举产生。董事任期届满未及时改选,或者董事在任期内辞职导致董事会成员低于法定人数的,在改选出的董事就任前,原董事仍应当依照法律、行政法规和公司章程的规定,履行董事职务。

董事会制定董事会议事规则,以确保董事会落实股东大会决议,提高工作效率,保证科学决策。董事会议事规则规定董事会的召开和表决程序,董事会议事规则应列入公司章程或作为章程的附件,由董事会拟定,股东大会批准。

董事会对股东大会负责,行使下列职权:

(1) 召集股东大会,并向股东大会报告工作;

(2) 执行股东大会的决议;

(3) 决定公司的经营计划和投资方案;

(4) 制订公司的年度财务预算方案、决算方案;

(5) 制订公司的利润分配方案和弥补亏损方案;

(6) 制订公司增加或者减少注册资本以及发行公司债券的方案;

（7）制订公司合并、分立、解散或者变更公司形式的方案；

（8）在股东大会授权范围内，决定公司对外投资、收购出售资产、资产抵押、对外担保事项、委托理财、关联交易等事项；

（9）决定公司内部管理机构的设置；

（10）决定聘任或者解聘公司经理、董事会秘书（如有）及其报酬事项，并根据经理的提名决定聘任或者解聘公司副经理、财务负责人及其报酬和奖惩事项；

（11）制定公司的基本管理制度；

（12）制订公司章程的修改方案；

（13）管理公司信息披露事项；

（14）向股东大会提请聘请或更换为公司审计的会计师事务所；

（15）听取公司经理的工作汇报并检查经理的工作；

（16）公司章程规定的其他职权。

九、董事会的召开与决议

董事会每年度至少召开两次会议，每次会议应当于会议召开10日前通知全体董事和监事。董事会由董事长召集和主持，公司副董事长协助董事长工作，董事长不能履行职务或者不履行职务的，由副董事长履行职务（公司有两位或两位以上副董事长的，由半数以上董事共同推举的副董事长履行职务）；副董事长不能履行职务或者不履行职务的，由半数以上董事共同推举1名董事履行职务。

代表1/10以上表决权的股东、1/3以上董事或者监事会，可以提议召开董事会临时会议。董事长应当自接到提议后10日内，召集和主持董事会会议。公司可以决定临时董事会通知方式及通知时限。

董事会会议应有过半数的董事出席，方可举行。董事会会议应由董事本人出席；董事因故不能出席，可以书面委托其他董事代为出席，委托书中应载明代理人的姓名、代理事项、授权范围和有效期限，并由委托人签名或盖章。代为出席会议的董事应当在授权范围内行使董事的权利。董事未出席董事会会议，亦未委托代表出席的，视为放弃在该次会议上的投票权。

董事会决议的表决，实行一人一票制。董事会做出决议，必须经全体董事的过半数通过。《公司法》第一百二十四条规定："上市公司董事与董事会会议决议事项所涉及的企业有关联关系的，不得对该项决议行使表决权，也不得代理其他董事行使表决权。该董事会会议由过半数的无关联关系董事出席即可举行，董事会会议所作决议须经无关联关系董事过半数通过。出席董事会的无关联关系董事人数不足三人的，应将该事项提交上市公司股东大会审议。"

十、董事会专门委员会的职责

根据《上市公司章程指引》规定，公司董事会设立审计委员会，并根据需要设立战略、提名、薪酬与考核等相关专门委员会。专门委员会对董事会负责，依照章程和董事会授权履行职责，提案应当提交董事会审议决定。专门委员会成员全部由董事组成，其中，在审计委员会、提名委员会、薪酬与考核委员会中，独立董事占多数并担任召集人。根据独立董事管理办法规定，审计委员会成员应当为不在公司担任高级管理人员的董事，其中独立董事应当过半数，并由独立董事中会计专业人士担任召集人。董事会负责制定专门委员会工作规程，规范专门委员会的运作。

(1) 审计委员会的主要职责包括：①监督及评估外部审计工作，提议聘请或者更换外部审计机构；②监督及评估内部审计工作，负责内部审计与外部审计的协调；③审核公司的财务信息及其披露；④监督及评估公司的内部控制；⑤负责法律法规、公司章程和董事会授权的其他事项。

(2) 战略委员会的主要职责是对公司长期发展战略和重大投资决策进行研究并提出建议。

(3) 提名委员会的主要职责包括：①研究董事、高级管理人员的选择标准和程序并提出建议；②遴选合格的董事人选和高级管理人员人选；③对董事人选和高级管理人员人选进行审核并提出建议。

(4) 薪酬与考核委员会的主要职责包括：①研究董事与高级管理人员

考核的标准,进行考核并提出建议;②研究和审查董事、高级管理人员的薪酬政策与方案。

第四节　监事和监事会

本节将主要介绍股份有限公司的监事和监事会,对监事的产生、权利和义务进行介绍,对监事会的产生与职权、召开与决议、召集与出席等运行机制进行详细阐述。

一、监事的产生

监事分为职工代表监事和非职工代表监事,其中职工代表监事由公司职工通过职工代表大会、职工大会或者其他形式民主选举产生,非职工代表监事由股东提名并经股东大会审议通过后产生。

董事、经理和其他高级管理人员不得兼任监事。监事的任期是每届为3年。监事任期届满,连选可以连任。

二、监事的权利和义务

1. 监事的职责和权利

监事通过出席监事会并行使表决权,履行自身的职责和权利,监事的职责和权利主要包括以下几个方面:(1)对董事会编制的公司定期报告进行审核并提出书面审核意见;(2)检查公司财务;(3)对董事、高级管理人员执行公司职务的行为进行监督,对违反法律、行政法规、公司章程或者股东大会决议的董事、高级管理人员提出罢免的建议;(4)当董事、高级管理人员的行为损害公司的利益时,要求董事、高级管理人员予以纠正;(5)提议召开临时股东大会会议,在董事会不履行本法规定的召集和主持股东大会会议职责时召集和主持股东大会会议;(6)向股东大会会议提出提案;(7)依照《公司法》第一百五十一条的规定,对董事、高级管理人员依法提起诉讼;(8)发现公司经营情况异常,可以进行调查;必要时,可以聘请会计师事务所、律师事务所等专业机构协助其工作,费用由公司承担;(9)公司章程规定的其他职权。

2. 监事的义务

监事应当遵守法律、行政法规和公司章程的规定,对公司负有忠实义务和勤勉义务,不得利用职权收受贿赂或者其他非法收入,不得侵占公司的财产。监事应当保证公司披露的信息真实、准确、完整。监事不得利用其关联关系损害公司利益,若给公司造成损失的,应当承担赔偿责任。监事执行公司职务时违反法律、行政法规、部门规章或公司章程的规定,给公司造成损失的,应当承担赔偿责任。

关于监事的其他行为规范,可参考交易所发布的关于上市公司规范运作的自律监管指引的相关规定。

三、监事会的产生与职权

股份有限公司设监事会,其成员不得少于 3 人。监事会应当包括股东代表和适当比例的公司职工代表,其中职工代表的比例不得低于 1/3,具体比例由公司章程规定。

监事会设主席 1 人,可以设副主席。监事会主席和副主席由全体监事过半数选举产生。

监事可以列席董事会会议,并对董事会决议事项提出质询或者建议,监事会的职权主要有:

(1) 对董事会决议事项的质询权或者建议权;

(2) 调查公司经营管理异常的权利;

(3) 提议召开股东会议和提案权;

(4) 检查公司财务的权利;

(5) 监督权和罢免权;

(6) 其他公司章程规定的职权。

四、监事会的召开与决议

股份有限公司监事会每6个月至少召开一次会议。监事可以提议召开临时监事会会议。监事会会议由监事会主席召集和主持；监事会主席不能履行职务或者不履行职务的，由监事会副主席召集和主持监事会会议；监事会副主席不能履行职务或者不履行职务的，由半数以上监事共同推举1名监事召集和主持监事会会议。

监事会的议事方式和表决程序，应按照《公司法》和公司章程的规定。监事会决议应当经半数以上监事通过。监事会应当将所议事项的决定做成会议记录，出席会议的监事应当在会议记录上签名。

监事会制定监事会议事规则，明确监事会的议事方式和表决程序，以确保监事会的工作效率和科学决策。监事会的议事规则规定监事会的召开和表决程序。监事会的议事规则应列入公司章程或作为章程的附件，由监事会拟定，股东大会批准。

第五节 高级管理人员

本节将对股份有限公司高级管理人员的产生及兼职要求、经理的职责、董事会秘书的任职资格进行介绍。

一、高级管理人员的产生

公司经理、副经理、财务负责人、董事会秘书为公司高级管理人员。公司可以根据具体情况，在公司章程中规定属于公司高级管理人员的其他人选。

公司设经理1名，由董事会聘任或解聘。公司可以设副经理，由董事会聘任或解聘。

董事会秘书由董事长提名，经董事会聘任或解聘。公司董事或者其他高级管理人员可以兼任公司董事会秘书。

二、经理的职责

经理对董事会负责,行使下列职权:

(1) 主持公司的生产经营管理工作,组织实施董事会决议,并向董事会报告工作;

(2) 组织实施公司年度经营计划和投资方案;

(3) 拟订公司内部管理机构设置方案;

(4) 拟定公司的基本管理制度;

(5) 制定公司的具体规章;

(6) 提请董事会聘任或者解聘公司副经理、财务负责人;

(7) 决定聘任或者解聘除应由董事会决定聘任或者解聘以外的负责管理人员;

(8) 公司章程或董事会授予的其他职权。

公司章程对经理职权另有规定的,从其规定。经理列席董事会会议,经理应制定经理工作细则,报董事会批准后实施。

三、董事会秘书的任职资格

担任上市公司董事会秘书,应当具备以下条件:

(1) 具有良好的职业道德和个人品质;

(2) 具备履行职责所必需的财务、管理、法律等专业知识;

(3) 具备履行职责所必需的工作经验;

(4) 取得交易所认可的董事会秘书资格证书。

具有下列情形之一的人士,不得担任上市公司董事会秘书:

(1)《公司法》第一百四十七条规定的任何一种情形;

(2) 最近 3 年曾受中国证监会行政处罚;

(3) 曾被证券交易所公开认定为不适合担任上市公司董事会秘书;

(4) 最近 3 年曾受证券交易所公开谴责或者 3 次以上通报批评;

（5）本公司现任监事；

（6）证券交易所认定不适合担任董事会秘书的其他情形。

根据沪深交易所股票上市规则等规定，上市公司在聘任董事会秘书的同时，还应当聘任证券事务代表，协助董事会秘书履行职责。在董事会秘书不能履行职责时，由证券事务代表行使其权利并履行其职责，在此期间，并不当然免除董事会秘书对公司信息披露事务所负有的责任。证券事务代表应当参加交易所组织的董事会秘书资格培训并取得董事会秘书资格证书。

四、关于高级管理人员兼职的要求

上市公司总经理及其他高管人员不得在控股股东处担任除董事、监事以外的其他职务，不得在控股股东处领取薪酬。

根据招股说明书准则规定，发行人的总经理、副总经理、财务负责人和董事会秘书等高级管理人员不得在控股股东、实际控制人及其控制的其他企业中担任除董事、监事以外的其他职务，不得在控股股东、实际控制人及其控制的其他企业领薪；发行人的财务人员不得在控股股东、实际控制人及其控制的其他企业中兼职。

根据《上市公司治理准则》规定，上市公司人员应独立于控股股东，上市公司的高级管理人员在控股股东单位不得担任除董事、监事以外的其他行政职务。根据《关于上市公司总经理及高层管理人员不得在控股股东单位兼职的通知》规定，总经理及高层管理人员（副总经理、财务主管和董事会秘书）必须在上市公司领薪，不得由控股股东代发薪水。

此外，《企业国有资产法》规定，未经股东大会同意，国有资本控股、国有资本参股公司的董事、高级管理人员不得在经营同类业务的其他企业兼职。发行人为国有控股、参股公司的，还必须遵守该条规定。

本书引用相关法规汇总

序号	法规名称	简称
1. 核心法规		
1.1	《中华人民共和国公司法》 主席令第 15 号 2018 年 10 月 26 日	《公司法》
1.2	《中华人民共和国证券法》 主席令第 37 号 2019 年 12 月 28 日	《证券法》
1.3	《首次公开发行股票注册管理办法》 证监会令第 205 号 2023 年 2 月 17 日	首发注册管理办法
1.4	《北京证券交易所向不特定合格投资者公开发行股票注册管理办法》 证监会令第 210 号 2023 年 2 月 17 日	北交所上市注册管理办法
2. 证监会发布的相关法规		
2.1	《证券发行上市保荐业务管理办法》 证监会令第 207 号 2023 年 2 月 17 日	
2.2	《证券发行与承销管理办法》 证监会令第 208 号 2023 年 2 月 17 日	
2.3	《非上市公众公司监督管理办法》 证监会令第 212 号 2023 年 2 月 17 日	
2.4	《上市公司信息披露管理办法》 证监会令第 182 号 2021 年 3 月 18 日	
2.5	《上市公司股权激励管理办法》 证监会令第 148 号 2018 年 8 月 15 日	
2.6	《上市公司收购管理办法》 证监会令第 166 号 2020 年 3 月 20 日	

续 表

序号	法规名称	简称
2.7	《关于进一步推进新股发行体制改革的意见》 证监会公告〔2013〕42号 2013年11月30日	
2.8	《中国证监会关于北京证券交易所上市公司转板的指导意见》 证监会公告〔2022〕25号 2022年1月7日	《转板指导意见》
2.9	《首次公开发行股票并上市辅导监管规定》 证监会公告〔2021〕23号 2021年9月30日	首发上市辅导规定
2.10	《公开发行证券的公司信息披露内容与格式准则第57号——招股说明书》 证监会公告〔2023〕4号 2023年2月17日	招股说明书准则
2.11	《公开发行证券的公司信息披露内容与格式准则第58号——首次公开发行股票并上市申请文件》 证监会公告〔2023〕5号 2023年2月17日	
2.12	《公开发行证券的公司信息披露内容与格式准则第46号——北京证券交易所公司招股说明书》 证监会公告〔2023〕16号 2023年2月17日	
2.13	《公开发行证券的公司信息披露内容与格式准则第47号——向不特定合格投资者公开发行股票并在北京证券交易所上市申请文件》 证监会公告〔2023〕17号 2023年2月17日	
2.14	《证券期货法律适用意见第17号》 证监会公告〔2023〕14号 2023年2月17日	适用意见17号
2.15	《科创属性评价指引(试行)》 证监会公告〔2022〕48号 2022年12月30日	
2.16	《保荐人尽职调查工作准则》 证监会公告〔2022〕36号 2022年5月27日	
2.17	《公开发行证券的公司信息披露编报规则第15号——财务报告的一般规定》 证监会公告2014年第54号 2014年12月25日	
2.18	《公开发行证券的公司信息披露解释性公告第1号——非经常性损益》 证监会公告〔2008〕43号 2008年10月31日	解释1号

续 表

序号	法规名称	简称
2.19	《首发企业现场检查规定》 证监会公告〔2021〕4号 2021年1月29日	
2.20	《关于进一步提高首次公开发行股票公司财务信息披露质量有关问题的意见》 证监会公告〔2012〕14号 2012年5月23日	
2.21	《中国证监会发行监管部关于组织对首发企业信息披露质量进行抽查的通知》 发行监管函〔2014〕147号 2014年4月23日	
2.22	《上市公司章程指引》 证监会公告〔2022〕2号 2022年1月5日	
2.23	《上市公司治理准则》 证监会公告〔2018〕29号 2018年9月30日	
2.24	《上市公司独立董事规则》 证监会公告〔2022〕14号 2022年1月5日	独立董事规则
2.25	《上市公司监管指引第8号——上市公司资金往来、对外担保的监管要求》 证监会公告〔2022〕26号 2022年1月28日	
2.26	《上市公司分拆规则（试行）》 证监会公告〔2022〕5号 2022年1月5日	
2.27	《上市公司董事、监事和高级管理人员所持本公司股份及其变动管理规则》 证监会公告〔2022〕19号 2022年1月5日	
2.28	《非上市公众公司监管指引第4号——股东人数超过二百人的未上市股份有限公司申请行政许可有关问题的审核指引》 证监会公告〔2023〕34号 2023年2月17日	
2.29	《证券服务机构从事证券服务业务备案管理规定》 证监会、工业和信息化部、司法部、财政部公告〔2020〕52号 2020年7月24日	
2.30	《监管规则适用指引——关于申请首发上市企业股东信息披露》 证监会 2021年2月9日	

续　表

序号	法规名称	简称
2.31	《监管规则适用指引——发行类第2号》　证监会　2021年5月28日	监管规则指引2号
2.32	《监管规则适用指引——发行类第4号》　证监会　2023年2月17日	
2.33	《监管规则适用指引——发行类第5号》　证监会　2023年2月17日	监管规则指引5号
2.34	《监管规则适用指引——会计类第1号》　证监会　2020年11月13日	
2.35	《上市公司独立董事管理办法》　证监会　2023年8月4日	独立董事管理办法
3. 交易所发布的相关法规		
3.1	《上海证券交易所股票上市规则》　上证发〔2023〕127号　2023年8月4日	主板上市规则
3.2	《上海证券交易所科创板股票上市规则》　上证发〔2023〕128号　2023年8月4日	科创板股票上市规则
3.3	《上海证券交易所股票发行上市审核规则》　上证发〔2023〕28号　2023年2月17日	上证上市审核规则
3.4	《上海证券交易所科创板企业发行上市申报及推荐暂行规定》　上证发〔2022〕171号　2022年12月30日	科创板推荐暂行规定
3.5	《北京证券交易所上市公司向上海证券交易所科创板转板办法(试行)》　上证发〔2022〕34号　2022年3月4日	
3.6	《深圳证券交易所股票上市规则》　深证上〔2023〕701号　2023年8月4日	主板上市规则
3.7	《深圳证券交易所创业板股票上市规则》　深证上〔2023〕702号　2023年8月4日	创业板上市规则
3.8	《深圳证券交易所股票发行上市审核规则》　深证上〔2023〕94号　2023年2月17日	深证上市审核规则
3.9	《深圳证券交易所创业板企业发行上市申报及推荐暂行规定》　深证上〔2022〕1219号　2022年12月30日	创业板推荐暂行规定

续　表

序号	法规名称	简称
3.10	《深圳证券交易所关于北京证券交易所上市公司向创业板转板办法（试行）》　深证上〔2022〕219号　2022年3月4日	
3.11	《深圳证券交易所上市公司自律监管指引第1号——主板上市公司规范运作》　深证上〔2023〕703号　2023年8月4日	上市公司规范运作1号指引
3.12	《北京证券交易所股票上市规则（试行）》　北证公告〔2023〕49号　2023年8月4日	北交所股票上市规则
3.13	《北京证券交易所向不特定合格投资者公开发行股票并上市审核规则》　北证公告〔2023〕10号　2023年2月17日	
3.14	《北京证券交易所向不特定合格投资者公开发行股票并上市业务规则适用指引第1号》　北证公告〔2023〕19号　2023年2月17日	
4. 财会相关法规		
4.1	《企业产品成本核算制度（试行）》　财会〔2013〕17号　2013年8月16日	
4.2	《企业会计准则第1号——存货》　财会〔2006〕3号　2006年2月15日	
4.3	《企业会计准则第2号——长期股权投资》　财会〔2014〕14号　2014年3月13日	
4.4	《企业会计准则第3号——投资性房地产》　财会〔2006〕3号　2006年2月15日	
4.5	《企业会计准则第4号——固定资产》　财会〔2006〕3号　2006年2月15日	
4.6	《企业会计准则第6号——无形资产》　财会〔2006〕3号　2006年2月15日	
4.7	《企业会计准则第8号——资产减值》　财会〔2006〕3号　2006年2月15日	
4.8	《企业会计准则第11号——股份支付》　财会〔2006〕3号　2006年2月15日	

续 表

序号	法规名称	简称
4.9	《企业会计准则第 14 号——收入》 财会〔2017〕22 号 2017 年 7 月 5 日	收入准则
4.10	《企业会计准则第 16 号——政府补助》 财会〔2017〕15 号 2017 年 5 月 10 日	
4.11	《企业会计准则第 20 号——企业合并》 财会〔2006〕3 号 2006 年 2 月 15 日	
4.12	《企业会计准则第 22 号——金融工具确认和计量》 财会〔2017〕7 号 2017 年 3 月 31 日	
4.13	《企业会计准则第 28 号——会计政策、会计估计变更和会计差错更正》 财会〔2006〕3 号 2006 年 2 月 15 日	
4.14	《企业会计准则第 31 号——现金流量表》 财会〔2006〕3 号 2006 年 2 月 15 日	
4.15	《企业会计准则第 33 号——合并财务报表》 财会〔2014〕10 号 2014 年 2 月 17 日	
4.16	《企业会计准则第 36 号——关联方披露》 财会〔2006〕3 号 2006 年 2 月 15 日	
4.17	《企业会计准则第 42 号——持有待售的非流动资产、处置组和终止经营》 财会〔2017〕13 号 2017 年 4 月 28 日	
4.18	《企业会计准则解释第 15 号》 财会〔2021〕35 号 2021 年 12 月 30 日	
4.19	《会计监管风险提示第 8 号——商誉减值》 证监会 2018 年 11 月 16 日	
4.20	《企业会计准则实施问题专家工作组意见》 财政部 2007 年 2 月 1 日	
5. 税收相关法规		
5.1	《中华人民共和国个人所得税法》 主席令第 9 号 2018 年 8 月 31 日	
5.2	《中华人民共和国企业所得税法》 主席令第 23 号 2018 年 12 月 29 日	《企业所得税法》

续 表

序号	法规名称	简称
5.3	《中华人民共和国税收征收管理法实施细则》 国务院令第666号 2016年2月6日	《税收征收管理法》
5.4	《中华人民共和国企业所得税法实施条例》 国务院令第714号 2019年4月23日	
5.5	《国家税务总局关于取消增值税扣税凭证认证确认期限等增值税征管问题的公告》 税务总局公告2019年第45号 2019年12月31日	
5.6	《国家税务总局关于纳税人资产重组有关增值税问题的公告》 税务总局公告2013年第66号 2013年11月19日	
5.7	《关于企业研究开发费用税前加计扣除政策有关问题的公告》 税务总局公告2015年第97号 2015年12月29日	
5.8	《财政部、国家税务总局、科技部关于完善研究开发费用税前加计扣除政策的通知》 财税〔2015〕119号 2015年11月2日	
5.9	《国家税务总局关于研发费用税前加计扣除归集范围有关问题的公告》 税务总局公告2017年第40号 2017年11月8日	
5.10	《关于企业重组业务企业所得税征收管理若干问题的公告》 税务总局公告2015年第48号 2015年6月24日	
5.11	《国家税务总局关于资产（股权）划转企业所得税征管问题的公告》 税务总局公告2015年第40号 2015年5月27日	
5.12	《财政部 国家税务总局关于促进企业重组有关企业所得税处理问题的通知》 财税〔2014〕109号 2014年12月25日	
5.13	《财政部 国家税务总局关于企业重组业务企业所得税处理若干问题的通知》 财税〔2009〕59号 2009年4月30日	

续　表

序号	法规名称	简称
5.14	《财政部 国家税务总局关于非货币性资产投资企业所得税政策问题的通知》 财税〔2014〕116号 2014年12月31日	
5.15	《财政部、国家税务总局关于企业所得税若干优惠政策的通知》 财税〔2008〕1号 2008年2月22日	
5.16	《国家税务总局关于贯彻落实企业所得税法若干税收问题的通知》 国税函〔2010〕79号 2010年2月22日	
5.17	《财政部、国家税务总局关于将国家自主创新示范区有关税收试点政策推广到全国范围实施的通知》 财税〔2015〕116号 2015年10月23日	财税〔2015〕116号
5.18	《关于完善股权激励和技术入股有关所得税政策的通知》 财税〔2016〕101号 2016年9月20日	
5.19	《财政部、国家税务总局关于专项用途财政性资金企业所得税处理问题的通知》 财税〔2011〕70号 2011年9月7日	
5.20	《国家税务总局关于股份制企业转增股本和派发红股征免个人所得税的通知》 国税发〔1997〕198号 1997年12月25日	
5.21	《国家税务总局关于原城市信用社在转制为城市合作银行过程中个人股增值所得应纳个人所得税的批复》 国税函〔1998〕289号 1998年5月15日	
5.22	《财政部、国家税务总局关于个人非货币性资产投资有关个人所得税政策的通知》 财税〔2015〕41号 2015年3月30日	财税〔2015〕41号
5.23	《国家税务总局关于股权奖励和转增股本个人所得税征管问题的公告》 税务总局公告2015年第80号 2015年11月16日	
5.24	《关于继续实施全国中小企业股份转让系统挂牌公司股息红利差别化个人所得税政策的公告》 财政部、税务总局、证监会公告2019年第78号 2019年7月12日	78号公告

续 表

序号	法规名称	简称
5.25	《关于个人转让全国中小企业股份转让系统挂牌公司股票有关个人所得税政策的通知》 财税〔2018〕137号 2018年11月30日	
5.26	《国家税务总局关于发布〈股权转让所得个人所得税管理办法(试行)〉的公告》 税务总局公告2014年第67号 2014年12月7日	
5.27	《国家税务总局关于进一步加强高收入者个人所得税征收管理的通知》 国税发〔2010〕54号 2010年5月31日	
5.28	《财政部 税务总局关于继续实施企业改制重组有关土地增值税政策的公告》 财政部、税务总局公告2021年第21号 2021年5月31日	
5.29	《财政部 国家税务总局关于企业改制过程中有关印花税政策的通知》 财税〔2003〕183号 2003年12月8日	
6. 本书中引用的其他法规		
6.1	《国务院办公厅转发证监会关于开展创新企业境内发行股票或存托凭证试点若干意见的通知》 国办发〔2018〕21号 2018年3月22日	
6.2	《全国中小企业股份转让系统股票挂牌规则》 股转公告〔2023〕34号 2023年2月17日	挂牌规则
6.3	《全国中小企业股份转让系统分层管理办法》 股转公告〔2023〕347号 2023年9月1日	
6.4	《关于适用〈中华人民共和国公司法〉若干问题的规定(三)》 法释〔2020〕18号 2020年12月29日	
6.5	《高新技术企业认定管理工作指引》 国科发火〔2016〕195号 2016年6月22日	高新认定指引
6.6	《高新技术企业认定管理办法》 国科发火〔2016〕32号 2016年1月29日	
6.7	《中华人民共和国民法典》 主席令第45号 2020年5月28日	《民法典》

续 表

序号	法规名称	简称
6.8	《中华人民共和国劳动合同法》 主席令第 73 号 2012 年 12 月 28 日	《劳动合同法》
6.9	《劳务派遣暂行规定》 人力资源和社会保障部令第 22 号 2014 年 1 月 24 日	
6.10	《中华人民共和国土地管理法》 主席令第 32 号 2019 年 8 月 26 日	《土地管理法》
6.11	《中华人民共和国安全生产法》 主席令第 88 号 2021 年 6 月 10 日	《安全生产法》
6.12	《中华人民共和国环境影响评价法》 主席令第 24 号 2018 年 12 月 29 日	
6.13	《中华人民共和国专利法》 主席令第 55 号 2020 年 10 月 17 日	
6.14	《中华人民共和国企业国有资产法》 主席令第 5 号 2008 年 10 月 28 日	《企业国有资产法》
6.15	《中华人民共和国矿产资源法》 主席令第 18 号 2009 年 8 月 27 日	
6.16	《中华人民共和国市场主体登记管理条例》 国务院令第 746 号 2021 年 7 月 27 日	《市场主体登记管理条例》
6.17	《社会保险费征缴暂行条例》 国务院令第 710 号 2019 年 3 月 24 日	
6.18	《住房公积金管理条例》 国务院令第 710 号 2019 年 3 月 24 日	
6.19	《企业投资项目核准和备案管理条例》 国务院令第 673 号 2016 年 11 月 30 日	
6.20	《建设项目环境保护管理条例》 国务院令第 682 号 2017 年 7 月 16 日	
6.21	《企业投资项目核准和备案管理办法》 国家发展和改革委员会令第 1 号 2023 年 3 月 23 日	
6.22	《产业结构调整指导目录(2019 年本)》 国家发展和改革委员会令第 49 号 2021 年 12 月 30 日	

续 表

序号	法规名称	简称
6.23	《企业境外投资管理办法》 国家发展和改革委员会令第 11 号 2017 年 11 月 26 日	
6.24	《政府核准的投资项目目录（2016 年本）》 国发〔2016〕72 号 2016 年 12 月 12 日	
6.25	《建设项目环境影响评价分类管理名录（2021 年版）》 生态环境部令第 16 号 2020 年 11 月 30 日	
6.26	《关于境内居民通过特殊目的公司境外投融资及返程投资外汇管理有关问题的通知》 汇发〔2014〕37 号 2014 年 7 月 4 日	37 号文
6.27	《电信业务经营许可管理办法》 工业和信息化部令第 42 号 2017 年 7 月 3 日	
6.28	《互联网文化管理暂行规定》 文化部令第 57 号 2017 年 12 月 15 日	
6.29	《财政部关于企业加强研发费用财务管理的若干意见》 财企〔2007〕194 号 2007 年 9 月 4 日	
6.30	《关于上市公司总经理及高层管理人员不得在控股股东单位兼职的通知》 证监公司字〔1999〕22 号 1999 年 5 月 6 日	

后　记

这是一本定位为"专业性"的书，读起来难免枯燥，感谢和祝贺您耐心读到最后。

2022年初，《敬畏法治——拟上市公司核心法规学习指引》出版后，企业家、市场专业人士和高校学者给予了较高的评价，熟识多年的专业领域内的朋友知道我们这些年的工作，鼓励我们再出版一本有关企业规范和上市方面的专业著作。要出版以企业上市为主题、专业人士为主要阅读群体的书，压力是巨大的。抱着和专业人士真诚交流的心态，博创鼓足勇气把这本书呈现出来。

关于企业如何规范并上市的问题，是一个严肃的专业领域，也是一项复杂的系统工程。其涉及的规则、知识极为庞大，还需要有丰富的实践经验积累，本书只能算作抛砖引玉。在写本书时，我们心中的读者包括：对上市感兴趣或有上市意愿的企业家及高管、从事投行业务的券商从业人士、从事企业上市相关业务的律师与会计师、股权投资行业从业人士和高校金融、管理、法律等领域的师生以及其他对资本市场感兴趣的朋友。我们在写作过程中也努力按教科书的严谨标准来对待书稿的每一页。

本书内容的专业性与复杂性决定了阅读者不单需要很强的知识储备，还需要较强的求知欲和耐心，能够读完全书并读到后记的朋友，估计大多是从事企业上市工作相关的专业人士，我们想要特别提醒并一起探讨以下几点：

一、关于对监管法规解析的把握

本书的诸多主题是基于多个监管文件要求进行的整理归纳，主要是对法律法规及监管要求的直接呈现。但也有部分主题是参照监管层的规定，从操作层面给出规范建议，这些规范建议一般高于监管要求，即高于通常所说的"底线"。因为企业上市是一项系统工程，涉及面非常广，无论从社会责任还是从监管规范的角度，我们的建议都是在力所能及的范围内，企业能做到早规范的就早一点规范，能严要求的就严一些要求，企业和企业家要充分展现进行规范的决心。

一家有上市战略的企业要尽早树立"敬畏法治"之心。如果在规范初始阶段就总习惯于游走在监管规则的边缘，稍微不慎就可能会"出界"。即使不出界，若企业总习惯在很多方面打"擦边球"，会形成企业规范的决心不够、规则意识薄弱的外部形象。企业的上市过程复杂且漫长，要经历中介机构现场工作人员、质控、内核、监管机构审核人员、上市委委员等多阶段核查、评价、问询、审核，这些点点滴滴汇聚而成的不好的印象，很可能影响审核进度甚至结果。所以，本书在对某些监管要求进行解析或提出规范建议时会比底线要求更严格一些，比如达到规范状态的最迟截止日要求，建议的时间一般都比监管要求提前，对某些政策的把握尺度就重实质而言也比监管要求略微严格。这里特此说明，希望使用者能够注意，不要产生误解影响个人判断。

二、关于本书中财务与会计部分篇幅较大的原因

本书将财务规范与会计相关主题整合为两章介绍，从篇幅上来看占比也非常高。以实务角度看，财务规范与核算规范是企业上市规范过程中最复杂的领域，当然这并不代表法律与业务方面的规范不复杂、不重要。在企业上市过程中涉及的待解决的法律问题，多数属于存量、静态的问题，而且企业未来需要关注的法律和业务问题往往也与财务规范分不开。财务问题有一个显著的特点，既有历史存量、静态问题，同时这些存量问题又与未来紧紧相连，解决不好历史和现状，未来也很难规范到位。

因此，企业的财务规范过程类似于一条河流的污水治理。污水治理既需要先找到真正的污染源头并斩断源头，又要充分了解河道环境并在下游

河道实现物理净化,还要改善和形成河道自我净化的能力。否则,不能从源头上清除污水源,或者没有形成自我净化的环境体系,河流的治理永无宁日。企业财务规范的道理也是类似的,既要从历史和现状中找到不规范的源头,又要通过"建队伍、建制度"打好未来持续规范的基础,否则企业的财务规范永远在路上。

基于此,我们认为企业上市过程中的重点和难点规范领域是财务规范,企业实现高质量发展也需要高度重视财务规范的价值,这正是财务与会计部分着墨最重的原因所在。

三、关于财务规范与内部控制规范的理解

首发注册管理办法对上市主体的要求是发行人会计基础工作规范与内部控制制度健全且被有效执行。但是目前在实务中,无论会计核算基础还是内部控制规范,企业和中介机构都很难找到一个可执行的标准。

对以制造类企业为主的拟上市公司群体来说,我们在多年的实践中不断总结、逐层分解,形成了"企业会计基础规范与内部控制规范的最核心部分是成本核算规范"的认知。所以本书明确提出:第一,企业会计基础规范与内部控制规范一般要把成本核算规范作为切入点①;第二,成本核算的核心不是"算",而是落实成本核算的基础工作,完善与提高成本核算相关的基础工作是会计核算基础规范与内部控制规范的基础。在这样的逻辑认知下,企业内部控制规范的核心制度是与成本核算相关的基础制度的建立与执行。②

本书还提出了"企业会计基础规范的5项特征",这实际是把会计核算

---

① 研发费用核算实际也是成本核算,其基本逻辑是一致的:确立核算对象,进行费用归集与分配。同时考虑到研发费用还涉及企业的税务管理,核算时要兼顾这个方面。此外,企业还应根据内部管理需要,探索研发投入的效率评价,这是值得进一步专门研究和探讨的专题。

② 监管规则指引5号列举了10条内控不规范的情况,大部分属于资金管理不规范或者存在重大风险的情形,这是监管机构列举的检查时比较容易发现的一些情况,并没有涵盖内部控制鉴定报告要求的确保财务报告可靠性的财务报告内部控制制度要求,企业要以"成本核算相关的基础制度"作为内控制度建设的主线,需要达到的要求远不止这些。

基础规范与内部控制规范提炼后形成的易于使用的标准,不一定全面,但可以作为企业或中介机构自查时的镜子,以此标准很容易"照出"企业当前的状态。如果企业还没有达到"企业会计基础规范的5项特征",我们的建议是企业应踏踏实实以成本核算规范为规范入口,扎扎实实建立并执行好与成本核算相关的基础制度,以逐步达到"5项特征"的目标,这样才能较为顺利地走好上市之路,否则即使勉强启动企业上市申报程序,上市之路也将十分艰难,甚至都很难走到交易所受理环节。

四、关于对财务核算的重点——收入确认的探讨

国内现行收入准则《企业会计准则第14号——收入》,是基于实现我国企业会计准则与国际财务报告准则趋同的目的,借鉴《国际财务报告准则15号——客户合同收入》修订后形成的。国际准则15号第2条规定,为实现该准则的目标,其核心原则为主体确认收入的方式应当反映向客户转让商品或服务的模式,而确认的金额应反映主体预计因交付该等商品或服务而有权获得的对价。这是现行收入准则最重要的条款,是收入确认与计量最核心、最具权威概括的条款。依据这个条款进行收入确认,不论是确认时点还是识别单项履约义务等处理要点都比较容易达成共识,我们提醒相关人员重视对这个条款的深度理解。

现行收入准则打破商品和劳务的界限,以控制权转移取代了风险转移的收取确认时点判断,要求企业在履行合同中履行义务,即客户取得相关商品(或服务)控制权时确认收入,从而更加科学合理地反映企业的收入确认时点。客户取得相关商品或服务实际就是一项资产,对资产的控制就是能够对资产的使用并获得几乎所有的剩余利益的能力,收入确认的时点就是客户控制资产的时点。因此,企业确定收入的时点就是相对确定的时点。我们在收入确认的章节中提出,"收入准则关于控制权转移的'控制'与基本准则关于资产定义中的'控制'基本趋同",企业判断收入确认时点更加准确与规范,而不是人为调整。目前在实务中,仍然存在对准则理解不到位、收入确认不规范的情形,也存在许多以"谨慎"为借口调节模糊收入时点,做盈

余管理与操纵财务报表的情形。

五、关于会计报表部分的探讨

财务报告包括财务报表和其他应当在财务报告中披露的相关信息和资料。其中,财务报表由报表本身及其附注两部分构成,附注也是财务报表的有机组成部分,而会计报表包括资产负债表、利润表和现金流量表等。根据业务实践需求,本书重点介绍了合并报表与现金流量表的编制与理解。

合并会计报表是指反映母公司和其全部子公司形成的企业集团整体财务状况、经营成果和现金流量的财务报表。它是以整个企业集团为一个会计主体,以组成这个企业集团的母公司和子公司的个别会计报表为基础,并抵销内部交易事项对个别报表的影响而编制的。关于合并报表,本书主要提出了以下认知:

一是关于合并报表的编制义务。我们认为,无论从准则要求角度还是提供财务信息有用性的角度考虑,合并报表的编制都不是一个可以选择的事项,而是母公司法定的义务事项,对外报送财务报告时应当是合并报表的形式。

二是对"控制"的判断及合并范围。关于合并报表准则的内容,其中有大量篇幅叙述了对"控制"的判断,本书没有谈如何对控制进行判断,因为从现实情况看,控制不是会计问题,至少不是会计人员的问题,绝大多数情况下,一个企业对另外一个企业是否控制是非常明确的,所谓规则只是佐证的依据。与"控制"判断直接相关的是合并范围,博创多次在与其他中介机构专业人员的交流中涉及这一专题的讨论,我们以为只有在母子公司之间才构成合并范围的"控制"。对于编制合并报表的范围而言,非母子公司之间在本质上没有"控制"与"非控制"之说,因为会计四大假设中的第一个也是最重要的假设就是会计主体假设,合并报表的主体就是以母公司和其全部子公司形成的企业集团。在实务中,确实存在不属于母子公司关系但能够实际控制的情形,我们以为可以通过财务报告附注补充信息披露的方式来增强信息披露的全面性和有用性,而不是变更合并报表的整体编制原则。

三是提出了抵销分录公式。我们基于合并理论和业务实践,提出了一个具有较强通用性的抵销分录公式①,但目前仅为博创一家之言,并无业内其他学术权威著作提及,因而仅供参考:

抵销分录＝合并报表层面的会计分录－单体报表层面的会计分录

现金流量表是反映企业在一定会计期间内的现金和现金等价物流入和流出的会计报表。企业编制现金流量表的目的是通过如实反映企业各项活动的现金流入、流出情况,帮助使用者评价企业的现金流和资金周转情况。现金流量表是基于内部管理需要而产生的,由财务状况变动表演变而来,其主要目的是提供有关企业现金流量的信息,为财务报表的使用者评价企业形成现金和现金等价物的能力以及企业使用这些现金流量的需要提供依据。

但在国内,目前无论上市企业还是非上市企业,现金流量表在企业管理中使用的频率都很低,除了在上市审核过程被关注外,在其他活动中,无论是企业内部管理还是投资者分析,都很少被提及。实际上,现金流量表对于企业管理与财务分析的意义非常大,出现这样的状况值得思考。这种状况与企业财务人员的水平有一定关系,同时一些审核监管要求或者编制指导也弱化了其作用,使其逐渐遭到弃置,如票据背书转让不产生现金流的要求②。我们知道,报表信息的有用性是第一位的,如果一些要求损害了报表的有用性,导致不能为报表使用者提供有用信息,甚至出现报表信息失真的情况,这就偏离了初衷。③

六、个人银行流水、供应商客户等事项的核查效果引起的思考

目前,在企业上市申报阶段,中介机构的大量时间被个人银行流水与供

---

① 这个公式有很强的实用性,会计发源于数学,一个简明的数学公式能够解决现实中绝大部分的抵销分录编写问题。
② 假如一个企业的收入全部以票据结算,支付也全部采用票据,那它的现金流量表就几乎是一个空表。通过这种极端假设下的思想实验,可以体会这种处理对报表的扭曲。
③ 股份支付在实务中的一些处理方式也损害了报表或者数据的有用性,有时会导致前后期报表失去可比性,这也是值得深入思考的另一个专题。

应商客户核查等程序占用，且呈现扩大趋势。

中介机构在辅导和保荐企业上市时，首先应根据企业客观情况和自身专业经验建立"企业画像"，并形成理性的整体判断，然后在细节上求证并形成证据支撑，这里有一个"本"和"末"的关系，其中的"本"是这类工作的初衷。如果专业人士的大部分时间和精力都放在细枝末节的验证程序上，整体性专业判断就会被削弱，真正需要专业判断的事项反而可能被忽视，最终将不利于项目风险管控和项目质量提高。

同时，企业配合中介机构进行各类核查事项的程序验证，大量的时间、精力和社会资源投入最终都会转化为社会成本，过程中可能伴随着较大的社会资源浪费和市场运行成本，从公共管理的效率来看，存在一定程度上的成本收益不匹配。因此，对于个人资金流水核查等的验证程序，可能需要一个"程度"上的把握。

最后，如序言中已经提到的，受我们水平和经验所限，书中必然存在遗漏、错误和有待提高之处，我们非常欢迎大家批评指正，如有建议和讨论，请给我们写信交流（reading@bothcapital.com），我们会继续更新和修订本书。

图书在版编目(CIP)数据

企业规范与上市导论 / 宁波博创海纳投资管理有限公司著 .— 上海：上海社会科学院出版社，2023
ISBN 978-7-5520-4255-9

Ⅰ. ①企… Ⅱ. ①宁… Ⅲ. ①上市公司—基本知识—中国 Ⅳ. ①F279.246

中国国家版本馆 CIP 数据核字(2023)第 207417 号

企业规范与上市导论

著　　者：宁波博创海纳投资管理有限公司
责任编辑：张　晶
封面设计：黄婧昉
出版发行：上海社会科学院出版社
　　　　　上海顺昌路 622 号　邮编 200025
　　　　　电话总机 021-63315947　销售热线 021-53063735
　　　　　http://www.sassp.cn　E-mail:sassp@sassp.cn
照　　排：南京理工出版信息技术有限公司
印　　刷：上海颛辉印刷厂有限公司
开　　本：710 毫米×1010 毫米　1/16
印　　张：24
插　　页：4
字　　数：352 千
版　　次：2023 年 12 月第 1 版　2023 年 12 月第 1 次印刷

ISBN 978-7-5520-4255-9/F·752　　　　　　　　　　　定价:108.00 元

版权所有　翻印必究